The Relief System of
Crime Victim

犯罪被害救济制度

■ 王丽华 等 著

社会科学文献出版社
SOCIAL SCIENCES ACADEMIC PRESS (CHINA)

河北省社会科学基金项目

目　录

第一章　犯罪与被害

　　犯罪是一种复杂的社会现象，是一个古老而又一直为人们所关注的话题。犯罪被害是与犯罪同时出现的一种社会现象。犯罪是被害的原因和前提，犯罪与被害相互依存又相互对立。从被害的角度解读犯罪问题，能够更加全面地揭示犯罪现象；相应地，对被害问题的研究，离不开对犯罪现象和本质的科学分析。

第一节　犯罪的概念与本质

一　犯罪的概念

　　犯罪概念是刑法学科的基石。概念是理性思维的基本形式。关于"犯罪是什么"这一问题，由于人类认识水平的差异与局限，不同时代、不同国家、不同群体的人们对此有不同的看法。"对于同一类事物，人们可以形成几种不同的概念；这些不同概念的内涵，分别地反映同一类事物不同方面的特有属性。"① 另一方面，犯罪概念随着人类历史的发展和人们对犯罪现象认识的深化而不断变更并日趋科学。

　　古今中外，神学家、法学家、社会学家、伦理学家、心理学家乃至精神医学家，从各自的学术传统出发，对犯罪作出界定。犯罪概念运用最多、影响最大的莫过于法律文献和法学。目前，国内外关于犯罪概念的不同主张主要有两种，即刑法学上的犯罪概念和犯罪学上的犯罪概念。也就是说，犯罪概念的提出主要着眼于两个方面：规范（法律）层面和事实（实体）层面。

---

　　① 　金岳霖：《形式逻辑》，人民出版社，1979，第23页。

"在犯罪现象中，可区分为两个不同的方面：一是犯罪现象的规范方面，它属于刑法学的范畴，即刑法学是一门关于如何将现实的案件归属于刑法规范，并阐述和应用这些规范的科学；一是犯罪的事实或实体方面，即犯罪现象、犯罪与环境和犯罪人个性的关系，则专属于犯罪学的内容。"①

1. 刑法学上的犯罪概念

在漫长的奴隶社会和封建社会里，人们对犯罪概念的认识尚处于低级阶段，总体上停留在对具体行为的描述：立法中仅对具体的犯罪行为及其刑罚作了规定，而未规定犯罪的概念；司法中，则是罪刑擅断。比较系统、明确的犯罪概念是由近代西方资产阶级学者提出，并进而促成了资本主义国家刑法对犯罪概念的规定。

资产阶级刑法学者对犯罪概念所作的定义有多种表述，比较有代表性的有以下几种：一是，犯罪是侵犯禁止性或命令性规范（即违反刑事法律）的行为（作为或不作为）。德国刑法学家贝林格认为，犯罪是用法律类型化了的行为。所谓类型化，就是由刑法分则对每一种犯罪的共同行为特征加以归纳。英国18世纪法学家布莱克斯东认为，犯罪就是侵犯禁止性的或命令性的公法的作为或不作为。二是，犯罪是依法应当受到刑罚处罚的行为。德国刑法学家宾丁认为，犯罪乃是违反刑罚制裁法律的行为。三是，犯罪是违反刑法、依法应受刑罚处罚的行为。俄罗斯刑法学家塔干采夫认为，犯罪乃是在实际生活中触犯法律应受刑罚制裁的非法行为。法国刑法学家盖洛认为，犯罪乃是法律所禁止或规定要以刑罚制裁的行为。② 四是，犯罪是符合构成要件、违法且有责的行为。或者说犯罪是具备构成要件符合性、违法性、有责性的行为。这是大陆法系刑法理论上占统治地位的犯罪概念。依据这一概念，犯罪由三个要素构成，具体来说，犯罪必须首先是符合刑法所规定的某种犯罪构成要件的行为；犯罪必须违反刑事法律，即具备违法性；犯罪的成立除了要求具备构成要件符合性与违法性之外，还进一步要求行为人必须具有责任，即能够针对行为对行为人进行非难。

随着刑法学者们对犯罪概念认识的不断发展，犯罪概念逐渐被纳入各国

---

① 转引自张远煌《犯罪理念之确立——犯罪概念的刑法学与犯罪学比较分析》，载《中国法学》1999年第3期。

② 高铭暄：《刑法学原理》（第一卷），中国人民大学出版社，1993，第374页。

刑事立法。法律规定的犯罪本身就是社会现象和社会产物，没有社会上的犯罪现象，就不会有法律上的犯罪规定；而有了法律上对犯罪的规定，也就有了认定犯罪的准确依据。

立法上最早对犯罪概念进行规定的，为 1810 年《法国刑法典》，其第 1 条规定："法律以违警罚所处罚之犯罪，为违警罪。法律以惩治刑所处罚之犯罪，称轻罪。法律以身体刑或名誉刑所处罚之犯罪，称重罪。"此后，许多国家纷纷效仿，在各自的刑法典中对犯罪作了明确规定。1871 年《德国刑法典》第 1 条规定："（一）重罪，指处死刑、重惩役或超过 5 年城堡监禁的行为。（二）轻罪，指处 5 年以下城堡监禁、轻惩役、超过 150 马克罚金（法律如未规定罚金的一定数额时，或任何数额罚金的行为）。（三）违警罪，指处拘留或 150 马克以下罚金的行为。"1937 年《瑞士刑法典》第 1 条规定，"行为之处罚，以法律明文规定科处者为限。"第 9 条规定："犯罪是应处以徒刑的行为。"1975 年 1 月 1 日生效的《德意志联邦共和国刑法典》第 12 条规定："判处 1 年以上剥夺自由的违法行为是重罪；判处 1 年以下剥夺自由或罚金的违法行为，是轻罪。"1962 年《美国模范刑法典》第 5 条之（1）规定："凡在本法或本州其他制定法不定为实质犯罪或违反秩序之行为者，不构成犯罪。"法国 1994 年生效的现行刑法典将旧刑法典"罪分三类"的原则继续予以保留，在第 1 条明确规定："刑事犯罪，依其严重程度，分为重罪、轻罪及违警罪。"1971 年修订的意大利现行刑法典第 1 条规定："任何人不得因未被法律明文规定为犯罪的行为而受到处罚，也不得被处以法律未规定的刑罚。"又在第 39 条规定："根据本法典为有关罪行分别规定的刑罚种类，犯罪区分为重罪和违警罪。"我国刑法第 13 条对犯罪的定义是："一切危害国家主权、领土完整和安全，分裂国家、颠覆人民民主专政的政权和推翻社会主义制度，破坏社会秩序和经济秩序，侵犯国有财产或者劳动群众集体所有的财产，侵犯公民私人所有的财产，侵犯公民的人身权利、民主权利和其他权利，以及其他危害社会的行为，依照法律应当受刑罚处罚的，都是犯罪，但是情节显著轻微危害不大的，不认为是犯罪。"

需要说明的是，上述刑事立法规定的犯罪源于罪刑法定主义原则（法无明文规定不为罪，法无明文规定不处罚），注重行为的刑事违法性，什么行为构成犯罪、构成什么罪及处何种刑罚，均由法律明确规定。

当然，刑法学意义上的犯罪概念不是固定的，会随着时间、空间、统治阶级的意志等因素的变化而发生变化，不存在适用于各个国家、各个时期的统一犯罪概念。例如，我国第一部刑法于 1979 年制定和实施后，我国的政治、经济和社会生活的各个方面都发生了巨大变化，这部刑法逐渐显得不适应客观形势发展的新要求。于是，1997 年 3 月 14 日八届全国人大五次会议通过了修订的《中华人民共和国刑法》，这是在立足我国国情的基础上，针对我国同犯罪分子作斗争过程中出现的新情况、新问题而修订、补充和完善的。新刑法修订的内容相当多，将刑法原来的 192 条增加到 452 条，对许多重要内容作了相当大的改动，特别是增加了许多新类型犯罪的规定。比如，修订后的刑法分则将反革命罪改为危害国家安全罪，增加了危害国防利益罪、贪污贿赂罪和军人违反职责罪；为了体现社会主义市场经济对刑事立法的客观要求，新刑法规定了"破坏社会主义市场经济秩序罪"，增加或补充规定了生产、销售伪劣商品罪，妨害对公司、企业的管理秩序罪，破坏金融管理秩序罪，金融诈骗罪，危害税收征管罪，侵犯知识产权罪，扰乱市场秩序罪等类犯罪行为；为了适应对外开放的需要，促进中国刑法的国际化，新刑法规定了走私毒品、洗钱、劫机、恐怖组织活动以及境外黑社会组织等一些具有跨国跨地区性质的犯罪等等。

2. 犯罪学上的犯罪概念

如前所述，犯罪不仅仅是刑法学的概念，不同的学科从不同的角度出发，有各自不同的犯罪概念。犯罪学在争取学科独立的过程中，始终在努力寻求科学的犯罪概念的定义，因为对犯罪准确恰当的界定是犯罪学作为独立学科的前提。众所周知，犯罪是刑法学的主要研究对象，而犯罪学显然也是以犯罪为研究对象，那么犯罪学的第一要务就是要界定清楚犯罪学中的犯罪与刑法学中犯罪的关系。对此问题的回答有三种主要观点：

一是等同说，即犯罪学中的犯罪等同于刑法学中的犯罪。这种观点把刑法学的犯罪概念直接移植到犯罪学中，在移植过程中犯罪的内涵外延均未加改变。把犯罪学中的犯罪等同于刑法学中的犯罪，其实质就在于确认犯罪学对犯罪的研究不能超越刑法规定的界限，犯罪学研究的危害社会的犯罪行为必须在刑法上已经构成犯罪。

二是包容说，即犯罪学中的犯罪包容刑法学中的犯罪。这种观点认为，犯罪学中的犯罪与刑法学中的犯罪一样，都必须以刑法的规定为依据，在这一点上两者是相同的。但是犯罪学的犯罪又可以超越刑法规定的范围，某些一般违法行为和不良行为虽不是刑法中的犯罪，但却可以成为犯罪学中的犯罪。① 包容说的实质在于承认刑法学的犯罪是犯罪学中的犯罪的最重要的组成部分，犯罪学中的犯罪定义原则上应以刑法学中的犯罪为限，但同时允许犯罪学可以把其犯罪概念的外延扩展到刑事违法性之外。犯罪学不仅仅研究作为规范的犯罪，其研究总是超越刑法的具体规定。总之，刑法学决定犯罪学的犯罪概念，犯罪学不可能存在完全脱离刑法之外的犯罪概念，但又不拘泥于刑法学的犯罪概念。②

三是交叉说，即犯罪学中的犯罪与刑法学中的犯罪是一种交叉关系。这种观点认为，犯罪学中的犯罪概念和刑法学中的犯罪概念，都需要与两个学科的研究目的相适应，犯罪学中的犯罪与刑法学中的犯罪的内涵与外延既不能等同，也不能相互包容，而是存在一种相互交叉关系。犯罪学中的犯罪概念与刑事违法性无直接关系，严重的社会危害性是犯罪学中的犯罪内涵中的唯一要素。③ 因此，交叉说认为，犯罪学上的犯罪包括绝大多数刑法上的犯罪和刑法上没有规定为犯罪的其他严重危害社会的行为（主要指准犯罪和待犯罪化的犯罪）。

从犯罪学和刑法学两个学科的学科任务角度分析，刑法学的核心任务是解决定罪量刑问题，即对客观发生的行为事实进行刑法的评价，评价的标准是刑法典和其他的刑事法规（包括单行刑法和附属刑法）。犯罪学并不关心刑法上的定罪量刑问题，犯罪学的学科任务是寻找犯罪行为发展的客观规律，进而最大限度地预防犯罪。因此，等同说的错误是忽略了犯罪学中使用的犯罪概念并非以现行刑法典为其界限依据，很多并非刑法中的犯罪仍属于犯罪学中的犯罪。包容说的错误主要是忽略了非犯罪化问题，即现行刑法中规定的某种犯罪行为，由于已经不具有严重的社会危害性，用非刑法的方法完全可以规制，通过刑法修改把此种犯罪行为排除在刑法典之外。当现行刑法典中出现需要非犯罪化的罪名时，该罪名的犯罪学考察排除其社会危害性，此时该罪名在犯罪学中已不再是犯罪了。但是只要立法没有修改刑法

---

① 康树华：《犯罪学》，群众出版社，1998，第43页。类似的观点还可见：王牧：《犯罪学》，吉林大学出版社，1992，第43页。

② 陈兴良：《犯罪概念的形式化与实质化辨正》，载《法律科学》1999年第6期。

③ 刘广三：《犯罪学上的犯罪概念》，载《法学研究》1998年；白建军：《犯罪学原理》，现代出版社，1992，第93页。

典，则该罪名显然仍为刑法意义上的犯罪。非犯罪化是刑法发展中的常规现象，该现象的存在充分说明了刑法中的犯罪未必一定是犯罪学中的犯罪。包容说认为，刑法中的犯罪被犯罪学中的犯罪所包容是不恰当的。可见，刑法中的犯罪概念与犯罪学中的犯罪概念既不等同也不包容。两种语境下的犯罪概念各有各的边界，从外延上看，只能是一种交叉关系。犯罪学中的犯罪概念的边界是弹性的、不确定的，此边界是社会危害性来划定的。①

犯罪学研究的主要内容是犯罪，但犯罪学研究犯罪并不止于犯罪的概念，更重要的是预防犯罪和减少犯罪。从犯罪学的角度对犯罪概念进行界定，认为犯罪学只研究刑法规定的犯罪是不够的，它还必须研究与犯罪有密切联系的其他一些不符合社会规范的行为，因为这些行为起着诱发犯罪、直接转化为犯罪的作用。具体而言，犯罪学中的犯罪除了刑法典规定的犯罪行为之外，还应包括一些未达到犯罪程度的严重违法行为和卖淫、吸毒等社会病态行为。换句话说，犯罪学中研究的犯罪是一种社会法律现象，是在一定时间和地点之内实施的、根据法律规定具有犯罪性的危害社会的行为。这样界定犯罪概念以后，就使得犯罪学对犯罪的研究与刑法学对犯罪的研究相对分离，把一些未达到犯罪程度的严重违法行为和社会病态行为纳入自己的研究范围，以突出犯罪学的研究宗旨。

二 犯罪的本质

本质是现象的对称，是事物的根本性质，是不同事物得以区分的依据。犯罪本质是犯罪内在的根本性质，反映犯罪现象中共同的、一般的内在规定性。透过犯罪现象，认识犯罪本质，掌握犯罪规律，有助于制定科学的犯罪防控对策。犯罪与国家和法律是紧密联系的。一种行为是否为犯罪，受该国的国家类型、政治经济形势、法律文化传统以及刑法时代思潮的多重影响。因此，有必要从多个角度来研究和把握犯罪的本质。

一方面，从国家和社会的角度进行分析：

其一，阶级性——犯罪本质的政治特征。长期以来，无论刑法学界还是犯罪学界，关于犯罪本质的认识基本上存在着两种观点：一种观点认为，"犯罪是人类社会出现阶级以后的社会现象，是一定历史阶段中具有强烈阶

---

① 参见董玉庭《三种语境下的犯罪概念》，载《学术交流》2010 年第 7 期。

级性的法律概念。"① "犯罪本质的实质是阶级性。"② 另一种观点认为，"犯罪是一种非常复杂的社会现象，既有作为阶级斗争表现的犯罪，也有不属于阶级斗争表现的犯罪；而且这两类犯罪的比例，是随着社会政治经济情况的变化而变化的。"③ 笔者基本同意第二种观点。犯罪并不是任何时候都具有阶级性，有阶级性的犯罪存在，无阶级性的犯罪也存在。一般说来，有阶级性的犯罪集中表现在政权更替时期。因此，阶级性是犯罪的政治特征，是由统治阶级从政治需要出发来规定哪些行为是犯罪。

其二，危害性——犯罪本质的事实特征。这里的危害性是指犯罪行为的社会危害性。该理论最早源于 18 世纪欧洲的刑事古典学派，其代表为贝卡利亚。他指出"犯罪使社会遭受到的危害是衡量犯罪的真正标准"。④ 这实际上已经触及犯罪的本质问题。我国将社会危害性引入犯罪范畴，学界普遍认为，行为具有社会危害性是犯罪最本质的特征。

其三，危险性——犯罪本质的人身特征。该理论最早源于 19 世纪欧洲的实证主义学派，著名代表是龙勃罗梭。危险性是指人身危险性，即可能犯罪人的人身危险性。龙勃罗梭首先将犯罪问题的中心由犯罪行为转为犯罪人，把具有犯罪倾向的人称之为天生犯罪人，并从生物学的角度阐述了犯罪人的人身特征。认为这种人虽尚未实施犯罪，但由于遗传、体态等方面的因素，其已经具有实施犯罪的倾向。接着龙氏的学生加罗法洛在 1880 年出版的《危险状态的标准》一书中，把这种危险状态视为某人变化无常的、内心所固有的犯罪倾向。这种犯罪倾向实质上就是犯罪人的人身特征——人身危险性。我国学界对人身危险性已经普遍承认，但在人身危险性的属性与地位上存在分歧。笔者同意一些学者的观点，即：行为的社会危害性与人的人身危险性对确定犯罪都具有最本质的意义，严重的危害性和很大的人身危险性共同成为犯罪行为的最本质特征。⑤

其四，关系性——犯罪本质的社会特征。该理论认为犯罪本质反映的是

---

① 中国大百科全书编辑部：《中国大百科全书》（法学卷），中国大百科全书出版社，1984，第 118 页。

② 何秉松：《刑法教科书》，中国法制出版社，1993，第 59 页。

③ 何秉松、曹子丹：《关于马克思主义犯罪观的几个理论问题》，载《中国政法大学学报》1983 年第 1 期。

④ 〔意〕贝卡利亚：《论犯罪和刑罚》，黄风译，中国大百科全书出版社，1993，第 19 页。

⑤ 刘勇：《犯罪基本特征》，载《改革与法制建设》，光明日报出版社，1989，第 549 页。

一种特殊关系，即反社会的危害社会治安和国家统治秩序的对抗关系。关系本质论的立论依据有两个：一个是理论依据，即马克思、恩格斯在《德意志意识形态》一书中指出的"犯罪——孤立的个人反对统治关系的斗争"的经典性论述；[①] 另一个是事实依据，即整个人类社会处于一种由多种关系交织在一起的状态之中，每个人的行为或活动背后都体现着种种相互联系的关系。当然，犯罪作为人的一种行为或活动也无法例外，它必然要以一种特定的关系表现出来。

从以上的分析可以看出，无论从社会层面、阶级层面，还是法律层面研究犯罪的本质问题，均涉及犯罪的反社会性和危害统治秩序性。因此，犯罪的本质可作这样一个一般性的表述：犯罪是一种反社会的、危害统治秩序的最极端行为。

另一方面，从被害人的角度进行分析：

从国家与社会的角度来看，犯罪必然危害社会；从被害人的立场考虑，犯罪侵害了被害人的个人权益。犯罪危害社会与侵害被害人个人权益是同时存在的。毫无疑问，被害人作为社会的组成成员，其具体的人身权利或财产权利遭受侵犯，必然也就意味着行为侵害了社会的整体利益并具有社会危害性，从而，也就可以认为，被害人是犯罪实质方面具有社会危害性的一个重要桥梁。[②] 危害社会与侵害被害人个人权益两种性质并不是绝对冲突的，是完全可以契合的。因此，我们在承认犯罪具有社会危害性的同时，必须从被害人利益遭受侵害的角度探讨犯罪的本质。当前，我国正在构建社会主义和谐社会，"以人为本，实现人的全面发展"已经成为推动改革与发展的新理念。在刑事法治迈向现代化的进程中，刑法观念需要"以人为本"理念的指导。在国家利益、社会秩序得到维护的同时，被害人的个人权益也需要得到有效保障。

三　犯罪的分类及其发展变化

犯罪现象极其复杂，对犯罪进行分类是分析研究犯罪的前提和基础。通过对犯罪的分类研究，可以从不同角度认识犯罪，把握犯罪趋势，制定合理

---

① 〔德〕马克思、恩格斯：《马克思恩格斯选集》第3卷，人民出版社，1995，第379页。

② 高铭暄、张杰：《刑法学视野中被害人问题探讨》，载《中国刑事法杂志》2006年第1期。

的刑事政策，达到预防犯罪的目的。出于不同的研究取向，可以从不同的角度对犯罪进行分类，而基本的分类有：犯罪的刑法学分类和犯罪的犯罪学分类。

1. 犯罪的刑法学分类

刑法学从定罪量刑的角度，按照犯罪所侵害的同类客体或者法益的不同对犯罪进行分类，其核心是以行为的特征作出犯罪分类。1997 年《中华人民共和国刑法》根据犯罪所侵犯的同类客体和社会危害程度的大小，将犯罪归纳为十类，每一章规定为一类犯罪，其排列顺序依次为："危害国家安全罪""危害公共安全罪""破坏社会主义市场经济秩序罪""侵犯公民人身权利、民主权利罪""侵犯财产罪""妨害社会管理秩序罪""危害国防利益罪""贪污贿赂罪""渎职罪"和"军人违反职责罪"。

2. 犯罪的犯罪学分类

犯罪学从揭示犯罪原因，寻找犯罪对策的角度对犯罪进行分类，其核心是对犯罪原因的表现，具体可以分为犯罪性质类型、犯罪人类型。其中，犯罪性质类型包括激情犯罪、财产犯罪、暴力犯罪、性犯罪、政治犯罪、有组织犯罪、毒品犯罪，本地犯罪、流窜犯罪、跨境犯罪、跨国犯罪等；犯罪人类型主要有初犯、再犯、惯犯，未成年人犯罪、成年人犯罪、青少年犯罪、老年人犯罪、男性犯罪、女性犯罪等。

世界上任何事物都是变化发展的，犯罪也不例外。农业社会中，社会关系简单，犯罪类型少（主要是自然犯），犯罪数量相对也少；到工业社会，经济关系复杂化，犯罪类型增多（在自然犯之外，增长了大量的法定犯），犯罪数量大大提升；20 世纪后期，科学技术空前发展，人类历史进入信息社会（所谓后工业社会），社会关系更趋复杂，社会矛盾更为多样，犯罪的量与质也非昔日所比。不同历史时期的犯罪状况不同，不同国家的犯罪状况各异，同一国家在不同时期的犯罪状况也会有所变化。因此，我们要用发展变化的眼光分析犯罪问题，科学地把握犯罪发展趋势，制定切实可行的犯罪治理对策。

第二节　被害与被害人

一　被害的界定

被害即遭受损害。作为人类社会中一种常见现象，被害问题早已引起人们的关注。对被害问题的研究有多种观点，分为广义的被害观和狭义的被害观。其中，广义的被害是指战争、自然灾害、环境污染、种族灭绝和种族歧视、犯罪、滥用权力等行为、事件给人类、民族、团体或个人造成的一切痛苦、损失、不幸和灾难的事实及其状态；狭义的被害仅指犯罪造成的侵害事实及其状态。① 这里采取狭义的被害概念，仅指犯罪被害，着重研究犯罪带来的各种被害问题。被害产生于犯罪，犯罪是被害的原因和前提，被害是犯罪的必然后果。西方有句古老的法谚，"有犯罪必有被害"。犯罪与被害相互依存又相互对立。需要指出的是，被害和犯罪一样，都不是一个绝对静止的概念，二者是社会互动过程中的一对矛盾体。

二 被害人的基本理论

1. 被害人的概念

被害人，也称之为被害者、受害者。被害人一词，来源于拉丁文的Victima，原意有二：一是宗教仪式上向神供奉的祭品；二是因他人行为而受伤害或受阻碍的个人、组织、道德秩序或法律秩序。现代各大语系中的被害人一词（英文 Victim、德文 Vikim、法文 Victime），在词形和语义上基本保留了它的原貌。从不同的角度分析，会得出不同的被害人概念。现代诉讼法学、犯罪学、被害人学中所研究的被害人，都是它的第二个语义。刑事法治视野中的被害人，又称为刑事被害人或犯罪被害人，是指合法权益遭受犯罪行为侵害的人。这里被害人的范围又有广义与狭义之分，其中，广义的被害人包括自然人、单位和国家；狭义的被害人仅指人身、财产及其他权益遭受犯罪侵害的自然人。这里主要是对狭义的被害人即受到犯罪侵害的自然人进行分析和探讨。

2. 被害人的特征

被害人的特征是指被害人群体在人口统计学变量和行为方面区别于其他群体的明显特点。② 通过对被害人特征的分析，一方面可以使刑事司法系统和其他有关部门及时向易被侵害的群体提供保护，以减少公民因遭受犯罪侵害造成的损失；另一方面又可以使潜在的被害人认识到自己的不当行为并加

---

① 吴宗宪：《法律心理学大词典》，警官教育出版社，1994，第34页。
② 郭建安：《犯罪被害人学》，北京大学出版社，1997，第91页。

以纠正，防止受到犯罪侵害而成为实际的被害人。一般来说，被害人具有以下三个特征：

第一，其合法权益受到损害或正常活动受到干扰。所谓合法权益受到损害，表现为其人身权利受到侵犯或其生命权利被剥夺；其财产权利受到侵犯或其他经济利益丧失或减少；精神上遭受伤害或痛苦，或其名誉和信誉遭到诋毁。所谓正常活动受到干扰，可以是职能活动或生产、教学、科研等活动无法正常进行，也可以是个人的正常生活（包括正常的私生活）受到干扰或破坏等。

第二，所受损害或干扰是由他人的犯罪行为造成的。不是由于犯罪行为，而是由于意外事件、自然灾害、工伤事故等非犯罪行为而遭受痛苦或伤害的人，不能称为犯罪被害人。

第三，所受损害或干扰是由他人的犯罪行为直接造成的。犯罪被害人必须是直接遭受犯罪之害的人，间接受到犯罪行为不利影响的人，不属于犯罪被害人的范畴。

3. 被害人的分类

根据不同的标准和原则，从不同的角度出发，可以将被害人划分成不同的类型。

（1）根据犯罪性质分类。犯罪性质决定了被害人被害的性质。犯罪性质是由犯罪人的行为特征和该行为所侵害的客体的性质所决定。根据犯罪性质，犯罪可以划分为暴力犯罪、财产犯罪、性犯罪、经济犯罪等多种犯罪类型，因而犯罪被害人也有如此相对应的类型：①暴力犯罪的被害人是指因犯罪人实施了暴力行为而使其死亡或者身体遭受严重伤害的被害人。这类被害人在所有被害人中所占的比例虽小，但其受害的程度最严重，造成的损害最大。②财产犯罪的被害人是指因犯罪行为而造成财产损害的被害人。这类犯罪的被害人在所有类型的被害人中，最为常见，数量最多。③性犯罪的被害人是指性权利受到犯罪侵害的人。④经济犯罪的被害人主要是"破坏社会主义市场经济秩序罪"中的被害人。经济犯罪使国家的经济秩序遭受严重损害，受害的多为企事业法人。⑤其他犯罪的被害人。除了以上几种犯罪被害人外，根据犯罪性质还可以划分职务犯罪被害人等多种犯罪被害人。

（2）根据被害人的生理特征分类。被害人的生物学特征主要指性别和年龄所呈现出的特征以及有生理缺陷者和精神障碍者所表现出来的特征。

其中，按照性别特征，被害人可以分为男性被害人和女性被害人；按照年龄特征，被害人可以分为幼年被害人、少年被害人、青年被害人、中年被害人和老年被害人，或者分为未成年被害人和成年被害人；按照生理和精神状况，被害人可以分为生理和精神完全正常的被害人与生理上有缺陷和有精神障碍的被害人，其中，生理上有缺陷的人，主要是指盲、聋、哑、残等残疾人，精神障碍者主要指患有痴呆、早期脑损伤、癫痫和其他严重精神疾病的人。

（3）根据被害人的心理特征分类。这一分类标准又可分为两种情况，其中按照被害的心理起因可以将被害人分为贪财型被害人、淫乐型被害人、轻浮型被害人、疏忽型被害人、暴怒型被害人等；按照被害人的人格特征可以分为狂躁型被害人、抑郁型被害人、孤独型被害人及懦弱型被害人等。

（4）根据被害人的责任大小分类。犯罪的生成是在一定社会环境中加害与被害相互作用的产物，被害人与加害人之间的关系不是静止不变的，而是一个相互影响、交互作用的动态过程。在一些犯罪发生的过程中，被害人往往要承担一定的责任。根据被害人在犯罪过程中责任的大小，可以将被害人分为：1）纯粹的被害人。被害事实的发生，完全是由犯罪人方面的罪过引起的，被害人对犯罪的发生不负任何责任。也可称为无责任的被害人。2）责任小于犯罪人的被害人。犯罪行为的发生与被害人的过错有着直接关系，但其过错（责任）小于犯罪人的罪责，主要责任由犯罪人负责。3）责任等同于犯罪人的被害人。被害人对犯罪行为的发生要负与加害人同等的责任。4）责任大于犯罪人的被害人。被害人对犯罪行为的发生负主要责任，即犯罪行为主要是由被害人的罪过引起的。5）被害人是真正的犯罪人。犯罪人在实施犯罪过程中或是被被害人致伤（死）而成为被害人，或是伪装成被害人对他人进行诬告陷害，因此，这类所谓被害人实际上是真正的犯罪人，或叫虚假被害人或伪装被害人。

（5）根据被害人是否被害分类。在被害人中，有的已经受到犯罪行为的侵害，有的则未受到但有可能受到犯罪行为侵害。前者已经被害，称为既然被害人或现实被害人；后者尚未被害但很可能被害，称为未然被害人或潜在被害人。尽管潜在被害人尚未受到犯罪侵害，但其已具有某种被害性，在一定条件下会诱发犯罪的发生。

社会现实的复杂多样性，决定了犯罪和被害的多样性。根据不同的标准和依据，对被害人作不同的分类，可以从不同的角度认识犯罪的多样性和复杂性，也为预防犯罪、减少被害和救济被害人权利提供了多层次的思考途径。

第三节　犯罪人与被害人的关系

犯罪与被害是对立统一的一对矛盾，被害人与犯罪人并非是孤立存在的，二之间有着复杂的关系。犯罪学鼻祖龙勃罗梭将犯罪问题的探索由古典学派的犯罪行为转移至犯罪人，此后，刑事法学者开始围绕着犯罪人的生理、心理、社会因素上下求索，对在犯罪行为的发生中几乎不可或缺的被害人则没有涉及。直到20世纪40年代，被害人在犯罪发生中的作用、被害人与犯罪人的关系逐渐受到关注。

一　犯罪人与被害人的静态关系

从静态的角度进行分析，犯罪人与被害人是犯罪这一范畴中相互联系而又利害相反的两个方面。[①] 二者如同矛盾的双方一样，相互独立，相互依存，缺少任何一方，对方则不存在。一方面，犯罪人与被害人相互对立、互不相容；另一方面，二者又相互依存，相伴而生。在具体犯罪案件中，无论犯罪人和被害人以什么形象出现，无论地位有多么悬殊，但作为犯罪的两个基本因素，犯罪人与被害人是地位平等的两极。

二　犯罪人与被害人的动态关系

抽象意义上的伴生关系在具体的犯罪案件中，就是犯罪人与被害人之间的互动关系。在犯罪行为发生的过程中，二者不再是静态的两个符号，而是两个相互作用的独立主体。任何事物都是在运动中存在和发展的，都要与其他事物之间存在相互联系。犯罪人和被害人也是一样，他们之间是相互依存、相互影响和相互作用的关系。最早提出犯罪人与被害人互动的是德国犯

---

① 这里需要说明的是，在刑事法学理论上，存在"无被害人犯罪"这一概念。我们说，"无被害人犯罪"并非真的没有被害人，而是缺乏一般意义上的可见的直接的被害人，其被害人即犯罪行为所侵犯的法益的保有人，可能是个人，也可能是组织或国家。

罪学家、被害人学先驱汉斯·冯·亨梯，他在 1941 年《论犯罪人与被害人的相互关系》一文中认为，在犯罪人与被害人之间确实存在着一种互动关系，"被害人在犯罪发生与犯罪预防过程中不再只是被动的客体，而是一个积极的主体……被害人影响并塑造了他的罪犯。"[①] 至于对这种被害人与犯罪人动态关系的具体理解，许多被害人学家纷纷提出了自己的观点，如艾伦伯格于 1955 年提出了犯罪人和被害人的"实行者——承受者"关系；门德尔松于 1956 年提出了"刑事伙伴"关系的概念，他们对犯罪人与被害人互动关系理论作出了重要贡献。

1. 互动模式

现实生活中，犯罪类型多种多样，根据犯罪人与被害人在互动中的作用、表现出的特点，二者间的互动模式也不同。概括来说，主要有四种模式：

（1）可利用的被害人模式。该模式是指犯罪人觉得被害人具有某些可利用的特征，或者被害人在自己毫无察觉的情况下诱惑了犯罪人。这一模式具有"被害人无意识的'被利用'与犯罪人有意识的'利用'"的特征，即被害人往往不是故意实施诱惑行为，或者根本就没有意识到自己行为或状态的诱惑性。如在犯罪人实施犯罪行为之前，有些被害人的人格特征、行为方式、生活方式、社会地位及其家庭资产等，可能成为其引发盗窃、抢劫或绑架勒索等侵财犯罪行为而导致自己被害的可利用因素；有些女性被害人的相貌、穿着打扮、行为举止、所处状态等，可能是招致自己成为性犯罪被害人的可利用因素。可见，有时犯罪行为的产生不仅仅只是犯罪人的故意，同时也是某些客观因素和条件的影响下主客观因素相互作用的结果。当然，在这种模式的互动关系中，承担刑事责任的是犯罪人而不是被害人。

（2）被害人推动模式。该模式是指被害人因实施了某种行为而促使、诱引、暗示或激惹犯罪人实施针对自己的犯罪行为。在这一模式中，犯罪的发生是由被害人先前的行为引发的，通常这一行为是被谴责的，被害人要对自己的被害承担一定的责任。如被害人对加害人采取了攻击性行为或语言上的调唆和侮辱，使得加害人犯罪心理和犯罪动机的形成与被害人的攻击和调唆有一定的因果关系。无论被害人的行为属于严重违背道德或违法的行为，

---

① 许章润主编《犯罪学》（第二版），法律出版社，2004，第 144 页。

都诱发和推动了犯罪行为的发生。

（3）冲突模式。该模式是指被害人与犯罪人在互动过程中经常出现易位现象，侵害与被害结果在互动终止时才能确定。在这一冲突模式中，犯罪人与被害人有着长时间的互动关系，二者之间常常互换角色。冲突模式在家庭暴力犯罪案件和邻里之间的暴力犯罪案件中表现得比较突出。在这种情况下，被害人往往也有严重过错，甚至有犯罪行为，鉴于此，有的学者主张，"应兼顾双方在整个互动过程中各自的责任，作具体分析。"①

（4）斯德哥尔摩模式。② 该模式是指被害人在犯罪人与被害人的互动中，进而支持、帮助犯罪人。一般认为，斯德哥尔摩模式的发生需要具备以下条件：一是要切实感觉到生命受到威胁，至于是不是要发生不一定。然后相信这个犯罪人随时会这么做，是毫不犹豫。二是犯罪人会施以小恩小惠。三是除了犯罪人所控制的信息和思想外，任何其他信息都无法得到。被害人的所有思维都投入到犯罪人的看法上。四是被害人相信无路可逃。从发生认识论的角度分析，产生这一模式的原因在于超过一定限度的暴力和冲突歪曲了被害人对现实的理解和态度，而以一种非常态的方式结束互动。当然，这并不意味着抹杀了互动过程中加害与被害之间的性质和界限。

2. 互动关系的具体体现

（1）被害前的互动。这一阶段是指犯罪人着手实施犯罪行为前二者互相影响、互相作用的过程。被害前被害人与犯罪人的关系以二者存在一定的人际交往为前提，这种交往关系可以是长期的往来，也可以仅为一次谋面，在互联网发达的今天，甚至是未曾谋面。

（2）被害中的互动。这一阶段是指犯罪人在着手实施犯罪行为中，被害人对犯罪的反应。犯罪人的行为基于被害人的反应而发生变化，以致二者进一步互相影响、互相作用。通常来说，在这一阶段中，被害人对犯罪的反

---

① 张建荣：《论被害人与犯罪人之间的相互关系》，载《青少年犯罪研究》1996 年第 8 期。
② 这一模式源于斯德哥尔摩的一起银行抢劫案。1973 年 8 月 23 日，两名犯罪人在意图抢劫斯德哥尔摩市内最大的一家银行失败后，挟持了四位银行职员，在警方与歹徒僵持了130 个小时之后，因歹徒放弃而结束。然而这起事件发生后几个月，这四名遭受挟持的银行职员，仍然对绑架他们的人显露出怜悯的情感，他们拒绝在法院指控这些绑匪，甚至还为他们筹措法律辩护的资金，他们都表明并不痛恨歹徒，并表达他们对歹徒非但没有伤害他们却对他们照顾的感激，并对警察采取敌对态度。更甚者，人质中一名女职员竟然还爱上一个劫匪，并与他在服刑期间订婚。

应存在三种类型：一是激烈反抗，即当被害人遭受犯罪侵害时，由于紧张、恐惧、愤怒等原因，以激烈的方式积极反抗犯罪行为。二是顺应，又分主动顺应、被动顺应和表面顺应三种情形。其中，主动顺应是指被害人主动配合犯罪人实施犯罪行为；被动顺应是指被害人明知自己的利益正在遭受犯罪侵害，由于各种原因不得不服从犯罪人的意志；表面顺应是指被害人表面顺从犯罪人或者假装已经进入犯罪人的圈套，实际通过采取其他行为来制服犯罪人。三是巧妙应对，即被害人以机智的方式与犯罪人周旋，避免犯罪侵害。

（3）被害后的互动。这一阶段是指被害人在遭受犯罪侵害后，对犯罪人采取的应对措施，包括控告、直接报复、息事宁人、私了等形式。

从以上的分析可以看出，犯罪人与被害人的关系，一方面是主体与客体的静态伴生关系，即犯罪人是加害行为的实施者，被害人则是犯罪行为的承受者。另一方面，在犯罪行为中，犯罪人与被害人的互动是一个动态的发展过程，二者在此期间相互影响、相互作用使得犯罪发生、发展、变化，共同影响着犯罪的进程。这种加害人与被害人的互动，依具体情况不同而呈现出不同的互动模式，在犯罪被害发生的不同阶段有不同的表现形式。研究加害人与被害人之间的各种互动模式和具体表现具有重要的理论价值和实践意义。一是，通过研究被害人与犯罪生成的关系，培养被害预防意识，建立被害人责任机制，有利于从被害人角度进行犯罪预防，减少犯罪的发生，降低犯罪的危害程度。二是，在对犯罪人定罪量刑的同时，还必须考虑被害人在犯罪中所起的作用，以判断被害人是否应当对犯罪和被害负责，以及责任的大小，从而对犯罪人和被害人作出客观公正的判断，明确各自应负的责任，以实现刑罚的公正。三是，通过对不同阶段犯罪人与被害人具体的互动形式进行研究，了解他们在犯罪发生、发展、变化中的心理状态和行为表现，有利于做好犯罪人改造工作和被害人的权益修复工作。

第二章　和谐社会与犯罪、被害

　　实现社会和谐，始终是人类孜孜以求的共同理想。构建社会主义和谐社会，是中国共产党人顺应当代人类社会文明发展的新潮流，对马克思主义社会建设理论的新发展和人类追求美好社会理想所作出的新贡献。和谐社会就是要实现社会各种组织、各种阶层能够和谐运行，彼此协调发展。现实表明，在社会的运行和发展过程中，往往会产生影响社会和谐的各种矛盾和冲突，犯罪便是这些矛盾和冲突最为激烈的表现方式。一方面，作为一种反社会行为，犯罪本质上是社会各种矛盾消极作用的综合反映，是社会关系失调、社会结构不平衡的一种具体表现，直接影响着社会的和谐与稳定。另一方面，犯罪由犯罪人、被害人和犯罪行为三个要素构成，被害人问题不仅是个人问题，还是一个重大的社会问题。犯罪行为不仅使被害人的财产遭受损失，身体受到伤害，心理也会承受痛苦。如果被害人的心理损害不能得到修复，权益不能得到救济，那么其对犯罪人的仇视心理就有可能转化成仇视政府、仇视社会的心理，被害人就可能发生恶逆变，向犯罪人转化。可见，犯罪和被害问题具有严重性和复杂性，直接影响我们党的威信和我国和谐社会的构建。

第一节　社会主义和谐社会理论的主要内容

　　"和谐"在现代汉语中有协调、融洽等意义。和谐思想是中华民族传统文化的重要组成部分，如儒家宣扬的"和而不同""中和""和为贵"，道家主张的"道法自然"以及墨家提出的"兼爱"等思想，体现了古人对和谐的向往和追求。在西方思想史上，众多思想家都对和谐理念进行过论述。古希腊的哲学家毕达哥拉斯、赫拉克利特等人也提倡和谐，空想社会主义者们描绘了和谐社会的美好图景，在马克思、恩格斯看来，在人与人、人与自然、人与社会之间应该形成和谐的关系。可见，社会和谐是古今中外所共同追寻的目标。当然，人类社会的发展进程是复杂的，社会和谐在不同的历史时期有不同的表现。同时，社会的和谐是相对的，在不同的社会或者同一社会的不同历史发展阶段，不和谐因素的成因、表现形式、发展的程度和持续的时间等都不同，和谐社会的内涵和构建途径也不同。中国共产党从中国社会主义初级阶段的实际出发，将马克思主义同中国的具体实际相结合，创立了中国特色社会主义和谐社会理论。

一 和谐社会提出的现实考量

从中国共产党对社会和谐探索的历史来看，社会和谐是其不懈奋斗的目标，也是全国各族人民的共同社会理想。以毛泽东为核心的第一代中央领导集体对中国特色社会主义进行了艰辛的探索，在《论十大关系》《关于正确处理人民内部矛盾》等论著中系统地阐述了如何处理好社会主义建设时期的各种关系和矛盾，提出了调动一切积极因素的基本方针和社会基本矛盾的理论，对我们构建社会主义和谐社会具有重要的指导意义。以邓小平为核心的第二代中央领导集体，紧紧围绕"什么是社会主义、怎样建设社会主义"这个根本问题，提出了以经济建设为中心、坚持四项基本原则、坚持改革开放的方针，进行了大量的探索和实践，取得了卓有成效的成绩，为推进社会主义和谐社会的建设起到了极为重要的作用。以江泽民同志为核心的党的第三代中央领导集体，强调社会主义社会是以经济建设为重点的全面发展、全面进步的社会，要促进社会主义物质文明、政治文明、精神文明协调发展，促进人的全面发展，为构建社会主义和谐社会作了政治上和理论上的准备。党的十六大以来，以胡锦涛同志为总书记的党中央，明确了构建社会主义和谐社会在中国特色社会主义事业总体布局中的战略地位，作出一系列决策部署，推动和谐社会建设。

构建社会主义和谐社会的提出有着强烈的现实针对性，构建社会主义和谐社会作为在新世纪新阶段提出的重大战略任务，主要基于以下三方面的现实考量：

1. 确保全面建成小康社会目标如期实现的必然要求

从我国发展的阶段性特征来看，在"黄金发展期"与"矛盾凸显期"并存的社会转型期，存在不少影响社会和谐的因素。主要是：城乡区域发展差距和居民收入分配差距较大；社会矛盾明显增多，教育、就业、社会保障、医疗、住房、生态环境、食品药品安全、社会治安、执法司法等关系群众切身利益的问题较多；反腐败斗争形势依然严峻等。这些问题如果处理不好，会影响社会和谐稳定和全面建设小康社会的大局。

2. 有力应对国际国内形势各种挑战的紧迫需要

在新世纪新阶段，我们面临前所未有的发展机遇和挑战。从国际上来看，和平、发展、合作成为时代潮流，世界多极化和经济全球化的趋势深入发展，科技进步日新月异。同时，国际环境复杂多变，国与国之间的综合国力竞争更加激烈，影响和平与发展的不稳定、不确定性因素也日渐增多。从国内来看，我国已进入改革发展的关键时期，经济体制变革，社会结构变动，利益格局调整，思想观念变化等一系列的社会变革，给我们的发展带来巨大活力，也不可避免地带来许多矛盾和问题，即机遇与挑战并存。这就要求我们抓住机遇加快发展，解决矛盾迎接挑战，妥善协调各方面利益关系，正确处理各种社会矛盾，大力促进社会和谐。

3. 实现党执政兴国这一历史任务的必然要求

发展是党执政兴国的第一要务。建设社会主义和谐社会，涉及最广大人民的根本利益，是我们党坚持立党为公、执政为民的必然要求；是对党对执政规律认识的深化；是完成党的执政使命必需的一项战略任务。坚持以人为本，不断提高党的执政能力，保持党的先进性，发挥党的领导核心作用，能够更好地应对外部的挑战和解决国内的问题，推动社会和谐发展。

二　社会主义和谐社会的内涵

社会主义和谐社会是一个全面、系统的和谐体系，是一个充满创造活力的社会。同时，社会主义和谐社会也是一个矛盾的统一体，矛盾的双方乃至多方在矛盾运动过程中要实现最大程度的平衡和统一。也就是说，社会主义和谐社会既强调人与人的和谐，也要达到人与自然的和谐；既要培育微观层面各个社会组织中个体与群体的和谐发展，又要促进宏观层面整个人类社会的和谐发展；既要经济、政治、文化和自然环境等各子系统内部有序与和谐，又要形成各子系统之间配套与和谐，使之共同发展。①和谐社会是美好

---

① 参见张兆奇《科学把握社会主义"和谐社会"的内涵》，载《理论学刊》2004年第12期。

蓝图，是一种状态，是随着经济、政治、文化条件变化而变化的。一个社会的经济、政治、文化条件不同，社会和谐的状态和水平也不同，即在同一社会形态的不同发展阶段其内涵不同。当前，我们所要建设的社会主义和谐社会，应该是民主法治、公平正义、诚信友爱、充满活力、安定有序、人与自然和谐相处的社会。

1. 社会主义和谐社会是民主法治的社会

民主法治是和谐社会建设的政治保障。国家政治事务的治理、社会公共事务的治理以及国家与社会关系的处理都离不开民主法治。当前，我国正处于社会转型期，存在社会治安形势严峻、地区差距和贫富差距逐渐加大等诸多问题，而这些问题的解决有赖于民主制度的健全和法治手段的完善。只有依法治国方略切实得到贯彻，法律成为全民的信仰，我们的社会在一个共同的规则之上和谐运转，人民的积极性才能够得到充分调动。

2. 社会主义和谐社会应当是公平正义的社会

社会公平正义是人类进步追求的理想，公平正义是我国社会主义制度的本质要求。只有社会公平、公正，各方面的社会关系才能融洽协调。随着我国社会主义市场经济体制的建立，社会不同利益主体出现，利益多元化的格局形成。因此，实现公平正义要求在经济、法律、道德等层面，维护不同利益阶层的利益，协调不同利益阶层之间的关系，具体措施包括：妥善处理社会分配关系，缩小收入差距，实现共同富裕；完善社会保障制度，维护弱势群体利益；切实保证社会成员机会平等。

3. 社会主义和谐社会应当是诚信友爱的社会

诚信友爱是现代人际关系的一种理想状态，是构建社会主义和谐社会的道德基石。一个社会要和谐发展，仅仅依靠法律和制度规范是远远不够的，还要借助道德的力量。诚信和友爱是中华民族的传统美德，在市场经济条件下，这一传统美德遇到了挑战。特别是在社会转型期人际关系淡漠、道德危机、人与人之间信任度不高、相互猜疑和防范成为一种普遍的社会心理和行为。因此，在物质生活水平得到大幅度提高的同时，全社会要弘扬和提倡诚信友爱的道德精神。人们只有彼此信任，相互帮助，才能够平等相处，合作共事，从而保全个体的利益，使社会的整体利益最大化。

4. 社会主义和谐社会应当是充满活力的社会

活力是指一个事物具有旺盛的生命力。活力是社会进步与发展的源泉与动力。我们构建的社会主义和谐社会是一个充满生机和活力的社会。社会主义和谐社会的活力，体现在经济活力、政治活力、文化活力、社会活力等诸方面。其中，经济活力表现在促进社会物质财富极大增加，这是构建和谐社会的物质基础；政治活力表现在充分发扬社会主义民主，引导和发展公民政治参与的主动性、积极性，使公民依法享有广泛的权利和自由；文化活力表现在发挥先进文化对人的引导、教育功能，营造健康和谐、文明进步的社会氛围；社会活力表现在以合理的制度供给和政策设定，使一切有利于社会进步的创造愿望得到尊重、创造活动得到支持、创造才能得到发挥、创造成果得到肯定。

5. 社会主义和谐社会应当是安定有序的社会

秩序的存在是人类活动的必备前提。纵观各国历史发展，一个国家的繁荣昌盛离不开安定有序的社会环境。安定有序是社会主义和谐社会建设的保证。在我国当前的体制变革、利益重组中出现了一些矛盾与问题，安定有序对于建设和谐社会来说更有重要意义。和谐的社会必定是安定有序的社会。只有在一个稳定的社会环境中，各种矛盾才能得到梳理调和，人民才能安居乐业。其中，做好犯罪预防和治理工作，是维护社会安定有序的有效途径。

6. 社会主义和谐社会应当是人与自然和谐相处的社会

人与自然的关系是人类生存与发展的基础关系。在人类社会发展的进程中，人与自然的关系处于不断演变之中。在原始社会和农业社会，生产力和科学技术水平低，人类认识自然和开发利用自然的能力有限，人类活动受自然的约束和限制很大。随着生产力和科学技术的不断发展，人类认识自然、改造自然的能力大大提高。人与自然界本应是平衡、和谐、共生关系，但是，人类以自我为中心片面追求发展而忽视和违背自然规律，导致人与自然关系的失衡，甚至对立，进而影响了社会的可持续发展。在我国的经济和社会发展中，愈来愈面临资源瓶颈和环境容量的严重制约，资源相对短缺、生态环境脆弱、环境容量不足等问题凸显。没有人与自然的和谐，人与人之间、人与社会之间就不可能实现真正的、持久的和谐；没有人与自然的和谐，和谐社会的发展将不可持续。正基于此，党的十八大报告将中国特色社会主义事业总体布局扩展为"五位一体"，即经济建设、政治建设、文化建设、社会建设、生态文明建设"五位一体"，促进现代化建设各方面相协调，促进生产关系与生产力、上层建筑与经济基础相协调，不断开拓生产发展、生活富裕、生态良好的文明发展道路。

随着世情、国情、党情不断发生变化，社会主义和谐社会的构建不断深入，党的十八大报告提出，社会和谐是中国特色社会主义的本质属性。要把保障和改善民生放在更加突出的位置，加强和创新社会管理，正确处理改革发展稳定关系，团结一切可以团结的力量，最大限度增加和谐因素，增强社会创造活力，确保人民安居乐业、社会安定有序、国家长治久安。这已经成为全党全国各族人民在新的历史条件下夺取有中国特色社会主义新胜利的共同信念之一。

第二节　当前我国犯罪的现状、特点与趋势

犯罪是一定环境中的人在特定心理支配下的社会行为，是社会的一扇窗户。犯罪与社会的关系，一直是犯罪学研究中的重要课题。犯罪是社会变革的晴雨表，中外学者都试图解读社会发展进程中的犯罪规律。[①] 新中国成立至今，政治、经济、文化蓬勃发展，社会各项事业日新月异。与此同时，各种社会冲突、社会矛盾也不同程度存在。改革开放以来，我国刑事案件数量呈现不断上升趋势。尤其是近几年，社会治安形势不容乐观，各类犯罪案件呈现出新的特点和发展趋势。

一　我国犯罪的现状分析

1. 犯罪案件的整体情况

改革开放以前，我国的犯罪率整体上比较平稳，维持在每 10 万人 30 起至 60 起刑事案件的水平（其中 1956 年的犯罪是新中国成立以来的最低点，只有 18 万起，犯罪率为每 10 万人 29 起），是世界上发案率最低的国家之一。[②] 1978 年 12 月召开的十一届三中全会，作出了把工作重点转移到社会主义现代化建设上来和实行改革开放的决策，迈出了我国经济体制改

[①] 如美国犯罪学家路易丝·谢利撰写了《犯罪与现代化》，阐明现代化发展对犯罪率和犯罪类型的影响；我国学者郭星华的《当代中国社会转型与犯罪研究》、胡联合的《转型与犯罪——中国转型期犯罪问题的实证研究》等，都对我国正处于转型期的犯罪问题进行了分析和探讨。

[②] 参见郭翔《犯罪与治理论》，中华书局，2002，第 9 ~ 12 页。

革和对外开放的步伐。随着我国经济与社会的双重转型，出现利益失衡、规则冲突、法律缺位、阶层分化、价值观念扭曲等问题，犯罪率呈现出不断升高的特点。以公安机关立案的刑事案件为例，[1] 1978 年全国发生的刑事犯罪案件为 53.6 万起，犯罪率为每 10 万人 56 起犯罪案件；1981 年刑事案件增加到 89 万起，犯罪率为 89 起/10 万人，成为改革开放以来的第一次犯罪高峰。1983～1986 年"严打"的开展，使得犯罪率出现下降趋势。1987 年后犯罪率开始反弹，1990 年全国犯罪案件增至 221.7 万起，犯罪率上升为 194 起/10 万人；1991 年犯罪案件达到 236.6 万起，比 1990 年上升 6.7%，犯罪率达到 204 起/10 万人。据统计，1987～1991 年五年期间，犯罪案件和犯罪率分别年均增长 32.9% 和 32%。犯罪的第二次高峰出现。1996 年开展的二次"严打"，对遏制犯罪起到了一定的作用。1996 年犯罪率下降了 6.4%，但是"严打"的效果没有得到巩固，从 1998 年开始，犯罪率又开始反弹，犯罪增至近 200 万起，犯罪率达到 159 起/10 万人，上升了 21.4%。1999 年犯罪增至 225 万起，犯罪率为 179 起/10 万人，分别增长了 13.3% 和 12.6%。[2] 对这些统计数据进行分析，我们可以得出这样的结论：一是，当社会发生变革和国家重大政策进行调整时，犯罪形势会发生变化；二是，在社会转型初期，犯罪呈现缓慢上升趋势，随着改革的不断深入，犯罪的增长速度也随之加快；三是，国家犯罪治理对策的调整会引起犯罪数量和犯罪率的变化。[3] 下面，重点对 2000 年以来我国的刑事犯罪情况进行分析。

进入新世纪以来，犯罪呈现继续增长的态势。2000 年，犯罪案件由 1999 年的 225 万起增加至 363.7 万起，犯罪率由 179 起/10 万人增至 287 起/10 万人，案件数量和犯罪率分别上升 61.6% 和 60.3%。2001 年我国犯罪案件为 445.6 万起，犯罪率为 349 起/10 万人；2002 年犯罪案件为 533.7 万起，犯罪率为 337 起/10 万人；2003 年犯罪案件为 439.4 万起，犯罪率为 340 起/10 万

---

[1] 我国尚未开展全国范围内的被害人调查工作，故引用犯罪数据资料系由公安机关统计发布，参见中国法律年鉴 1981～2011 年各卷统计表；犯罪率是以当年公安机关立案犯罪案件数据和当年全国人口数量数据（中国统计年鉴公布）计算而得。

[2] 参见胡联合《转型与犯罪——中国转型期犯罪问题的实证研究》，中共中央党校出版社，2006，第 1～3 页。

[3] 参见康树华主编《全面建设小康社会进程中犯罪研究》，北京大学出版社，2005，第 121 页。因资料有限，数据无法一一核实，为尊重原著，引用数据不作修正，本书其他部分数据亦同。

人；2004 年犯罪案件为 471.8 万起，犯罪率为 363 起/10 万人；2005 年犯罪案件为 464.8 万起，犯罪率为 356 起/10 万人；2006 年犯罪案件为 465.3 万起，犯罪率为 354 起/10 万人；2007 年犯罪案件为 480.8 万起，犯罪率为 364 起/10 万人；2008 年犯罪案件为 488.5 万起，犯罪率为 368 起/10 万人；2009 年犯罪案件为 558 万起，犯罪率为 418 起/10 万人；2010 年犯罪案件为 597 万起，犯罪率为 436 起/10 万人（参见图 2 - 1、图 2 - 2）。

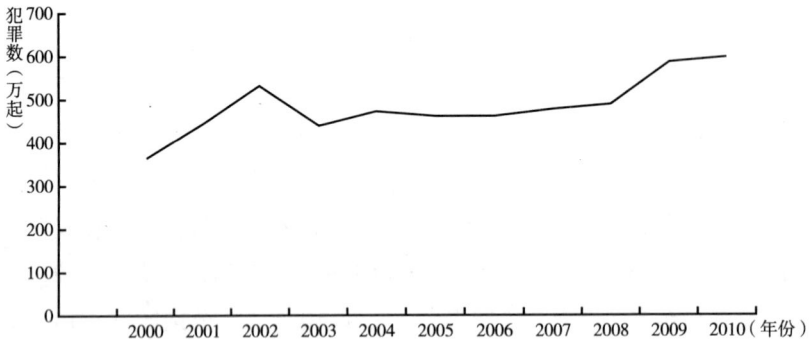

图 2 - 1　2000～2010 年刑事犯罪情况

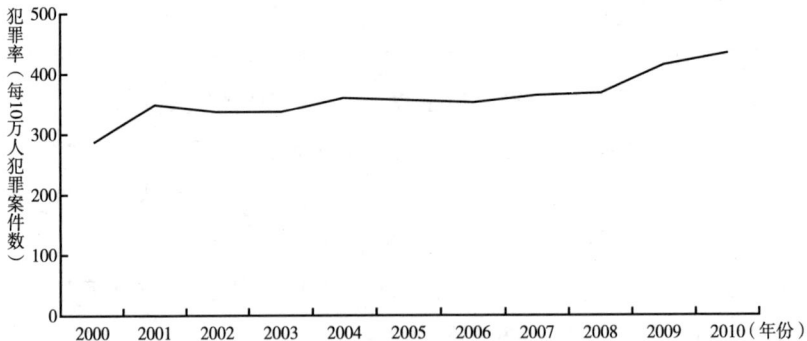

图 2 - 2　2000～2010 年犯罪率

　　需要说明的是，以上刑事案件数据是公安机关立案的刑事犯罪案件数据，不包括治安案件数。如果参照国外很多国家的做法把治安案件作为轻罪案件纳入犯罪统计中，我国的犯罪形势更加严峻。根据中国法律年鉴公布的公安机关的统计数据可以看到，2000 年以来，我国每年发生的治安案件呈现上升趋势。如 2000 年全国公安机关受理治安案件 443.7 万起，2001 年为

571.4 万起，2002 年为 623.2 万起，2003 年为 599.6 万起，2004 年为 664.8 万起，2005 年为 737.8 万起，2006 年为 719.7 万起，2007 年为 870.9 万起，2008 年为 941.2 万起，2009 年为 1175.2 万起，2010 年为 1275.8 万起（参见图 2 - 3）。

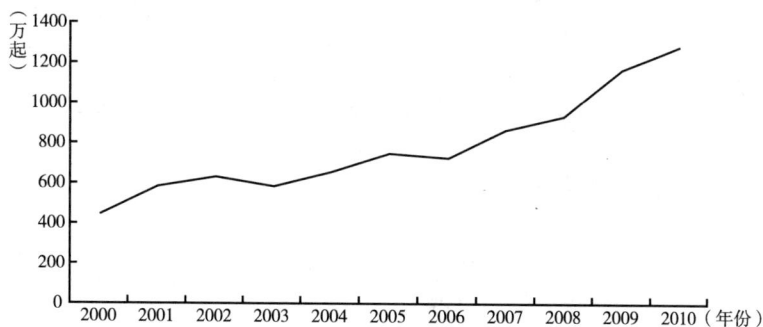

图 2 - 3　2000～2010 年公安机关受理治安案件情况

2. 犯罪类型情况

从犯罪类型上看，侵财犯罪是我国最主要的犯罪类型，其中又以盗窃犯罪最为突出，抢劫案件在财产犯罪中居于第二位，财产诈骗案件呈现出不断上升趋势，伤害案件也逐年上升。如 2000 年全国公安机关立案的盗窃案件为 237.4 万起，占刑事案件总数的 65.24%；抢劫案件为 30.98 万起，占刑事案件总数的 8.52%；财产诈骗案件为 15.26 万起，占刑事案件总数的 4.2%；伤害案件为 12.08 万起，占刑事案件总数的 3.32%。2010 年盗窃案件为 422.8 万起，占刑事案件总数的 70.83%；抢劫案件为 23.73 万起，占刑事案件总数的 3.97%；财产诈骗案件为 45.74 万起，占刑事案件总数的 7.66%；伤害案件为 17.5 万起，占刑事案件总数的 2.93%。具体情况如图 2 - 4：

3. 犯罪主体情况

从犯罪主体来看，青少年犯罪问题严重，青少年犯罪人占刑事犯罪人总数的比例一直较高。20 世纪 60 年代，青少年犯罪人占刑事犯罪人总数的比例为 20%～30%，1978 年后比例上升，到 1982 年青少年犯罪人占刑事犯罪人总数的比例达 60% 以上。1983 年"严打"斗争开始后，青少年犯罪有所下降，1983 年为 60.2%。从 1985 年开始，犯罪数量快速上升，1985 年占

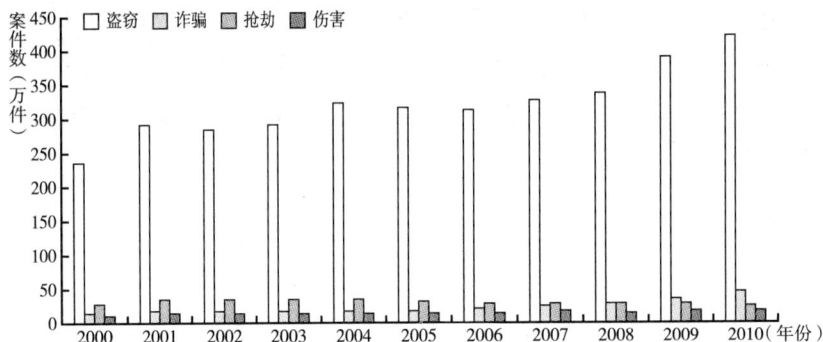

图 2-4 2000~2010 年主要犯罪类型情况

71.24%，1986 年占 72.5%。20 世纪 90 年代以后，加强了对青少年犯罪的综合治理工作，加之青少年人口占人口总数的比例下降，青少年犯罪呈现下降态势。1990 年为 57.3%，1996 年降至 40.5%，2000 年降为 34.54%。随后到 2010 年间，其比例一直维持在 30% 左右。需要指出的是，虽然青少年犯罪比例有所下降，但相对于其占总人口的比例来说，该类犯罪仍然比较突出。而且，不满 18 周岁的犯罪人数呈攀升之势，2000 年为 4.17 万人，2001 年为 4.99 万人，2002 年上升到 5 万人。根据全国法院审理的青少年犯罪案件的统计数据，2000~2010 年间青少年犯罪情况如图 2-5、图 2-6 所示：

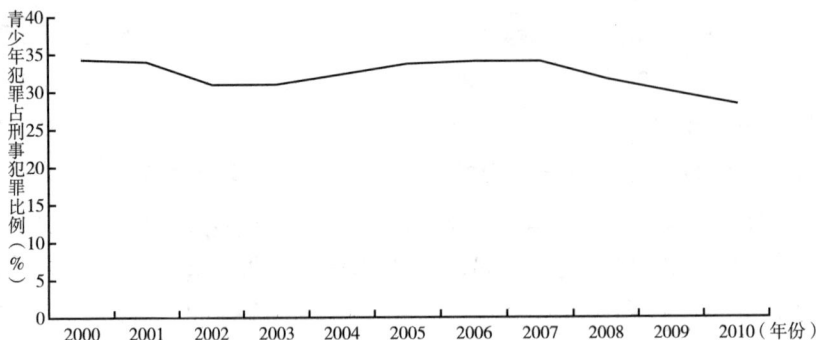

图 2-5 2000~2010 年青少年犯罪情况

二 当前犯罪呈现的特点

1. 犯罪案件总量不断增加，社会治安形势严峻

从公安机关公布的统计数据看，我国 2000 年以来的犯罪案件总体上呈

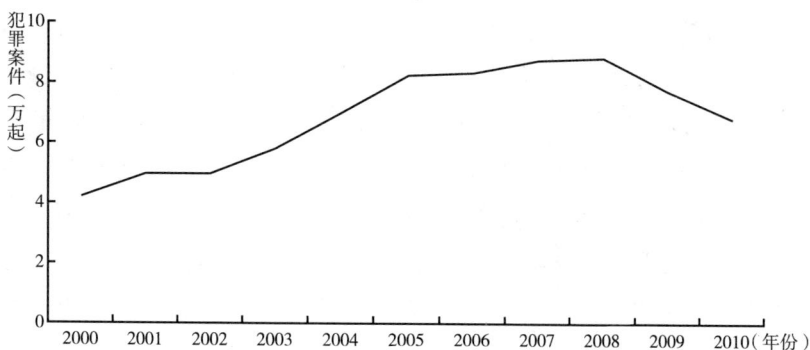

图 2-6　2000～2010 年不满 18 周岁犯罪案件情况

现快速增长的特点。当然，从图 2-1、图 2-2、图 2-3 中我们可以看到，期间有波浪式的上下升降的变化特点，其中主要一个原因就是"严打"活动的开展能够暂时遏制犯罪，而"严打"活动结束后，犯罪率会反弹，犯罪数量上升，我国的犯罪形势严峻。尤其是近几年，违法犯罪案件在逐年增加，表明我国经济增长的社会治安代价呈现出日趋严重化的发展态势。需要说明的是，以上的数据分析来源于官方的统计数据，若再将立案不实、立案标准提高、有案不报等因素加以考虑，实际的犯罪情况会更为严重。

2. 财产类犯罪是我国犯罪的主要类型，一些新型犯罪出现，大案要案增多

在犯罪类型方面，包括盗窃、诈骗、抢劫等犯罪在内的财产犯罪占据整个犯罪数量的 90% 左右。当然，财产犯罪突出是一个国际性问题，无论是在我国还是其他国家，财产犯罪都是一类常见多发的犯罪。美国犯罪学家路易丝·谢利在《犯罪与现代化》一书中曾指出，"发达国家中财产犯罪占犯罪总数的82% ……"，"在 1965～1976 年期间，发展中国家所有犯罪中，财产犯罪占大多数。"① 在美国，从 1960～2000 年犯罪统计中可以看出，各种类型犯罪中，财产犯罪占绝大多数；② 日本财产犯罪从 1977 年的 1145634件，发展到 1984 年的 1477123 件，增加了 0.29 倍，到 1990 年财产犯罪发展

---

① 〔美〕路易丝·谢利：《犯罪与现代化》，何秉松译，群众出版社，1986，第 84 页，第 62页。

② 参见康树华主编《全面建设小康社会进程中犯罪研究》，北京大学出版社，2005，第 45页。

到 1536881 件，与 1977 年相比增加了 0.34 倍，在全部犯罪中的比例从 1977年的 67.2%，增加到 1984 年的 69.2% 和 1990 年的 69.3%；[1] 1972~2001 年间，韩国的财产犯罪呈现上升趋势，1972 年为 108427 件，1992 年增至173930 件，2001 年增至 392473 件，在全部刑事犯罪中的比例从 1992 年的67.2%，增加到 2001 年的 70.9%，在全部刑事犯罪中占有较大的比例。[2]国内外的大量研究资料表明，伴随着经济的发展，财产犯罪呈现高发态势。

随着社会的发展和科技的进步，新型犯罪、高科技犯罪出现。近年来网络犯罪、银行卡犯罪案件增多。这两类案件具有表现形式多样、隐蔽性强、被害人多、涉案金额大等特点。据公安部发布的信息显示，2010 年 1~4月，全国公安机关共立银行卡犯罪案件 6700 多起，涉案金额达 59.6 亿元，破案 4800 多起，挽回经济损失近 1 亿元。其中，典型案件如上海市李某信用卡诈骗案。在该案中，以李某为首的 5 名犯罪嫌疑人，在 2009 年 11 月~2010 年 2 月期间，通过互联网从他人手中非法购买大量银行卡客户信息，制作伪卡后盗提资金百余次，被害人涉及北京、上海、江苏、广东等 17 个省市。[3]

进入新世纪以来，侵犯知识产权、制售假冒伪劣商品和腐败案件呈上升趋势，一批大案要案出现。各地公安机关针对侵犯知识产权、制售假冒伪劣商品犯罪具有的职业化、团伙化、规模化、跨区域化等新特点采取了专项打击活动，如 2010 年 11 月~2011 年 3 月底，公安部组织全国公安机关开展了代号为"亮剑"的打击侵犯知识产权和制售伪劣商品犯罪专项行动。近一个月的时间，全国公安机关在"亮剑"行动中破获侵犯知识产权和制售伪劣商品犯罪案件 676 起，案值 8.35 亿元，抓获犯罪嫌疑人 1586 名。这些案件涉及面广，包括食品药品、服装服饰、汽车配件、电子产品、盗版光盘、农资等领域的多个知名国内外品牌；这些犯罪案件危害经济的正常发展，损害权利人和消费者的健康安全，有些案件涉案金额高，危害严重。如 2010 年北京市公安机关破获"7·16"特大生产、销售假药案，刑事拘留犯罪嫌疑人

---

[1] 参见康树华主编《全面建设小康社会进程中犯罪研究》，北京大学出版社，2005，第69页。

[2] 参见康树华主编《全面建设小康社会进程中犯罪研究》，北京大学出版，2005，第60页。

[3] 参见中华人民共和国公安部网站：http://www.mps.gov.cn/n16/n1237/n1432/index.html。

111 名，捣毁制假售假窝点 60 余处，缴获"同仁堂止渴降糖胶囊"等假药 371 种，案值 3000 余万元；广东公安机关破获假冒"CK"等品牌服装案，抓获犯罪嫌疑人 4 名，缴获假冒服装、内衣等 17 万件，案值 4320 万元。①

腐败犯罪是当今国际社会的公害，它阻碍经济的发展，损害政府的威信，是各国致力解决的一个犯罪顽疾。当前，我国正处在体制深刻转换、结构深刻调整和社会深刻变革的阶段，法制的不健全、社会伦理道德的偏差与失范等问题存在，贪污贿赂等腐败犯罪严重，大案要案增多，如郑筱萸案、陈绍基案、王华元案、黄松有案、许宗衡案等。2008 年全国检察机关立案贪污贿赂案件 26306 件，其中大案 17594 件，要案 2380 人；2009 年立案贪污贿赂案件 25408 件，其中大案 18191 件，要案 2364 人；2010 年立案贪污贿赂案件 25560 件，其中大案 18224 件，要案 2387 人；2011 年立案侦查贪污贿赂大案 18464 件，涉嫌犯罪的县处级及以上国家工作人员 2524 人。经济社会快速发展，贪污贿赂等腐败犯罪呈现出涉案人员级别越来越高、涉案金额越来越大、权色交易明显等新的特点和趋势。

3. 犯罪主体中，青少年犯罪占很大比例，且呈现低龄化、团伙化、手段多样化等特点和趋势

未成年人犯罪在当代世界各国都是一个很突出的问题。在许多国家，特别是在发达国家，社会病态现象在未成年人中广泛蔓延，未成年人犯罪不断增长。近些年来，我国的未成年人犯罪情况堪忧。在复杂多变的社会环境、多元价值体系、个体身心发展不均衡的矛盾的影响下，如图 2-5、图 2-6 所示，青少年犯罪数量大，且不满 18 周岁的未成年犯罪数量持续较高，低龄化趋势明显。近几年，团伙化、手段多样化等成为未成年人犯罪案件的主要特点。在上海、安徽、甘肃等地，过半的未成年犯罪案件为团伙型的，且手段开始成人化，成熟化，开始利用网络等途径进行犯罪活动，如 2009 年 9 月上海市审理的网络犯罪团伙"尊龙名社"案件。

三 犯罪高发的原因分析

社会是犯罪的生存空间，个体是犯罪的具体承载。犯罪表现为诸多因素

---

① 参见中华人民共和国公安部网站：http://www.mps.gov.cn/n16/n1237/n1432/index.html。

按照特定的作用所形成的总体犯罪现象与个体犯罪现象。犯罪原因是一个复杂的综合体，既有综合性又有层次性，是社会因素、生物因素、地理因素、主观因素等多方面结合的产物。客观、全面地分析我国犯罪产生的原因，有利于完善犯罪预防措施，构建科学的犯罪预防体系，进而减少被害，增进社会和谐与稳定。

1. 犯罪原因的社会因素

（1）现代化。现代化是一种社会进程，是由相对欠发展的社会形态转变成较为发达的社会形态的过程。在现代化进程中，呈现出社会结构的变迁与重组，一定程度上影响着犯罪的发生和发展。国内外大量研究表明：在现代化进程中，相对成熟的社会形态，犯罪也会相应达到一定的稳定状态，犯罪率保持在一定的水平，不会呈现较大幅度的波动；在新旧社会交替的时期，社会急剧转型的时期，是犯罪率波动的危险时期。当前，中国社会正处在向社会主义现代化转型的加速期，其广度、深度和难度都是前所未有的。这一时期新旧体制相互碰撞、排斥，形成双轨体制混合并存的格局，同时伴随着体制缺口、体制倒错和体制逆转的特征。这种新旧社会结构之间的矛盾和对抗，势必引起社会环境的剧烈变动，引起各个阶层利益格局的调整，同时也导致社会治安秩序的重要变化，犯罪的存在和发展有着广泛的土壤和条件。

（2）贫富差距。贫富差距问题是影响社会秩序稳定的经济根源。贫富差距拉大严重地损伤普遍受益的社会发展原则，容易使一部分社会成员产生相对剥夺感。相对剥夺不仅是犯罪产生的重要原因，而且其与绝对贫困相比，更容易使人犯罪。著名的社会学家默顿曾深刻地指出："一个社会只是贫穷或者只是富裕均不产生犯罪，但一个社会贫富差别悬殊就会产生大量犯罪。"① 谢利在《犯罪与现代化》一书中指出："贫困不会产生犯罪，但是因贫困而不满却会而且奇怪地足以产生犯罪，在富裕国家的相对剥夺的人们中间比在贫困的真正被剥夺的人们中间更有可能因贫困而不满。"② 关于为什么相对贫困更容易引发犯罪的问题，美国社会学家塞缪尔·斯托弗

---

① 转引自陆建华《中国社会问题报告》，石油工业出版社，2002，第 84 页。
② 〔美〕路易丝·谢利：《犯罪与现代化》，何秉松译，群众出版社，1986，第 100~101 页。

(Sa. Stouffer) 使用"相对剥夺感"这一概念进行解释。斯托弗认为，人们具有将自己的收入与地位、空间接近的人进行比较的倾向，当自己的收入不如别人时，便会产生相对贫困的判断，进而产生被剥夺的感受。斯托弗的"相对剥夺"概念将"相对贫困——犯罪"两者有机联系起来，使人们看到相对贫困对人作用的心理本质。从心理学的观点出发，人的需要不仅具有生理的一面，而且具有心理的一面，即当感到自己得到的东西不如别人时，即使生理需要完全满足，也会产生新的需要。这种需要的产生与"被剥夺的感觉"相联系。著名经济学家、伦理学家亚当·斯密也指出：贫富差距过大，将导致贫穷人的不满，"会驱使他们侵害富者的财产"。[①] 中国有着"不患寡而患不均"的文化传统，而贫富差距的拉大，容易在犯罪活动中表现出来，尤其是财产犯罪成为消除贫富差距的最为明显的一种非法方式。1978 年改革开放以来，鼓励一部分人和一部分地区先富起来的政策给经济发展注入了空前的活力，我国经济持续增长，国内生产总值不断增加，人民生活水平明显提高。但是，由于各种现实的和历史的复杂原因，我国收入分配的贫富差距总体上呈扩大的态势，基尼系数已经在 2000 年超过 0.4 的国际警戒线。感受贫富差距是社会不满与社会动荡的重要原因。社会贫富差距越大，社会底层成员相对剥夺感越强，而人的相对剥夺感越强，犯罪的可能性会越大。分配差距越来越大，大众心理不平衡是可以预见的。经过对 1980 ~ 2004 年基尼系数与犯罪率的数据进行统计分析，发现两者的相关系数为 0.893，具有显著的相关关系。可见，贫富差距的扩大对犯罪率的上升有着突出的影响。[②]

（3）失业。随着市场化进程的加快，企业体制的改革力度逐步加大，劳动力市场化的速度加快，失业问题具有新的社会特征。失业人群中一部分人成为生活来源无着落、社会地位悬空的特殊群体，而这一特殊群体所引发的一系列社会问题正在对社会正常秩序和运行机制的形成产生制约作用。[③]从社会问题的角度看，失业是犯罪滋长的重要诱因。犯罪是"蔑视社会秩

---

①　〔英〕亚当·斯密：《国民财富的性质和原因的研究》（下卷），郭大力、王亚南译，商务印书馆，1997，第 272 ~ 273 页。

②　参见胡联合《转型与犯罪——中国转型期犯罪问题的实证研究》，中共中央党校出版社，2006，第 27 页。

③　丛梅：《城市社区无业闲散人员犯罪问题研究》，载《理论与现代化》2006 年第 3 期。

序最明显最极端的表现"，① 长期失业不只是使人在经济上陷入困境，而且会使人在精神上遭受挫折，产生心理失衡，滋长对社会的不满情绪，从而诱发犯罪。我国人口众多，就业压力大。经过统计分析，1981～2004 年，我国失业率与犯罪率的相关系数为 0.76，具有显著的正相关关系。② 需要指出的是，由于我国的失业统计只统计城镇失业人口，而将数以亿计的农村剩余劳动力排除在统计之外，因此，用城镇失业率推断出其对犯罪率的影响大大小于失业问题对于犯罪问题的影响力。

（4）文化冲突。文化是一个复杂的、包容度极大的概念。一般认为，文化有广义和狭义之分。广义而言，文化是指人类在社会历史发展过程中所创造的物质财富和精神财富的总和；狭义上说，文化是指人类社会的精神文化，包括科技、教育、文学艺术、道德风尚、思想观念、风俗习惯等。这里的文化主要指从精神文化的层面来论述与犯罪有着密切联系的社会精神文化。人是文化的载体，犯罪是人的行为，社会的文化往往直接影响着人的思想观念和行为。文化与犯罪有着密切的联系。我国著名的犯罪学家、社会学家严景耀先生曾明确指出："犯罪不是别的，不过是文化的一个侧面，并且因文化的变化而异变。……如果不懂得犯罪的文化背景，我们也不会懂得犯罪。换言之，犯罪问题只能以文化来充分解释。"③

现代文化的突出特点表现为世界范围内各民族文化的交流融合，以及在交流融合过程中发生的文化冲突。每一个社会的重大转型，对文化都将形成不同程度、不同层次的冲击和震荡。改革开放以来，我国社会发生变革，处在一个文化冲突和失衡的时期。当前，我国文化冲突主要有三种形式：现代文化与传统文化的冲突；不同地域、民族、群体间的文化冲突；西方文化与中国文化的冲突。在这三种冲突之中，最为突出的是外来文化与我国本土文化的冲突。中国长达数千年的中央集权制度培养和凝聚了追求高度统一的主导文化思想，即维护专制，排斥个人利益，贬斥功利，轻视物质，强调全社会的统一和步调一致。新中国成立后，党和国家倡导克己奉公、艰苦奋斗、自力更生、毫不利己、专门利人、积极进取、勇于奉献的价值观和道德观。

① 〔德〕马克思、恩格斯：《马克思恩格斯全集》第2卷，人民出版社，1995，第416页。
② 参见胡联合《转型与犯罪——中国转型期犯罪问题的实证研究》，中共中央党校出版社，2006，第30页。
③ 严景耀：《中国的犯罪问题与社会变迁的关系》，北京大学出版社，1986，第2～3页。

改革解放了人们的思想，开放传入了西方的文化。西方外来文化既有讲求效率、标新立异等积极方面的理念与要素，也有消极的金钱万能、损人利己等内容。这种外来文化与我国文化形成激烈的冲突，表现为过分地强调个人利益、无度地追求物质享受、无视社会公德、抛弃理想信念等，这样的文化具有明显的反社会主流价值观的倾向。市场经济突出功利意识和利益观念，本来的经济领域里的商品交易观念却渗透到社会政治、文化、生活的各个方面，出现道德滑坡、价值观扭曲等消极现象。意识价值的扭曲和缺席，诱发犯罪。

2. 犯罪原因的个体因素

犯罪作为一种社会现象，必然受到多种社会因素的制约。但是，任何犯罪行为都是由个体来具体实施的，各种消极的社会现象只有具体作用于个人，才能最终对犯罪产生影响和发生作用。现实生活中各种犯罪现象之所以呈现不同的规律，在很大程度上都与犯罪人的个体因素有关，即犯罪人具有的各种不良心理及其他促发犯罪的个性特征。在犯罪个体原因中，主要包括两大方面：心理状态因素、生理状态因素。研究犯罪人的个体因素，对于深刻认识犯罪现象、全面认识犯罪产生的原因、做好犯罪的早期预测和特殊预防工作都有着重要的意义。

首先，心理状态因素。

心理是心理现象或心理活动的简称，是指认识、情感、意志等心理过程和能力、性格等心理特征。[1] 人的心理本质上是人脑的机能，是一个多维度、多层次的系统，其诸要素相互联系和制约共同影响着人的行为活动。这里主要从人生观和个体心理因素两个方面进行分析。

一是人生观。人生观是人们对人生的看法。目前，我国政治、经济、文化、科技、社会等各个方面都在发生变革，人们的思想、价值观念也在不断变化。人生观的变异、扭曲与犯罪之间有着密切的关系。

拜金主义思想与犯罪。拜金主义思想作为一种价值观念是商品经济的产物，在这一思想支配下，名誉、地位、爱情、权力等都带上了商品的色彩，崇拜和追逐金钱，不惜损害国家、集体和他人的利益。拜金主义思想的盛行是导致多种犯罪特别是财产犯罪和腐败犯罪的心理基础。

---

① 参见《现代汉语词典》，商务印书馆，1996，第 1398 页。

　　道德滑坡与犯罪。道德是适应人类共同生活的需要而产生的，调整人们之间以及个人和社会之间行为规范的总和。总的来说，道德水平随着人类社会的不断进步而不断提高，但在一定时期，道德水平会在一定人群中出现暂时的倒退现象。我国改革开放以来，随着市场经济的发展，人们的传统观念受到外来文化和各种新鲜事物的冲击，加之过分溺爱的家庭教育、注重分数的学校教育和商业化的社会教育的影响，一部分人出现了信仰危机和道德滑坡，精神空虚、见利忘义、极端利己，为达目的不惜铤而走险实施犯罪。

　　法律意识淡薄与犯罪。法律意识是人们对法律的看法以及学法、用法、守法的自觉程度。我国自1986年开始的全民普法教育，取得了一定的效果，人们的法律意识有了很大提高，但离法治国家的要求还相差甚远。一方面，我国两千多年的封建文化和专制思想还一定程度上存在；另一方面，在20多年的普法过程中，更多的是向人们灌输法律知识，忽视了对法律意识的培养。这对职务犯罪、妨碍司法的犯罪、青少年犯罪和农民犯罪的影响更为明显。

　　二是个体心理因素。人的心理包括感知、记忆、思维、情绪、意志、需要、兴趣、动机、价值观、性格、气质、能力等，这些因素影响人的行为。

　　需要与犯罪。需要是人对客观事物的要求在人脑中的反映。需要是人行为的原动力，人的各种动机都源于相应的需要。需要既可以激发人们去从事积极的有益于自身身心健康和社会发展的活动，也能推动人们去实施消极的违反社会规范的违法犯罪活动。犯罪人往往是在对需要的不断追求和满足中将个人的需要、欲望无限制地发展，以致脱离现实具体的客观条件，与社会的要求处于对立状态。如为了满足生理的需要，实施性犯罪；为满足物质生活的需要，盗抢钱财等。

　　性格与犯罪。性格是人对现实的稳定性态度以及习惯化的行为方式，是个性心理特征中最为核心的部分。一般来说，财产犯罪中犯罪人对社会、对他人和自己缺乏责任感，生活态度轻率；情绪容易受到环境的影响，自制力差，嫉妒心、报复心重；对客观事物和社会现象认识偏颇，不能辨明是非，易受不良因素的诱惑。

　　气质与犯罪。气质是个人心理活动稳定的动力特征，分为多血质、胆汁质、黏液质和抑郁质四种类型。气质类型对于人的行为有一定的影响，不同的气质使人们的行为活动带有某种色彩，但并无好坏之分。在犯罪活动中，它并不能起到发动或制止犯罪的作用，但当一个人走上犯罪道路，它的作用是影响他们的作案方式、行为内容。如胆汁质的人容易激动，脾气暴躁，容易实施抢劫、抢夺等暴力犯罪；抑郁质的人对事物观察细致、敏感，多实施有预谋性质的财产犯罪。

心理失衡与犯罪。心理失衡是指社会中的某些成员在一定时期内与其所处的实际生活环境不相适应的一种心理现象。个体心理失衡容易造成人与人以及人与社会之间的抵触情绪。当然，心理失衡不一定导致犯罪，它可以通过多种途径得到缓解和释放，但达到严重程度的心理失衡容易导致犯罪心理和动机的产生，促使违法犯罪行为的实施。如前所述，改革开放以来，我国经济建设取得了巨大成就，人民生活水平显著提高，但同时也出现了收入差距拉大、贫富悬殊等现象。加之有的人甚至通过违法手段如偷税、走私等致富，更加剧了一些人心理上的不平衡。在心理失衡的队伍中，有些人因为受到各方面条件的限制，不能用合法方式达到所追求的目标，其中法制观念差、自制力弱的，尤其是那些好逸恶劳、贪图享受的，容易产生盲目攀比甚至报复社会的心理。在这种失衡心理的支配下，就会有人采取非法手段甚至犯罪行为攫取财物，获得自己心理平衡。

其次，生理因素。

早在19世纪后半叶，西方国家的学者就对个体生理特征及其与犯罪的关系开始研究。其中，最具代表性的是意大利犯罪学家龙勃罗梭提出的天生犯罪人论，试图从犯罪人身上找到一些异常特征说明犯罪与人的生物学特征存在联系。犯罪人的生理因素为犯罪心理的形成提供了生理基础，在一定程度上影响着犯罪人的心理和行为。我国学界对生理与犯罪的关系关注较少，尚未开展全面系统的研究。本书主要从年龄和性别两个方面进行分析。

一是年龄。不同年龄阶段的犯罪人身心发育状况和社会阅历不同，其犯罪类型、行为方式也有差异。

青少年期（10～25岁）是人生的发育阶段，是个体逐渐走向成熟的过渡时期，也是一个充满矛盾的时期。青少年好奇心重、可塑性大、模仿性强。同时，也易冲动、自控力差，加之缺乏社会经验，对事物的判断和鉴别能力低，容易受到外界不良因素的影响。从犯罪动机上看，青少年犯罪动机简单，并带有一定的盲目性和随意性；从犯罪类型上看，青少年犯罪多为财产、暴力和性犯罪；从犯罪形态上看，团伙犯罪居多。

成年期（25～60岁）是一个人在生理、心理、社会适应能力等各方面都已成熟和稳定的时期。一般来说，成年人意志更加坚强、考虑问题较为全面。成年期犯罪多为预谋性犯罪，职务犯罪多集中在这一时期。

老年期（60岁以上）是人的身体各器官功能下降、体力衰减的时期。与青少年期和成年期相比，老年人受生理条件的限制和社交活动减少等因素的影响，其犯罪率低。从犯罪类型上看，暴力犯罪较少，诱骗、教唆类犯罪较多。

二是性别。男女之间的生理差异对犯罪活动有着重要的影响。一般来说，女性体力较男性差，实施暴力犯罪较男性少；女性在月经周期中，激素分泌发生变化，情绪波动大，易烦躁、发怒、焦虑等，容易发生犯罪。

3. 自然环境因素

任何一种犯罪都是在特定时空内发生的，犯罪从一开始就与自然环境有着密切的联系。自然环境是指人类活动所依赖的各种自然条件的总和，包括地理位置、气候、季节和各种自然资源。犯罪的自然环境因素就是指能够诱发、触引或者促成犯罪行为发生和犯罪现象起伏变化的各种自然环境和条件。与犯罪相关联的自然因素主要是季节因素、气候因素和地理因素。犯罪的产生与实施可能借助也可能受制于自然条件，而且犯罪现象往往因循季节、气候的更替而出现有规律的起伏，在不同的地理环境中犯罪也呈现与其相适应的特点。

（1）季节。季节是人们根据气象科学理论与长期的生活经验划分而成的时段。春夏秋冬四季的周而复始，影响着人们的社会活动和生活节律，也在一定程度上影响犯罪这一社会性行为的变化。表现在：随着季节变化人们的生活规律发生改变，犯罪条件有所不同，导致某类犯罪的增加，如在冬季人们穿着厚重，发生扒窃较多；不同的季节，昼夜时间的长短变化会影响到犯罪人对作案时间的选择，如在夏季，昼长夜短，人们在室外的活动时间增加，较容易发生抢劫、抢夺案件、性侵害犯罪。

（2）气候。气候是指一定地区、一定时间内的气象变化情况，包括温度的高低、降雨量的多少、相对湿度及风力的大小等。气候，作为人类赖以生存的自然环境的构成要素，对人类文化传统的形成、生活方式的演变有着深刻的影响。虽然气候、天气等因素不是犯罪产生的直接原因，但对犯罪有着一定的影响。如气温降低、天气寒冷时，人们对衣食住行的需要增加，加之此时谋生难度加大，容易发生财产犯罪；"偷雨不偷雪，偷风不偷月"是盗窃分子总结出来的经验。可见，气候条件是影响犯罪人作案心理的因素之一。

（3）地理。地理环境包括自然地理环境（如地形、地貌、河流等）和人文地理环境（如城市、工矿区等），是社会物质生活的必要条件和自然基础。一般来说，犯罪人凭借特殊的地理环境既能提高作案成功率又能确保安全。如在城市的商业区，集中了大量的财物和金钱，具有较高的犯罪诱惑力，财产犯罪的发案率高；车站、路口等地，交通便利，人财物的流动性大，容易发生盗窃、抢夺等犯罪。

第三节　当前我国犯罪被害的情况

被害现象是一种社会现象，是一个国家或地区在一定时间内具有统计学意义的犯罪被害人和被害事实的总和。[1] 根据被害人学研究的内容，为了科学认识和把握被害现象，通过一些被害指标来进一步对被害问题进行评判。被害指标是用来反映被害人、被害事件总体数量状况的基本概念，包括被害数量、被害率、被害重伤率、被害死亡率、被害人对刑罚和被害服务的态度等。其中，被害数量是总量被害指标，是一定时空内遭受犯罪行为侵害的特定被害人的总数；被害率是相对被害指标，是特定被害人在一定时空内遭受犯罪行为侵害的数量与该类对象总数之比。[2] 二者反映的是特定时空范围内被害发生的次数和频率，可以掌握某一特定时空内犯罪被害的程度，分析易被害群体的特征以及被害的时空特征，有利于更好地做好被害预防工作。被害重伤率和被害死亡率是说明被害严重程度的指标，可以了解到被害的程度，有利于更好地做好被害救济工作；被害人对刑罚和被害服务的态度是被害人对刑事司法过程和其权利救济情况的心理感受，对于推动刑事司法改革和被害人权利救济工作有着重要的意义。犯罪数量、犯罪率通过犯罪统计得到，同样的，这些被害指标也需要通过被害统计而来，即通过对被害人进行调查得到数据资料。

---

[1]　参见赵可主编《犯罪被害人及其补偿立法》，群众出版社，2009，第3页。
[2]　参见李伟主编《犯罪被害学》，中国人民公安大学出版社，2010，第34页。

一　犯罪被害调查

有犯罪就有被害，那么是否有了犯罪统计数据，就真实反映了被害的情况呢？答案是否定的。通过犯罪统计能够了解犯罪数量和犯罪变动情况，为分析犯罪原因、总结犯罪规律、预测犯罪发展趋势、制定犯罪治理政策提供数据基础。但犯罪统计也存在一些问题和缺陷，其中最主要的就是犯罪黑数问题。犯罪黑数指的是犯罪行为已经发生，但尚未被警方发现或记载到犯罪案件统计数据中的犯罪数量。各国的犯罪统计中，犯罪黑数普遍存在，造成犯罪统计失真。犯罪黑数的产生主要在于刑事司法机关和犯罪被害人两个方面。一是公安机关存在"犯罪的警方统计保护机制"，使得立案率低于报案率；二是犯罪被害人中存在有案不报的因素，使得报案率低于被害率。长期以来，无论是对治安状况的评价，还是对犯罪现象的研究，以至刑事政策的制定，主要都是参考官方的犯罪统计数据。而犯罪黑数的存在，使得犯罪现象的真实情况不能得到反映，因而也就无法客观、准确地分析犯罪形势，进而科学地制定犯罪对策。为了真实了解犯罪状况，除了刑事司法机关在已有的统计方法上进行改革外，更为有效的方法就是进行犯罪被害调查。

1. 犯罪被害调查的意义

犯罪被害调查是以犯罪被害人为调查对象的一种犯罪统计方法，最早可以追溯到 20 世纪 60 年代的美国。针对联邦调查局"统一犯罪报告"（Uniform Crime Report）中存在的犯罪黑数问题，芝加哥大学国家舆论研究中心进行了以被害人为对象的犯罪统计工作，并从 1972 年起至今，每年由司法统计局进行全国性的犯罪被害人调查（National Crime Victimization Survey）。随后，被害人调查逐渐引起国际社会的注意，许多国家开始进行被害人调查。荷兰司法部科学和文献资料研究中心从 1974 年开始组织实施犯罪被害人调查；英格兰、威尔士、苏格兰从 1982 年开始由内政部组织进行英国犯罪被害人调查；此外，以色列、加拿大、芬兰、匈牙利、瑞典、瑞士和我国香港地区等也相继进行全国性或地区性的犯罪被害人调查。联合国区域间犯罪与司法研究所在 1989 年组织了首次国际犯罪被害调查（International Crime Victimization Survey），到 2005 年先后五次在 70 多个国家进行了被害人调查。开展犯罪被害调查有着重要的意义：

（1）可以在一定程度上弥补刑事司法机关犯罪统计的不足，为科学分析犯罪现状提供详实的数据。犯罪这一社会的"综合病症",对人类造成的危害,已经大大超过了战争,成为当今社会发展的最大障碍。开展以被害人为对象的调查工作,可以解决司法机关犯罪统计中存在的犯罪黑数问题,以全面掌握实际发生的犯罪情况。被害人遭受犯罪行为侵害后,由于害怕报复、不敢报案等诸多因素的影响,有案不报的情况大量存在。而通过对被害人进行调查,可以使一些未曾报案的被害情况"浮出水面",更加真实地反映社会治安状况。

(2)通过分析被害原因,揭示被害规律,可以有效地预防和减少犯罪的发生。在很多情况下,被害人自身存在着某些易于被害的因素,会促进犯罪的发生或为犯罪行为创造条件,甚至被害人与犯罪人之间关系的处理还会导致犯罪的升级。对犯罪被害人进行调查,能够全面了解被害情况,如被害的时间、地点、程度;能够详细掌握被害人的相关情况,如被害人的性别、年龄、婚姻状况、心理特征,以及被害人和犯罪人之间的关系,找出被害的原因和规律,为开展被害预防提供可能。人们不断培养防害意识,掌握各种防害技巧,提高自我保护的能力,可以大大减少被害的机会。

(3)进行犯罪被害调查是加强犯罪被害人权益保护的现实需求。随着国际社会对被害人问题研究的进一步深入,被害人地位和权利保护正日益成为人们关注的重点。长期以来的刑事司法过程中,作为当事人一方的被害人,其地位一直没有得到应有的重视,这不仅不利于恢复被犯罪行为破坏的社会关系,而且还会在一定程度上导致社会矛盾和冲突的激化。加强被害人的权益保护对于犯罪治理具有十分重要的意义,是社会管理不可忽视的重要内容。对被害情况进行准确的调查,进而采取相应的对策加强被害人权益保护,有利于充分发挥被害人在刑事程序中的作用,减少社会冲突、化解社会矛盾,实现法律效果和社会效果的统一。

二　我国的犯罪被害调查情况

20世纪90年代至今,进行了一些区域性的、部分专题的被害调查:1994年5月,在联合国区域间犯罪与司法研究所的资助、支持下,在中国公安部、北京市公安局的协助下,中国司法部预防犯罪与劳动改造研究所在北京市东城、西城、崇文、宣武和朝阳五个区组织实施了规模为2000个样本的犯罪被害人调查,这是我国首次组织实施的犯罪被害调查工作。该调查采用的是联合国区域间犯罪与司法研究所设计的调查问卷，对 1989～1993 年间的居民被害、报案等情况作了统计分析，调查报告发表于联合国出版物《刑事司法信息的发展与政策应用》上。随后，我国一些学者和研究机构也开始进行各种形式的犯罪被害调查、统计和分析研究，如中国人民公安大学王大伟教授参与的 "中小学生刑事被害调查"；[①] 浙江警官职业学院教师孔一在浙江某高校开展校园盗窃被害调查；[②] 北京大学法学院刘守芬教授等人对 1994～2000 年间发生的强奸案件被害人特征、被害人责任等问题作了统计分析；[③] 广西大学法学院张鸿巍博士于 2005 年 9 月在广西南宁市针对一般公众进行刑事被害人保护问卷调查；[④] 2006 年 4 月北京大学法学院课题组开展了知识产权侵权犯罪被害人研究调查；[⑤] 2007 年 10 月北京师范大学卢建平教授、王丽华博士开展的多发性侵财犯罪被害调查等。[⑥] 遗憾的是，当前我国犯罪案件统计数据主要是官方的犯罪统计数据，还没有进行全国性的犯罪被害调查，也没有建立起相应的犯罪被害调查制度。对于全国的犯罪被害情况、被害率、被害群体、被害心理、被害人需求等问题缺乏数据资料的支撑，不利于犯罪被害预防工作的开展和犯罪被害救济制度的建立。

下面，结合我国官方的犯罪统计数据和进行的区域性的、专题性的被害调查资料分析犯罪被害情况。

1. 被害数量大

如前所述，犯罪黑数是各国犯罪统计中普遍存在的问题。如新西兰犯罪学家将 2001 年该国被害调查与警方统计作了比较，结果显示警方所记录的

① 参见王大伟《中小学生被害人研究——带犯罪发展论》，中国人民公安大学出版社，2003。
② 参见孔一《校园盗窃被害调查报告》，载《青少年犯罪研究》2003 年第 1 期。
③ 刘守芬、申柳华：《强奸案件的加害与被害——71 个强奸案例的法律实证分析》，载《犯罪研究》2004 年第 4 期。
④ 参见张鸿巍《刑事被害人保护的理念、议题与趋势——以广西为实证分析》，武汉大学出版社，2007。
⑤ 参见赵国玲、王海涛《公众知识产权意识对知识产权被害控制意义之评估》，载《电子知识产权》2007 年第 2 期。
⑥ 卢建平、王丽华：《多发性侵财犯罪被害调查研究》，载赵秉志主编《刑事法治发展研究报告：2007～2008 年卷》，中国人民公安大学出版社，2009，第 671～699 页。

犯罪与被害仅占前者的15%。① 据公安部课题组在全国范围内的大面积抽样调查发现，1985年、1987年、1988年每年有70%~80%的案件被漏立，如1985年全国立案的真实度只有26%，全国应立犯罪案件应为208万起（而不是统计数据的54万余起）。即使是从1989年开始，公安部在全国范围开展了纠正立案不实的大检查，立案不实的情况有所好转，但并未有大的起色。例如，公安机关公布的1990年全国刑事犯罪立案数的统计数据为221.7万起，但据公安部办公厅的调查，立案数应为457万多起；而据公安部课题组的调查，立案数更多，应在500万起左右。这就意味着，1990年的立案真实度也只有百分之四十几的水平。② 虽然公安机关不断严查和纠正立案不实的情况，但不可避免的是，我国的犯罪实发数大于统计的犯罪案件数量，这从已开展的犯罪被害调查数据中也可以得到印证。从公安机关公布的犯罪统计数据看，近几年我国的刑事犯罪案件在500万起左右，治安案件逾千万件。这也在一定程度上反映了我国当前犯罪被害数量的庞大。

2. 财产犯罪被害为主要被害类型

了解被害的主要类型，有利于针对性地开展犯罪治理和被害人权利救济工作。张鸿巍博士2005年9月在广西南宁市进行的刑事被害人保护问卷调查数据显示，被害人遭受财产犯罪侵害的比例为81.2%；③ 2007年北京师范大学刑事法律科学研究院课题组开展的多发性侵财犯罪被害调查结果显示，在1360名被调查者中，共有283人遭受财产犯罪侵害，占20.8%。这与官方犯罪统计的财产犯罪案件高发一致。

3. 被害具有反复性

被害的反复性即被害人的重复被害，这一问题是犯罪被害调查的一项重要内容。1994年司法部参与的国际犯罪被害调查、2005年广西大学刑事司法研究中心进行的一般公众被害问题调查和2007年北京师范大学刑事法律科学研究院课题组开展的多发性侵财犯罪被害调查显示，被害人具有重复被害性。如在广西的被害人调查中，2~3次被害的比例为44.1%，4次被害

---

① 转引自张鸿巍《刑事被害人保护问题研究》，人民法院出版社，2007，第132页。
② 俞雷主编《中国现阶段犯罪问题研究》（总卷），中国人民公安大学出版社，1993，第129~325页。
③ 张鸿巍：《刑事被害人保护的理念、议题与趋势——以广西为实证分析》，武汉大学出版社，2007，第208页。

以上的比例为 14.8%；① 在多发性侵财犯罪被害的调查中，在 1360 人中，有 67 人有 2 次被害经历，41 人有 3 次以上被害经历，其中 46～60 岁之间的被调查人重复被害比例较高。②

4. 不报案原因呈现多样性

检举揭发犯罪是公民维护自身权利的表现，也是公民应尽的法律义务。被害人是司法制度的守门人，许多犯罪正是由于被害人的报案而进入司法程序，许多案件也是由被害人提供线索才将犯罪人绳之以法的。然而现实生活中，许多被害人得了"报案缄默症"，这样使得犯罪人逍遥法外，既不利于维护自己的合法权益，也给社会治安管理工作带来难度。被害人有案不报既有其本身的原因，也与报案机关的工作方式、工作效率、工作态度有着一定关系。一方面，被害人由于职业、社会经历、生活方式、受教育程度以及所遭受犯罪侵害的性质等不同，其对报案的态度各异。在多发性侵财犯罪被害调查中，侵财犯罪被害人是否报案除受被害人自己职业、学历因素影响外，受犯罪类型和受损财物价值的影响最大，即犯罪性质越严重、受损财物价值越大，报案率越高。另一方面，被害人是否报案也受到报案机关的影响。在调查中，一些被害人由于怕麻烦，担心破不了案、报了白报等选择不报案，一定程度上表明他们对报案机关的工作存在不满和不信任。③

5. 被害心理复杂

被害人在遭受犯罪侵害后的心理活动十分复杂，往往是多种心理状态交织在一起。被害人的心理状态与其人生观、世界观及自身性格特点密切相关，案件的性质不同、被害的程度不同对其心理的影响程度也有差别。犯罪被害人在遭受犯罪侵害后，容易出现愤怒、焦虑、恐惧等心理反应，在一定时间内、一定程度上影响其言行。被害人的这些情绪会向自己、犯罪人、配偶、亲友发泄，有的甚至会向社会发泄。如果被害人无法自我心理调整，而社会、家人和亲友不能帮助被害人排解，加之犯罪人得不到应

---

① 张鸿巍：《刑事被害人保护的理念、议题与趋势——以广西为实证分析》，武汉大学出版社，2007，第 224 页。

② 卢建平、王丽华：《多发性侵财犯罪被害调查研究》，载赵秉志主编《刑事法治发展研究报告：2007～2008 年卷》，中国人民公安大学出版社，2009，第 694 页。

③ 卢建平、王丽华：《多发性侵财犯罪被害调查研究》，载赵秉志主编《刑事法治发展研究报告：2007～2008 年卷》，中国人民公安大学出版社，2009，第 695 页。

有的惩罚，被害人将长期生活在犯罪阴影之中，不仅不能恢复正常心理状态，甚至会对生活失去信心，萌生并实施报复社会、报复他人的极端心理和行为。

6. 被害需求各异

不同犯罪类型的被害人有不同的需求，同一犯罪类型的被害人也有不同层次的需求。了解被害人的被害需求，对于更好地维护被害人权益、完善法律和政策以及改进各项工作有着重要的意义。犯罪被害人在遭受犯罪侵害后，有加强社会治安、获得赔偿和惩罚加害人等方面的需求和期望。不仅是被害人，其亲友甚至一般社会成员也会有这些方面的欲求。正如日本刑法学者西原春夫所说的："当某种不良行为妨害了个人的利益时，对此首先作出反应的是被害者及其亲属、朋友等与被害者有密切关系的人。……对此，一般国民对该不良行为的反应不一定与被害者等人相同。当然，若对被害者怀有同情感，有时就会抱有类似的感情，被类似的欲求联系在一起。即使没有同情，也可以想到一般国民的反应。这种反应是想像自己受害时的反应。"[①]一定意义上讲，这些需求应当成为我们今后犯罪治理工作、被害人权利救济工作、刑事立法和司法工作的出发点和落脚点。

7. 被害影响严重性

被害人是犯罪行为的直接承受者，要面对犯罪行为带来的财产损失、人身伤害和精神痛苦，其正常的学习工作和生活会受到一定影响。被害影响的程度与犯罪行为的性质、被害损失的程度以及被害人自身的性格特点等因素有着密切关系，一般来说，犯罪行为性质越恶劣、被害损失越严重、被害人心理越脆弱，造成的被害影响越大。在对侵财犯罪被害人的调查中，半数被害人认为犯罪对其生活产生了一些影响，31%的被害人认为犯罪对其日常生活产生很大影响，5%的被害人因为遭受犯罪侵害而改变了原来的生活方式。[②] 如何尽快地消除被害影响，降低被害危害，避免出现更为严重的后果，不仅是被害人自己需要解决的问题，也是国家和全社会应当思考的内容。

---

① 〔日〕西原春夫：《刑法的根基与哲学》，顾肖荣等译，法律出版社，2004，第99页。
② 卢建平、王丽华：《多发性侵财犯罪被害调查研究》，载赵秉志主编《刑事法治发展研究报告：2007～2008年卷》，中国人民公安大学出版社，2009，第698页。

三　犯罪被害因素分析

原因是产生另一现象的现象，由原因引起的另一现象是结果。被害是犯罪的结果，即被害原因是犯罪行为，犯罪行为与被害有因果关系。可见，犯罪人实施的犯罪行为是被害发生最直接、最主要的原因。被害人学的研究发现，被害人一方存在一些易于招致被害的因素，这些因素在犯罪中起到诱发、刺激犯罪发生的作用。国外学者在研究被害现象的基础上分析被害发生的原因，主要理论有个人被害因素理论、生活方式暴露理论、日常活动理论等。

1. 主要代表理论

（1）个人被害因素理论。美国人斯帕克斯和帕诺创立并发展了个人被害因素理论。该理论对某些个人或团体重复被害加以研究，指出有些人和团体之所以重复被害，是因为他们具有被害倾向，即具有许多导致被害的因素，如个人特征、社会情境、居住环境及被害者与加害者的关系等。具体来说，这些因素分为：

激发或挑惹因素。激发是指被害人首先攻击一个具有犯罪动机的人。挑惹是因被害人向守法者进行攻击，使之受到刺激而反向攻击。这里的被害人攻击没有达到犯罪的程度，便引发了犯罪人的反击。

煽动或加害因素。是指被害人积极主动地对另一方实施犯罪行为，使对方明显地感觉到其人身或财产正在遭受损失，导致对方对其实施加害行为。

促进因素。促进是指被害人所具有的导致被害的无知、愚蠢、鲁莽或疏忽等心理特点。

弱点或诱发因素。这是指被害人因生理、社会环境、社会角色等方面具有的弱点，极易成为犯罪被害的对象。

此外，合作因素，是指被害人对犯罪持有同意态度；吸引因素，指被害人具有导致犯罪的明显目标；机会因素，指被害人存在让犯罪人可以利用的因素；免罚因素，指被害人不愿报案、案件破案率低等。

虽然理论上对这些因素进行分类，独立分析，但在具体案件中，同一被害人可能同时具备几种易被害因素。

（2）生活方式暴露理论。这一理论是美国犯罪学家亨德兰等人创立的。该理论认为一个人之所以被害，是由于其生活方式具有某些特性，这些特性决定了个体经常处于被害的危险情境或经常与具有犯罪特性的人接触，增加了个体的被害危险或使之成为被害人。亨德兰用八个命题对生活方式与被害之间的关系进行了说明：命题一，个人被害的可能性与其暴露在公共场所时间的多少成正比；命题二，个人是否经常置身于公共场所是由其生活方式决定的；命题三，具有相似生活方式的人，彼此接触互动的机会越多；命题四，被害人与犯罪人具有相似的生活方式是个人被害的因素之一；命题五，个人与其家庭以外的成员接触时间的多寡，是由其生活方式决定的；命题六，个人被害的可能性与他和家人接触时间的多少成正比；命题七，个人越经常与具有犯罪特性的人接触，其被害的可能性也就越大；命题八，一个人成为被害人的便利性、诱发性及个体的易于侵害性与生活方式有关。

（3）日常活动理论。该理论的倡导者是美国犯罪学家劳伦斯·科恩和库马斯·费尔森。他们认为，犯罪的发生需要同时具备三个因素：一是有动机的犯罪人；二是合适的被害目标；三是缺乏"保护者"。这三个因素与人们的日常活动相关。

2. 具体被害因素分析

以上关于被害原因的理论解释是进行被害预防工作的理论基础，有利于更加科学地评判被害人和被害现象，同时这也给犯罪研究和犯罪治理工作提供了一个新的思路和方法。具体来说，被害人方易于招致犯罪侵害的因素，主要包括：

（1）被害人因言语失律被害。俗话说"祸从口出"。在司法实践中，常见因口无遮拦、讲话不分场合引起对方或旁人产生犯罪故意而被害的案件。

（2）被害人因行为举止失律被害。此类被害多为财物被劫、被骗、被敲诈勒索。

（3）被害人因着装打扮失律被害。穿着打扮过于时髦、暴露、刺激、另类，容易成为侵财犯罪和性犯罪侵害的对象。

（4）被害人因交往失律被害。人际交往需要遵循一定的规则，若交友不慎，容易被他人侵害。

第四节　和谐社会与犯罪（人）、被害（人）

中共十六届四中全会上构建社会主义和谐社会的战略目标提出后，"和谐社会"一词成为当前各个学科尤其是人文社会科学领域的关键词之一。和谐社会并不只是一个简单的政治口号，而是具有丰富的人文精神和哲理内涵。从刑事科学的角度看，和谐社会是一个犯罪率相对较低、安定有序的社会，是对公民的权利保护程度相对较高，国家、社会、个人之间动态平衡的社会。因此，在和谐社会的构建中，要科学地分析和评判犯罪与被害现状，做好犯罪治理工作和被害人权利救济工作。

一 和谐社会与犯罪、犯罪人

一方面，犯罪作为藐视社会秩序的最明显、最极端的表现，危害国家、社会及公民的根本利益，具有严重危害性。同时，犯罪也是一种长期的客观社会现象，在共产主义完全实现之前的漫长历史时期内，犯罪将长期与人类相伴。犯罪的发生在一定条件下具有不可避免性。和谐社会不是没有犯罪的社会。当前我国正处在经济转轨、社会转型的特殊历史时期，各种诱发、滋生违法犯罪的消极因素大量存在，刑事犯罪还处在多发高发的时期。因此，不能不顾犯罪的长期性而主观上想尽快地、完全地消灭犯罪，没有犯罪的美好追求是不现实的。和谐社会背景下的理性选择，应当是以较小的社会成本把犯罪控制在社会所能容忍的限度之内。我们应当理性地认识犯罪，这是认识社会存在的基本态度。只有用科学理性的态度对待犯罪，客观地分析犯罪的特点和规律，才能做好犯罪治理、犯罪预防工作。

另一方面，在预防犯罪、惩罚犯罪的同时，要做好犯罪人的改造和权利保护工作。宽严相济的刑事政策是在构建和谐社会的背景下提出的，是对"严打"政策的理性反思。这一刑事政策要求在对犯罪人进行刑事追诉时，要综合考虑其社会危害性、主观恶性、犯罪的原因以及案件的社会影响，决定从宽或者从严处理。在犯罪人的刑罚执行过程中，要注重加强思想教育、法制教育、社会公德教育，培养其社会责任感与认罪悔罪意识，提高就业谋生能力，使其在改造结束后能很快适应正常社会生活，顺利融入社会。同时，要在整个刑事诉讼过程中和刑罚执行过程中，加强对犯罪人权利的保护工作。2012年3月14日，十一届全国人大五次会议顺利通过关于修改刑事诉讼法的决定。本次刑诉法修改一个最突出的亮点，就是将"尊重和保障人权"写进刑事诉讼法总则，并在减轻强制措施、遏制刑讯逼供、完善辩护制度等规定中加以贯彻和体现，切实保护犯罪人的诉讼权利。

二　和谐社会与被害、被害人

如前所述，被害、被害人问题不仅是个人问题，还是一个重大的社会问题。根据社会责任论的观点，犯罪人之所以走向犯罪歧途，社会负有不可推卸的责任。在现实生活中，犯罪行为给被害人造成人身伤害、财产损失、精神痛苦和心灵创伤，如果被害问题处理不好，被害需求无法得到满足，就会产生被害人恶逆变、被害人二次被害等多种消极后果。被害问题的严重性和复杂性警示我们，对被害问题的处理直接影响我们党的威信和我国和谐社会的构建。因此，要做好被害调查、被害预防、被害救济等各项工作。

1. 开展犯罪被害调查工作

刑事法治具有调整社会关系的广泛性、保护法益的重要性和违法制裁手段的特殊严厉性等特征，既是构建和谐社会的重要环节也是基本保障。因此，科学的刑事立法、公正的刑事执法、合理的刑事政策等，是和谐社会建设的应有之义，也为和谐社会构想的实现"保驾护航"。而所有的这些，都离不开对社会治安和犯罪形势真实状况的认识和分析，这使得提供更加科学、准确的犯罪统计数据成为必要、必需，甚至是"重中之重"。很显然，在这样的背景下，开展犯罪被害调查不失为一良策。在借鉴国外调查工作经验的基础上，根据我国的具体国情开展调查工作。犯罪被害调查主要涉及调查的主体、对象、内容、方式如何以及数据怎样进行管理等问题。

（1）调查主体：犯罪被害调查的主体即调查工作的具体组织实施者。通过综合考虑，笔者认为由司法部在公安部的协助下进行调查工作比较适合。这主要是因为：一是司法部的职责符合被害人调查工作的需求。司法行政机关的职能主要有 12 项，其中指导和检查各地区、各行业的依法治理工作；组织参加联合国有关预防犯罪领域的会议和活动，承办联合国有关对口部门的往来业务，组织参加国际有关人权问题的法律研讨和交流活动、开展政府间的法律交流与合作等职能是适合开展国内和国际被害人调查工作的；二是司法部在 1994 年曾成功组织了犯罪被害人调查工作，在国内调查工作和国际交流合作方面积累了经验，便于今后各项工作的继续开展；三是司法部的基层组织机构司法所开展了大量的普法、法律服务、人民调解工作，树立了执法人员的良好形象，赢得了群众的信任，有着深厚的群众基础，有利于调查工作的顺利开展。当然，由于公安机关负责户口管理、治安管理等方面的工作，其在调查样本选择、确定调查案件类型等方面的协助是必不可少的。

（2）调查对象：犯罪被害调查的对象即实际遭受到犯罪行为侵害的犯罪被害人，为14周岁以上的自然人和单位。其中，不仅包括向公安机关报案的个人和单位，还包括已经受到侵害而由于各种原因未能报案的个人和单位。而且，对于其他被害人，如14周岁以下的未成年人、身体残疾或智力发育不全的人，可以向他们的监护人或亲属了解被害情况。只有这样，才能真实地反映治安状况。由于我国幅员辽阔、人口众多，而且城乡发展、区域发展不平衡，在确定抽样范围、进行样本抽取时一定要科学，要注意涵盖到不同地区不同人群的不同情况。

（3）调查内容：犯罪被害调查的内容就是进行调查的具体事项，是调查目的的直接体现，主要包括被害人的基本情况、被害过程、被害程度、心理感受、与犯罪人的关系、对刑事司法机关的信任和对刑罚的态度等。需要指出的是，在设计被害人调查内容时，非常重要的一项就是确定调查案件的类型。现实生活中刑事案件种类很多，我们无法全部进行调查，只是选择那些发案率高、犯罪黑数大和人们关注程度高的案件类型，如盗窃、抢劫、伤害、强奸等。

进行犯罪被害人调查，我们可以采用国际上普遍使用的面对面访谈或电话访谈的方法。事实证明这些方法效果很好，操作也比较容易。调查的数据由调查机关统一进行管理，定期向社会公开，以便公众和各个单位进行查询。当然，对于调查中涉及的被调查人隐私等问题，调查机关要做好保密工作，切实维护被调查人利益。

此外，还要做好犯罪被害人调查时间的设计工作。从各国的调查实践看来，对自然人进行调查，以一年进行两次较为适宜；对单位进行调查可适当延长些时间。调查时间间隔不能太长，否则，容易造成被调查人记忆失真的情况；同时，也不能过于频繁地进行调查，不然，会影响到被调查人的情绪，产生"回应疲劳"，出现应付了事的情况，对调查结果产生不利影响。

需要指出的是，我们倡导进行犯罪被害调查，并不意味着取消已有的刑事司法统计工作。因为各种犯罪统计工作的角度不同，它们之间可以互为补充，使我们更加全面真实地了解犯罪状况和开展各项工作。

2. 切实加强被害预防工作

犯罪是一"综合病症",预防犯罪是一项系统工程,需要各个不同层次的预防工作相互联系、相互配合。多年来,预防犯罪都是针对犯罪人和潜在犯罪人而言的,这种传统的预防方式是将重心放在消除和减少犯罪人和潜在犯罪人的犯罪动机以及实施犯罪的各种因素与条件上面。要真正实现减少犯罪的目的,仅仅从犯罪人和潜在犯罪人这一角度考虑是不够的。因为"犯罪——被害"是一个问题的两个方面,在很多情况下,犯罪的发生或升级是犯罪人与被害人相互作用的结果。被害人方面存在的某些易于被害的因素可能促成犯罪的发生。受被害人学理论的影响,目前各国纷纷打破传统犯罪预防模式的一统天下,把预防被害观念纳入到自己的犯罪对策体系中来,犯罪预防的重心也逐渐从预防犯罪转向预防被害。保持稳定是促进经济社会和谐发展的前提,构建和谐社会离不开稳定有序的社会环境。犯罪给被害人带来身体、物质和精神伤害,使其无法正常工作和生活,更不用说全身心投入现代化建设中。一些被害人通过诉讼等途径得到权利救济,但也需要耗费大量的时间和精力;一些被害人由于种种原因无法从被害中走出来,甚至会走上犯罪的道路。这些都不利于社会的持续、健康、协调发展。加强被害预防工作,降低被害几率,是促进人的全面发展的前提,是实现国家长治久安和社会和谐发展的重要保证。

从时间发展上,被害预防分为三个阶段,即被害前预防、被害中预防和被害后预防。具体来说,主要包括以下内容:

(1)被害前预防。被害前预防是指在犯罪行为发生之前,根据以往被害状况及被害人在被害前的倾向性而采取的预防措施及其实施过程。被害前预防的意义在于防患于未然,是被害预防体系中最重要和最积极的预防,它能够使潜在被害人免受犯罪侵害,不造成任何损失。自然人是有自我思维的个体。在潜在的被害情境中,人们应该有效地利用自身或周围的条件,积极避免被害。一是建立被害防范意识。被害防范意识是指认识到被害的可能性并主动采取实际预防措施的思想观念。从被害人学的大量研究来看,认识不到遭受犯罪侵害的可能性和忽视了被害预防,是许多人成为被害人的重要因素,因此,增强被害防范意识,是减少被害的有效途径。二是消除自身的易被害因素。就被害前预防的具体措施而言,提高防范意识,加强防范工作是必需的,从被害个体自身角度出发,消除自身易被害因素是被害前预防的根本。

（2）被害中预防。通过增强自我防范意识，消除自身种种致害因素，个体可以有效地避免自己成为犯罪人选择的对象，这是被害预防的基本要求。除了由于被害人的过错所引发的被害情况之外，现实生活中也存在犯罪人盲目选择被害人的现象，此时被害前的预防几乎无处着手，被害人将被迫卷入被害事件之中。当被害人有意或无意地步入被害情境时，个体如何预防被害，就显得异常重要了。这种与犯罪人面对面的交流、对抗更需要被害人具备沉着稳定的心理对抗能力和积极的外在应对策略。通常情况下，被害人都面临这样一个悖论：若反抗，可能受害更为严重；而不反抗，则是向犯罪妥协，纵容犯罪人。要破解这个悖论，本书的建议是：面对犯罪，被害人要"巧作为"，采取适当的被害中预防措施。被害中预防是指为了阻止犯罪和减轻犯罪的危害程度，在犯罪实施中采取的躲避、抵御、抗争性的措施及其防范过程。较之被害前预防而言，被害中预防是不得已而为之的行为，但在实际运作中，正确的被害中预防有助于减轻被害甚至可能完全避免被害，其同样具有积极的现实意义。在这一阶段，被害个体的行为如果得当，即使被害发生，其原本会出现的被害结果也可能被避免。科学有效的被害中预防关键在于被害人如何沉着冷静地面对被害情境，如何运用心理战术麻痹、瓦解犯罪人的犯罪意志，通过适当的对抗行为给犯罪人制造不利于其实施犯罪行为的干扰条件。这不仅仅是简单的体力之争，更重要的是被害人如何在心理对抗和行为策略方面起主导作用，控制被害情境，最终预防被害。

一方面，掌握沉着冷静的心理对抗战术。大多数犯罪行为发生时，被害人必然要对犯罪行为做出自己的反应，与犯罪人产生直接对抗，这种对抗往往是先有心理对抗再发展到行为对抗。由于被害人大多处于应激状态，其心理对抗和行为对抗几乎同时出现，没有时间差，但是，沉着冷静的心理对抗战术仍然起到先遣和主导作用。被害人陷入被害情境时，一般会出现愤怒、恐惧、狂躁、手足无措等激情反应，此时最重要的就是要控制情绪，切忌先入为主把自己视为被害人，不自觉的心理暗示势必会加速被害或扩大被害程度。即使面对强势加害，也要在不良激情反应中保持理智。

另一方面，采取巧妙有效的行为对抗策略。面对犯罪行为侵害，被害人不仅要沉着冷静，还要采取适当的行动。被害人要对自身的对抗能力和犯罪人的心智、情绪、体力等状况做出正确判断，结合具体的加害情况做出综合评价，机智地采取应对策略。一般来说，面对加害，任何人都会有抵抗的本能反应，这种抵抗大多是应激的、盲目的，有可能使被害人脱离险境，但更多情况下，可能会使情况恶化。所以，正确的行为对抗并不是要被害人同犯罪人盲目地殊死相拼，而是要注重实际效果，把被害的损失减少到最低的限度。

（3）被害后预防。被害后预防是指在初次犯罪行为发生之后，为了避免顺应被害，防止再次被害、连锁被害的发生而制定的措施及其实施过程。这是从被害人被害后的情况出发，及时采取补救措施，使被害人尽快康复，避免再次被害。这种预防虽然有"害后预防"的消极成分，但亡羊补牢，未为迟也。犯罪行为给被害人带来身心损害和财物损失，被害人此时采取的措施对于追究犯罪、减少犯罪侵害和预防再次被害有着直接的影响。因此，被害后预防同样具有积极的作用：

一是，追究犯罪，降低犯罪危害。具体途径是：被害人在被害后，一定要及时报案，协助司法机关尽早抓获并惩处犯罪人。这不仅保护了被害人自己的合法权益，而且对于有效地减少犯罪，避免其他个体同遭厄运有积极的现实意义。

二是，吸取被害教训，预防再次被害。被害人被害后应尽快消除自身易遭被害的各种致害因素，加强防范，避免重复被害。尤其是侵财犯罪中，被害人重复被害率很高。在问卷调查中，高达38.2%的被害人有过两次以上被害经历。因此，当被害发生后，被害人切不可抱有侥幸心理，认为自己不会总遇到犯罪侵害；或是认为破财免灾，而不思考被害情况，吸取被害教训。这样，自身的被害性仍然存在，很容易让自己再次陷入被害情境之中。所谓"吃一堑长一智"。正确的做法是，在被害发生后，被害人要从被害事件中分析寻找自己被害的原因，尽快改掉自己的不良习惯，提高防范意识，学习防范技能，避免同类被害和其他类型被害的发生。

三是，正确认识被害，防止恶逆变。任何事物都处在不停的运动变化之中，被害人作为一种客观存在的事物也是如此。当犯罪作为外力强加于被害人造成恶性刺激时，会使被害人在被害后进入一种心理、情绪和行为的不稳定状态。这时，个体既可能从被害事件中取得教训，摆脱犯罪侵害给自己带来的消极心境和影响，振奋精神投入到新的生活中去，也可能心理、情绪和行为发生恶逆变，走上由被害人向犯罪人转化的道路。实践中，有的被害人在自己的合法权益遭受侵犯后，在得不到法律保护和社会帮助的情况下，产生了向社会、向他人报复的心态，把自己的怨恨发泄到无辜者的身上，成为危害他人、危害社会的犯罪者；有的被害人在肉体受到伤害、心灵遭到重创的情况下，难以摆脱心中的痛苦，或自暴自弃，失去生活的信心，或不自觉地实施反常行为，危害社会。防止恶逆变的发生，需要被害人正视自己的被害，调整自身的状态，客观地分析被害发生的原因，学会运用各种法律武器及防御手段为自己服务，积极接受有关援助机构的援助，避免陷入被害状态而不能自拔。

3. 健全被害救济工作

犯罪行为不仅使被害人的财产遭受损失，身体受到伤害，心理也会承受痛苦。如果被害人的心理损害不能得到修复，权益不能得到救济，那么其对犯罪人的仇视心理就有可能转化成仇视政府、仇视社会的心理，被害人就可能发生恶逆变，向犯罪人转化。另外，社会心理学的研究表明，被害的感受、受损的心理是可以传播的，它就像一种病菌，会由真实的被害人向其他人群扩散，感染其他人。如果得不到及时的补救，被害的感觉和程度也会被放大，弥散成为一种普遍的不安全感，甚至可能转化成对国家、政府等公共权威的不信任。加之，我国法律对未成年人、妇女等社会弱势群体都有专门的立法保护，对受到错误羁押、定罪判刑的犯罪嫌疑人、被告人也制定有国家赔偿法，而遭受犯罪侵害的被害人其境遇往往更为困难，如果不能获得国家相应的保护和救济，也会引申出其他公众对社会公平、正义的质疑。了解被害人的心理、满足被害人的需求、救济被害人的受损权益，有利于增进被害人与犯罪人、被害人与社会之间的和谐；同时也有利于赢得人们对国家、司法机关的积极评价，增强法治的权威，助推依法治国基本方略的实施。因此，必须从政治的高度、在政策的层面、立法的角度审视被害人的权利救济，不仅要重视对被害人的物质救助，还要重视对被害人的精神抚慰与帮助。这也是我们课题重点关注试图解决的问题。

第三章　犯罪被害救济理论

第一节　犯罪被害救济概述

一　犯罪被害救济的概念和特征

权利是人类文明社会所具有的一种实质性要素，既是人的基本价值追求，也是社会文明演进不可缺少的力量。"有权利者，必有救济。"救济是对权利的补救，即在权利被侵害后对权利的恢复、修复、补偿、赔偿或对侵权的矫正。因此，没有侵害就没有救济，权利侵害是权利救济的前提。在对权利造成侵害的行为中，犯罪无疑是一种最为严重的侵害行为。被害产生于犯罪，犯罪人的犯罪行为对被害人的人身权利、财产权利等各项权利造成了侵害，因此，要给予被害人权利救济。人类的权利自始就与救济相联系，犯罪被害救济的思想也早已有之，在西方就流传着一句古老的法律谚语："有犯罪必有被害，有被害必有救济。"对被害人权利救济是对被害人人权的保护，是对人的尊严、价值的尊重和对社会正义、平等的追求。犯罪被害救济是人道主义的体现，可以帮助被害人渡过生活上、心理上的难关，重新树立生活的信心，尽早恢复正常的社会生活。

犯罪被害人的权利救济是与被害人的权利被侵害密切相关的。被害是指犯罪侵害行为所造成的权利缺损，而被害救济就是指对犯罪行为所造成的权利缺损所给予的补救。其特征是：

（1）权利侵害是被害救济的前提。被害救济是针对公民权利遭受犯罪侵害而造成缺损的救济，也就是说，权利的缺损是救济发动的起点。没有被害人权利的实际损害，则无被害救济可言。

（2）被害救济的对象是被犯罪行为侵犯的被害人。这一特征把被害救济与民事救济、行政救济区别开来。民事救济是对民事违约或侵权行为所造成的权利缺损进行的救济；行政救济是行政相对人认为行政主体的行政行为造成自己合法权益的侵害，而请求有关国家机关给予补救。可见，三种救济方式的对象不同。犯罪行为作为一种具有严重社会危害性的违法行为，是以对现有的合法权益造成损害为前提的。也就是说，伴随犯罪行为的产生、发展，必有权利被非法剥夺或侵害，被害救济正是在被害现象基础上建立起来的补救机制。

（3）被害救济主要是一种事后救济。被害救济是对犯罪行为造成的权利缺损进行的补救，因而主要是在事后进行。这种事后救济一般表现为对犯罪人的追诉，对被害人财产损失进行赔偿和精神上给予抚慰等。但也不排除犯罪过程中为减少侵害所采取的救济行为。①

二 犯罪被害救济的范围

被害救济与被害范围密切相关。关于被害的范围，理论界有不同看法，概括来说，主要有广义和狭义之分：广义被害既包括被害人身心损伤、感情痛苦和基本权利损害，也包括被害人由于犯罪行为的侵害而造成的种种消极后果和情绪骚动；狭义被害仅指对被害人造成的直接损害。两种观点争议的焦点在于是否承认精神损害是被害的后果之一。一些犯罪行为，如故意伤害、抢劫、绑架、性犯罪等，会对被害人造成严重的精神与肉体的双重伤害；侮辱罪、诽谤罪、诬告陷害罪、侵犯名誉权、隐私权的犯罪行为是对被害人人格尊严的伤害，其给被害人造成的精神损害和痛苦，甚至会超过物质损失所带来的痛苦。精神损害是一种客观的损害事实，如果无法得到救济，有的被害人可能会自暴自弃，有的被害人会对国家、对社会、对他人产生怨恨、不满、愤怒，这些都不利于社会的安定和人的全面发展。这里，我们倾向广义说，犯罪行为不仅给被害人带来财产损失，而且直接或间接造成被害人精神损害，被害救济也应在此范围之内。

三 研究犯罪被害救济的意义

（一）理论意义

1. 充实和完善被害人学研究

被害人学是刑事法学中一门新兴的学科，主要研究犯罪被害人、被害现

---

① 莫洪宪：《刑事被害救济理论与务实》，武汉大学出版社，2004，第 116 ~ 117 页。

象、被害人及其与犯罪人相互作用、被害预防等内容。国外关于被害人的研究，开始于 20 世纪 20 年代，到了 50 年代，逐渐发展成为一门学科。1966 年 8 月，加拿大蒙特利尔举行第五届国际犯罪学会议将被害人列为议题之一。1973 年 9 月由门德尔松倡导在耶路撒冷举行了第一届国际被害人学研讨会，有 30 个国家 200 多名学者参加。自 1973 年起，国际被害人学大会每隔 3 年召开一次，并于 1976 年创办了《被害人学杂志》，1979 年成立了"世界被害人学学会"。这门新兴学科，经过多次的国际被害人学研究会议探讨，在各国逐渐受到重视，理论体系不断完善。相对来说，我国被害人问题研究起步较晚，从 20 世纪 80 年代起，才开始发表介绍国外被害人学的译文和国内关于被害人和被害人学的研究论文。早期的被害人学研究主要对被害人的特征、分类、被害原因、被害人与加害人的关系、被害预测和预防等犯罪被害的基本理论问题进行了分析和探讨。近几年，随着国际社会加强被害人保护呼声的高涨，我国 1996 年修订的刑事诉讼法赋予了被害人当事人的诉讼地位和相应的诉讼权利，被害人的权利保护才逐渐引起国内理论界和司法实务部门的重视。对犯罪被害救济问题进行深入系统研究，将丰富和发展被害人权利保护的内容，进一步推动被害人学理论研究。而且，犯罪被害救济问题关涉刑法、刑事诉讼法、犯罪学等学科知识，犯罪被害救济问题的研究成果，将为这些刑事法学学科的发展提供新的领域和视角。

2. 为刑事司法发展提供理论支撑

被害人学的研究不仅产生了重要的理论影响和贡献，而且促进了各国立法和司法实践的发展。犯罪被害人补偿、犯罪被害人援助等犯罪被害救济问题的理论研究，为犯罪被害人补偿立法和犯罪被害人社会援助实践提供了理论支撑。与国外完备的犯罪被害人保护立法、犯罪被害人补偿制度、被害人社会援助制度相比，我国在犯罪被害人权利保护和救济方面还存在一定差距。理论是实践的先导，当前，加强犯罪被害救济问题研究对于推动我国刑事司法的发展有着尤为重要的意义。

（二）实践意义

1. 有利于保障被害人的合法权益

回顾法律发展的历史，犯罪被害人权利救济经历了一个由高到低、再逐渐提高的辩证否定的过程。在原始社会，伤害、杀人被认为是对被害人利益的侵犯，允许被害人及其亲属通过复仇方式依习惯来惩罚侵害人。被害人实际上处于惩罚执行者的地位。在国家和法律产生后，公诉权力代替了私力救济，被害人在刑事程序中扮演案件证人的角色，仅被当作一个客体、一个用来对付犯罪的工具，没有权利来保障自己的合法权益。相比较之下，犯罪人的权利保护得到加强，各国纷纷立法，从制度上保障犯罪人权利不受国家权力的非法干预与剥夺。被害人的权利被忽视，不能得到有效维护。犯罪被害人作为犯罪行为直接侵害而遭受损失的当事人，被害人权利的保护理应成为刑事司法中保障人权的重要内容。随着被害人学的不断发展，人们逐渐认识到被害人在诉讼中遇到的不公平待遇和受损权益不能得到有效救济的事实。各国纷纷立法，加强对被害人的权利保护工作。这也是世界范围内法律文明的体现。

2. 有利于维护社会正义，预防犯罪

公平正义是人类追求美好社会的永恒主题，是社会发展进步的价值取向。加强对被害人权利的救济，对于维护社会公平正义，弘扬社会正气有着十分重要的意义。刑事司法活动中的公平正义必须兼顾社会公共利益、被告人和被害人三方面的利益，实践中，是从对被告人的保护到寻求被害人与被告人权利保护的平衡。从实质上讲，犯罪涉及犯罪人和被害人双方。被害人是犯罪行为的直接承受对象，是权益缺损一方，是社会弱势群体的一部分，最渴望的就是公平正义。犯罪人的犯罪行为使受害人的生活脱离了正常轨道，需给予他们完善的制度保护，尽量避免对他们造成二次伤害。如果法律疏远被害人，忽视被害人，容易造成被害人及其他社会成员对刑事司法的不信任，降低司法机关的威信，使得法律威严不能彰显、正义不能伸张。同时，如果被害人的合理要求和愿望得不到满足，会引起被害人对犯罪人的不满，对社会的仇视，甚至犯罪。因此，加强犯罪被害救济问题研究，将理论成果不断付诸实践，为被害人提供及时、有效的救助，能够最大限度地减少社会不和谐因素，减少犯罪发生的几率。

第二节　犯罪被害救济途径的历史考察

救济被害人的受损权益，给予被害人不同形式和不同来源的物质帮助和精神安慰，最大限度地消除、平复或减轻犯罪行为对被害人造成的后果，是当今世界各国刑事司法政策和社会政策保护被害人的一个非常普遍的潮流。

纵观人类历史，犯罪被害人的权利救济机制经历了一个发展变化的历史过程，即产生、发展和不断走向成熟。

一　私力救济阶段

在国家和法律出现之前，被害人权利救济的问题就客观存在。原始社会是人类社会的最初形态，人们之间的联系主要是一种血缘联系，复仇是最早处理被害的方式。原始社会处于人类的蒙昧时期，正如恩格斯所说："没有大兵、宪兵和警察，没有贵族、国王、总督、地方官和法官，没有监狱，没有诉讼，而一切都是有条有理的。一切争端和纠纷，都由当事人的全体氏族或者部落来解决，或者由各个氏族相互解决……一切问题，都由当事人解决，在大多数情况下，历来的习俗就把一切都调整好了。"[1]复仇，原本是原始社会的习惯。当本氏族成员被外族伤害时，氏族成员内部成员都要为被害者复仇。这主要是因为，在原始社会，由于社会生产力的低下，个人必须依靠整个氏族才能得以生存，久而久之氏族中任何一个人如果遭受到来自外部氏族的侵害，自然被视为对整个氏族的侵犯。对被害者的救济方式就是整个氏族集合氏族之力对被害人进行救济。在当时，复仇既是一种权利、一种利益的补偿，也是一项义务、一项责任。在原始社会发生的杀人、伤害等冲突，被认为是损害个人利益的行为，对犯罪人的追究和惩罚是被害人自己的事，主要是由被害人及近亲属或其所在的氏族通过"以眼还眼，以牙还牙"的同态复仇方式解决。这种主要依靠自己实现权益补救的救济方式称为私力救济，是当时被害人唯一的权利救济方式。

二　公力救济阶段

随着社会的发展，国家产生。统治阶级对犯罪危害性的认识逐渐深化，意识到犯罪行为不仅仅是侵害到了个人或者家庭的利益，也威胁到了统治阶级的统治秩序。私力救济不再完全适应阶级社会追究和惩罚犯罪的需要，执行刑罚成为国家司法权的一个组成部分，被害人权利救济机制开始从私力救济向公力救济转化。国家主动承担其追诉犯罪的职能，集种种司法大权于一

---

① 〔德〕马克思、恩格斯：《马克思恩格斯选集》第4卷，人民出版社，1995，第95页。

身。统治阶级垄断了整个刑事诉讼。在这一时期被害人完全没有了前一时期所享有的那些救济手段，只能将恢复自己合法权益的愿望寄托到国家公权力身上。当国家公诉制度建立之后，对犯罪的起诉和惩罚成为国家的权力，不再取决于被害人的意志。需要澄清的是，从私力救济向公力救济的演进体现了人类文明的进步，但这种演进并不是简单地完全取而代之。私力救济反映的是公民与生俱来的自治权，即使在国家垄断公诉阶段，在民间社会仍然存在诸如"私了"等私力救济行为，其并未完全退出历史舞台，只是这种私力救济方法处于法律的阴影之下。

三 公力救济与私力救济方式交错阶段

第二次世界大战后，随着人权保障运动的广泛开展，被害人学研究蓬勃兴起。这门新的学科，使人们开始关注犯罪被害人的境遇。之前，各国更多的是从犯罪人的角度出发去进行理论研究和司法实践，刑事政策的制定也主要是以犯罪、犯罪人为本位，刑事诉讼中强调对被告人的权利保护，被害人则成了"被遗忘的角落"。各个国家的公诉权完全掩盖了被害人的个人权益，甚至认为只要有刑罚的执行，就是对被害人进行了救济，实现了司法的公平。20世纪中叶诞生的被害人学，开始关注犯罪的另一极，使被害现象、被害人重新回到人们的视野。刑事司法在维护国家利益、社会利益的同时，也要考虑被害人的利益要求。到了20世纪60年代，这一学科已经形成世界性的规模，一些国家将被害人学的研究成果通过颁布法律的形式反映出来，切实保护被害人的权利。新西兰在1964年1月颁布了《刑事损害赔偿法》，创设了由国家对被害人进行补偿的国家被害人补偿制度；1966年美国在全国范围内实施了被害调查工作，进一步推动了被害人学的实证研究，而这又为理论的发展提供了数据支撑；70年代开始，犯罪被害人的民间援助组织开始在各国建立，同时，在刑事司法改革中，赋予了刑事诉讼中被害人享有上诉权、获得物质赔偿权等多项权利，开始加强对被害人的诉讼地位和权利的保护工作。经过理论研究和司法实践的不断发展，被害人的权利救济形成了公力与私力救济交错的权利救济机制，公力救济包括国家司法机关对犯罪人的惩罚、对被害人受损权益的国家补偿等，私力救济如非官方性的民间团体对被害人提供的各种形式的援助活动等。与前面不同的是，这些被害人的私力救济方式是被国家、社会所认可。私力救济与公力救济，两者长期并存，交错互补。私力救济中存有"公力"因素，公力救济中存有"私力"因素。① 二者你中有我，我中有你，共同维护被害人的权利。

第三节　犯罪被害救济的现代方式

犯罪被害人的权利救济有多种模式。其中，犯罪人刑事责任的承担与民事赔偿是传统的救济模式；但由于犯罪人赔偿能力的限制等诸多原因，被害人很难从犯罪人那里获得赔偿，被害人的国家补偿模式被提上议程；随着社会组织、社会团体在现代社会生活中的作用越来越明显，由社会力量对被害人进行援助和帮助，成为国家公力救济被害人有益的、必要的补充。

一　犯罪人赔偿

犯罪人因自己的犯罪行为给被害人造成了伤害，除了承担刑事责任外，还要赔偿被害人的损失。一方面，通过犯罪人赔偿，对被害人提供经济救济和心理抚慰；另一方面，犯罪人对被害人进行赔偿能预防犯罪，维护社会稳定。通过赔偿，犯罪人认识到自己的行为给被害人造成的伤害，犯罪人的悔悟和对自己行为责任的承担起着预防再次犯罪的作用。而且，被害人得到犯罪人赔偿，其诉求和愿望得到了满足和尊重，其权益得到了保障和救济，能有效地防止被害人的恶逆变。

犯罪人赔偿是犯罪被害人权利救济的重要内容。各国十分重视犯罪人赔偿对犯罪治理的重要作用，为此建立了各自的犯罪人赔偿的模式，其中最具代表性的是平行诉讼模式和附带诉讼模式。

平行诉讼模式强调以刑事诉讼与民事诉讼各自的特殊性为出发点，将由犯罪行为引发的刑事诉讼与民事诉讼分别进行，两者虽然在案件法律事实上基本相同，但在诉讼程序上却是相互独立的，是一种平行关系。采用平行诉讼模式的国家主要是英国、美国等英美法系国家，这些国家强调犯罪行为的

---

① 如被称为"阳光下的私了"的刑事和解制度，即在司法机关的主持下，被害人和犯罪人直接交谈、共同协商达成赔偿和解协议，解决刑事纠纷。这一制度体现和谐司法的理念，有利于降低诉讼成本，提高诉讼效率，既切实维护了被害人的合法权益，也有利于矫正犯罪。当然，并不是所有的刑事案件都适用刑事和解，相关法律对这一制度的适用范围作了明确规定。

损害赔偿主要由民事诉讼程序予以解决，被害人在刑事诉讼案件审理终结后，按照民事诉讼程序提起追偿损失的民事赔偿之诉。

附带诉讼模式是指被害人可以通过刑事诉讼程序针对因犯罪行为造成的损失向刑事法庭附带地提起民事赔偿之诉。这种模式以法国的立法为典型代表，《刑事诉讼法典》对附带民事诉讼制度作了比较完整的规范，如第2条规定："任何遭受重罪、轻罪或违警罪直接损害者，有权提起损害赔偿的民事诉讼。"第7条规定："公诉管辖法院对一切就追诉对象的犯罪事实所造成的损失而提起诉讼，包括物质的、身体的和精神的损失均应受理。"在苏联，采用的也是附带民事诉讼模式。赔偿犯罪损害问题要由法院与刑事案件一并审理，只有当法院根据法律规定的理由终止了对刑事被告人的诉讼，或者因缺乏犯罪构成证据而宣告受审人无罪，以及没有就刑事案件提出民事诉讼的人，或者其民事诉讼还没有经过审理时，民事诉讼请求才可以依照民事诉讼程序单独予以审理。

比较而言，两种诉讼模式在制度设计和适用性等方面各具优势。平行式诉讼模式是以英美法系国家十分注重甚至苛求程序公正的理念为背景的。这些国家基于对刑事案件和民事案件性质的不同认识，二者的程序制度设计差别很大，如证明标准方面，刑事诉讼为排除合理怀疑原则，而民事诉讼为证据优势原则；诉讼中当事人的主动权方面，刑事诉讼中法官的强制权相对突出些，而民事案件中诉讼进度往往取决于当事人的意志。为充分保障被害人的权利，同一案件的刑事审判与民事审判由不同的法官分别进行，彼此互不干涉和影响，成为这种法制背景下的合理选择。这种平行式诉讼模式在保护当事人尤其是犯罪被害人的权利方面无疑是比较充分的，甚至包括程序权利的实现。当然，由两个司法组织分别审理同一案件的刑事、民事责任问题，相应的救济程序也完全分别开来，这不仅难以确保司法统一，而且必然增加国家的司法成本。附带式诉讼模式是以大陆法系国家注重实体公正为背景的。这些国家认为同一案件的刑事责任和民事责任之间显然是不能完全分开的，合并审判有利于提高司法效率和维护司法统一。当然，附带式诉讼模式下法官在某一方面的钻研精神和精通程度往往与英美等国的法官们不能相比，对于当事人各种权利尤其是程序权利的全面和充分保障方面也往往有欠缺，但他们通过对同一案件刑事责任和民事责任的合并审理，避免了对同一案件作出不同的结论，节约了司法资源，提高了司法效率，而且通过审判实现了国家利益与民众权利的均衡和兼顾。需要说明的是，近些年来，随着两大法系的逐渐接近与融合，在处理刑民交叉案件的程序设计上，两种模式相互借鉴和改革。① 如美国，刑事赔偿的明确性已经获得了律师协会和指导刑事诉讼标准的全国咨询委员会的赞同，大多数州有成文法规定赔偿，而且这种赔偿可以是使用缓刑的条件，趋向温和的刑事制裁，打破了刑事诉讼和民事诉讼的绝对分离。

二 被害人国家补偿制度

犯罪人的犯罪行为给被害人的财产、身体和心理造成很大伤害。对于平复被害人来说，责令犯罪人予以赔偿是必要的。如前所述，各国的法律对犯罪人赔偿被害人的损害作出了相应的规定，可是现实生活中，由于未能发现犯罪人或犯罪人贫困等原因，被害人的损害并不能得到切实补救。英国的一项研究表明，在由赔偿委员会讨论的案件中，只有不到百分之一案件的罪犯能够给被害人以经济赔偿，并且法院催交赔偿金的积极性远不如催交罚金的兴趣高涨。② 因此，在传统刑事政策下，大部分犯罪被害人得不到及时有效的赔偿，依靠犯罪人赔偿被害人损失的可能性是十分小的。③ 二战后，随着国际人权保障运动的广泛开展和被害人学研究的蓬勃兴起，加强被害人的权利保障成为各国刑事司法改革的重要目标。为了给予被害人现实而又及时的保护，切实修复被害人的受损权益，由国家对因犯罪行为而遭受侵害的被害人或近亲属提供补偿的法律制度——被害人国家补偿制度首先在西方一些经济发达国家和福利国家中创设出来。1957 年，英国的马杰里·弗莱女士提倡建立犯罪被害人国家补偿制度，引起了许多国家的重视。新西兰在 1964 年 1 月颁布了世界上第一部《刑事损害赔偿法》。随后，英国、美国、德国、日本等国先后作出了由国家对被害人进行补偿的规定。到现在为止，已有超过 30 个国家和地区建立了被害人国家补偿制度。

---

① 参见王琳、阳立兵《刑事优先与刑事被害人民事权利之保护》，载《漳州师范学院学报》2007 年第 3 期。

② 参见张庆方《恢复性司法》，载《刑事法评论》第 12 卷，中国政法大学出版社，2003，第 444 页。

③ 赵可、周纪兰、董新臣：《一个被轻视的社会群体——犯罪被害人》，群众出版社，2002，第 357 页。

从各国的立法状况和司法实践来看，被害人国家补偿制度既不同于国家赔偿，也不同于刑事附带民事赔偿，它的特点是：被害人国家补偿是对刑事赔偿的补充；被害人国家补偿主要表现为现金补偿，补偿的经费纳入国家财政预算；被害人国家补偿的实施主体是国家；被害人国家补偿的范围不仅包括对被害人的物质损失，还包括对被害人精神方面的严重损失；被害人国家补偿不同于赔偿，它带有福利的性质；被害人国家补偿必须通过一定的立法程序予以确立。①

三　社会组织援助

社会组织、社会团体在现代社会生活中的作用越来越明显。由社会力量对被害人进行援助和帮助，是国家公力救济被害人有益的、必要的补充。从世界范围内的被害人权利保护与救济情况来看，在进行犯罪人赔偿和国家补偿这些公力救济的同时，为了更好地修复被害，防止第二次、第三次被害，② 全社会对被害人的理解、关怀、尊重和援助活动是不可少的。最早实施被害人社会援助活动的国家是美国和英国，随后波及欧亚的一些国家和地区。对被害人进行援助是人道主义的体现，也是社会认识水平普遍提高的标志。被害人社会援助的内容包括经济援助、紧急医疗服务、心理咨询和治疗等，主要是通过民间设立的被害人援助机构进行。

从以上的分析，我们可以看到，近年来各国加强了对被害人的理论研究和立法等司法实践工作，建立了公力救济和私力救济多种救济形式互为补充、共同保护被害人的被害救济体系。

这里说明的是，各国在加快被害人相关立法的同时，有些国家开始将被害人的权利保护写进宪法，呈现出被害人权利宪法化的发展趋势。一直

---

① 参见赵国玲《被害人补偿立法的理论与实践》，载《法制与社会发展》2002 年第 3 期。
② 日本刑事法学界将被害人的受害过程分为第一次被害、第二次被害和第三次被害三个阶段。第一次被害指由于加害人的不法侵害而直接所受的被害；第二次被害指第一次被害人或其亲属在参与刑事诉讼的过程中受到刑事司法人员的不良反应和态度，或者在被害后受到社会或其亲属、朋友、同事的不良反应和态度，导致其被害后果进一步被加深而再度被害；第三次被害是指第一次、第二次被害后，被害人因恐惧、痛苦、怨恨等情绪反应而陷入精神忧郁或自暴自弃状态，或因不满、报复等情绪的影响而变为具有攻击性甚至自我毁灭或由被害人向犯罪人转化。实际上，第二次被害和第三次被害都是被害人因遭受犯罪行为而导致承受的进一步损害，即都可称为"二次被害"。

以来，各国宪法由于直接规定了许多刑事被告人的基本程序权利而成为刑事诉讼最为重要的法律渊源。作为刑事诉讼十分重要的程序参与者，各国宪法几乎都只是片面地强调了被告人的权利而没有规定被害人的程序权利。但是，随着世界上被害人权利保护运动的日益高涨，被害人权利宪法化的问题正日益受到广泛的关注和重视。犯罪被害人权利的宪法化开始于美国。1982 年，美国成立了总统特别工作组，专门研究当时美国刑事司法体制对被害人权利的保障情况。为了改变被害人权利被普遍忽视的现状，工作组拟定了 67 项建议，其中就包括修改美国联邦宪法第六修正案以使其成为对被害人权利加以保护的宪法条款。该工作组建议在第六修正案后加上以下一段文字："同样地，被害人在诉讼程序的所有关键阶段都应享有到场并被听取意见的权利。"尽管这一修改建议只是针对被害人的诉讼参与权利，但开启了被害人权利宪法化的帷幕。到 2001 年，通过被害人权利修正案的州的数目达到 31 个。即使是暂时没有将被害人权利写入宪法的州，也都制定了许多法律来保障被害人的权利。① 可见，被害人权利入宪运动，进一步推动了被害人的权利保护和救济。韩国在被害人权利救济入宪方面，走得更远一些。韩国 1987 年 10 月 29 日宪法修改时，不仅增加了犯罪被害人在审理程序中的陈述权，还增加了被害人救助请求权规定。第27 条第 5 项规定："被害人有依法律规定，在该事件的审判程序中陈述的权利。"第 30 条规定："因他人的犯罪行为而受到生命和人身被害的国民，均得根据法律的规定，有权从国家得到救济。"被害人权利写入宪法上升为宪法性规范，能够更有效地实现被害人权利保护。但这并不意味着在宪法中增列被害人权利就可以解决一切问题。法律的生命在于遵守和执行。在将被害人权利宪法化的同时，更应做到现实生活中把对被害人各项权利的救济工作落到实处。

第四节　和谐社会与犯罪被害救济

犯罪是人类社会的一大顽疾，直接危害社会的稳定和人类的安全。随着社会的不断进步，人类对犯罪问题的认识也越来越深刻。然而，对构成犯罪

---

① 陈虎：《美国被害人权利宪法化运动及启示》，载《中国刑事法杂志》2007 年第 3 期。

的双方主体，人们给予的关注程度却有所不同。一方面，随着人权观念的传播，犯罪人的权利保障程度成为衡量一个国家刑事司法制度文明与否的重要标准，犯罪人在刑事诉讼中的权利越来越完备。另一方面，作为犯罪行为承受者的被害人在国家垄断了对犯罪的追诉和刑罚权力以后，逐渐被社会所遗忘。随着被害人学的产生和不断发展，国际社会开始强调对被害人权利的保护和救助，许多国家进入"被害人时代"。相比之下，我国被害人学研究较晚，被害人权利救济方面还存在诸多不足，如犯罪人赔偿范围过窄及执行难问题、被害人国家补偿制度尚未确立、被害人社会援助工作尚未系统开展等等。我们构建的社会主义和谐社会追求的是全体成员的自由、平等，是真正实现公平和正义的社会。当被害人受到犯罪侵害时，国家要依法追究犯罪人的法律责任，同时，还应当通过各种途径使被害人的基本权益得以恢复和补救。如果被害人的损失无法得到救济，被害人与犯罪人的矛盾就无法完全化解，容易给社会增加不和谐的因素。当前，我国犯罪形势严峻，被害人群体数量大。因此，不断完善公力救济措施和规范私力救济行为，做好犯罪被害救济工作对于推进我国和谐社会的构建有着重要的意义。

一　和谐社会语境下构建犯罪被害救济制度的重要意义

社会要稳定和谐，需要兼顾各方面利益。当前我国犯罪高发，也形成了一个新的群体，即被害人群体。对被害人权利的救济情况，会在一定程度上影响社会秩序的稳定。在我国构建社会主义和谐社会的今天，研究被害人权利救济问题意义十分重大。

1. 犯罪被害人权利救济既是保障人权的必然要求，也是和谐社会建设中"以人为本"理念的具体体现

随着世界人权保护运动的兴起和发展，国际社会形成了被害人人权保护的浪潮。1985 年 12 月 11 日联合国大会通过了第 43/40 号决议《为罪行和滥用权力行为受害者取得公理的基本原则宣言》（以下简称《宣言》），这是联合国通过的关于被害人问题的第一个声明。在《宣言》中规定了被害人人权保障的具体内容：一是被害人有权获得公正和公平的待遇权。获得公正和公平待遇权是被害人人权保障的总纲与指导原则，它直接关系刑事司法的公正性和社会秩序的稳定。如第 4 条规定："对待犯罪被害人时应给予同情并尊重他们的尊严。他们有权向司法机构申诉并为其所受损害迅速获得国家法

律规定的补救。"第5条规定："必要时应设立和加强司法和行政机构，获得使被害人能够通过迅速、公平、省钱、方便的正规或非正规程序获得补救并应告知被害人通过这些机构寻求补救的机会。"二是被害人获得赔偿权。《宣言》肯定了对被害人的赔偿制度，第8～11条对被害人的赔偿作了明确的规定，如第8条规定："犯罪人或应对其行为负责的第三人应视情况向被害人及其家属或受其抚养的人作出公平的赔偿。这种赔偿应包括归还财产、赔偿伤害或损失、偿还因被害情况产生的费用、提供服务和恢复权利。"三是被害人获得补偿权。为使不能从加害人或应负责任的人那里得到赔偿或不能得到充分赔偿的被害人的损害得到弥补，《宣言》规定了国家补偿原则。第12条规定："当无法从罪犯或其他来源得到充分的补偿时，会员国应设法向下列人提供金钱上的补偿：（1）遭到严重罪行造成的重大身体伤害或身心健康损害的受害者；（2）由于这种受害情况致使受害者死亡或身心残障，其家属，特别是受养人。"为使符合条件的受害者能够得到补偿，《宣言》提出了设立专门基金的办法。第13条规定："应鼓励设立、加强和扩大向受害者提供补偿的国家基金的做法。在适当的情况下，还应为此目的设立其他基金，包括受害者本国无法为受害者所遭受伤害提供补偿的情况。"依据这一原则，被害人的获得国家补偿权能有切实有效的保障。四是被害人获得援助权。《宣言》第14～17条对援助被害人作了具体的规定，包括被害人援助的机构、援助的内容等。如第14条规定："被害人应从政府、自愿机构、社区方面及地方途径获得必要的物质、医疗、心理及社会援助。"《宣言》中的条款规定，为开展被害人权利救济工作指引了方向。

　　我国坚持"以人为本"的科学发展观，全面建设社会主义和谐社会，就是要做到切实维护和发展人民群众的根本利益，尊重和保障他们的各项权利。被害人的人权保护状况不仅反映一个国家刑事法治、刑事司法的公正程度，也是对一个国家政治文明、法治文明水平的反映。① 我国2004年修订的宪法增设了"国家尊重和保障人权"条款，体现了国家对公民尊严和价值的尊重。宪法作为国家的根本大法，其规定的人权保障应涵盖每一个公民。犯罪不仅是对公权的侵犯，也是对个人人权的侵犯。当被害人的生命财产安全受到威胁、身体健康遭到侵害、隐私和人格尊严被侵害和践踏的时

---

　　① 参见郭彦《刑事被害人人权保护的比较与思考》，载《人民检察》2004年第6期。

候，如果无法得到保护和救济的话，其生存和发展权将无从谈起。从人权保障的角度来看，能够充分、有效地参与刑事诉讼，知悉刑事诉讼的进程和结果，是作为当事人的被害人的基本诉权。由于被害人直接受到犯罪的侵害，他们有追究犯罪的强烈愿望，同时也有获得物质和精神赔偿的要求。让每一个人有机会均等地参与社会的发展并公平地分享社会发展的成果，从而使人人达到物质上免于匮乏、精神上免于恐惧的生活境地，是人权追求的最高境界。仅仅惩罚犯罪是不够的，保护被害人的人权还应重视被害人的求偿权，使那些因犯罪而使人身、财产、精神等遭受侵害的被害人获得应有的赔偿或补偿，获得社会的理解、援助和支持，使他们备受创伤的心灵得到平复，使他们因被害而陷入窘境的生活状况得以扭转，是对他们最好的抚慰。加强对被害人权利的救济，是对被害人权利全面保护的直接体现，是"以人为本"理念的具体应用。

2. 犯罪被害人权利救济可以更好地维护社会的公平与正义，增进社会和谐

公平和正义是现代社会文明进步的重要标志。社会主义和谐社会追求的是全体成员的自由、平等，是真正实现公平和正义的社会。当被害人受到犯罪侵害时，其原有的平等地位遭到了破坏，矫正正义就开始发挥其价值和功能，[1] 也就是要使被破坏的非正义恢复到正义的状态。[2] 当被害人受到犯罪侵害后，矫正的正义应当发挥作用，由犯罪人对犯罪被害人进行偿还或补偿，即由其承担相应的刑事责任与民事责任，以恢复被破坏的社会正义。所以，现代刑事司法公正不仅要求准确定性犯罪人的行为并努力预防和减少犯罪，还要求保护被害人的合法权益，并尽力弥补被害人因犯罪行为所遭受的损失。如果仅考虑国家公权力的维护而不顾及被害人及其家属所受到的物质和精神的伤害，最终将会导致社会的不正义和司法的不公。如果国家疏于追究犯罪、怠于保护和救济被害人，则容易造成被害人与犯罪人、与国家和社

---

[1] 亚里士多德将正义区分为分配的正义和矫正的正义，指出了正义作用的双重性。所谓分配正义指根据人的功绩、价值来分配社会资源，主要关注的是在社会成员或群体成员之间进行权力、权利、义务和责任的配置。矫正正义则是指根据对利益与损害的计算平等地对个人进行分配，主要关注的是当一条分配正义的规范被一个社会成员违反时，使受到破坏的不平等的境况回复到最初的平等状态。

[2] 李鹏：《论被害人国家补偿制度的价值及本土化》，载《国家检察官学院学报》2004年第2期。

会的对抗情绪，影响被害人对国家的信赖，甚至走上报复社会的道路。这不仅有违关注民生、保障民生、改善民生的社会和谐理念，更给行政、司法机关工作带来诸多困扰。许多案例表明，犯罪被害人得不到赔偿，可能会采取非常规手段，如上访、闹访等，甚至可能去报复犯罪人员或其家属，从被害人变为加害人。对他们进行救助，可以有效地防止类似事件发生。湖南省资阳市老人彭伏秋的儿子在广东东莞打工期间被人打死，其本人又重病缠身，家里生活非常困难。由于该案经过多次补充侦查，仍证据不足，不符合逮捕条件，民事赔偿无法进行。彭伏秋情绪激动，多次上访。此案经广东省高级人民法院再次复查后，认为原案件的不捕决定正确，但被害人亲属家庭经济确实困难，由东莞市检察院对其进行救助。2009 年 6 月，检察院对彭伏秋给予经济救助两万元，并对其耐心解释说理，彭伏秋终于息诉罢访。① 实现对被害人的权利救济，及时有效地恢复被害人的受损权益，可以消解被害人的怨恨和不满，并通过协调人与人、人与社会的关系，促进社会和谐发展。

3. 犯罪被害人权利救济有利于全社会同犯罪作斗争，维护社会安定

国家从垄断惩罚犯罪的权力时起，就有了保护公民人身和财产等各项权利不受犯罪侵害的责任。在一定历史阶段内，犯罪不可避免，同样地，犯罪被害也无法避免。每一个社会成员有可能成为无辜的被害人。国家不能完全消灭犯罪，却可以通过各种途径，最大限度地保护被害人，救济其受损权利。对被害人的权利救济具有预防和打击犯罪的双重功能。一方面，实现对被害人权利的救济，是国家履行对公民权利保护的责任，在一定程度上缓解被害人与犯罪人、与国家和社会的对抗情绪；另一方面，国家和社会通过对犯罪被害人的救助和援助，使更多的人了解被害人的境遇和心灵的创伤，增强社会成员的正义感和同犯罪作斗争的责任感。

此外，犯罪被害人权利救济有利于我国刑事司法顺应国际社会被害人权利保护的发展趋势。被害人学研究的兴起和发展，各国对犯罪和被害现象的认识逐渐深化。关注犯罪被害人的处境、重视犯罪被害人的保护、加强对犯罪被害人的救济，成为各国刑事司法发展的趋势。在当前我国的刑事司法改

---

① 王俊秀、高杨清：《刑事被害人救助制度开始试点》，载《中国青年报》2011 年 2 月 9日，第 3 版。

革中，对被害人的权利保护已经成为其中的一项重要内容，这也有利于我国与各国刑事司法协作工作的开展。

二　我国犯罪被害救济现状

在我国，长期以来对犯罪被害人救济缺乏足够的关注。在国家法律和政策层面，因犯罪侵害而受到人身权和财产权损失的被害人并无专门救助性立法对犯罪被害人予以特别的保护。与世界上一些国家较完善成熟的被害人救济工作相比，我国的被害救济才刚刚起步，还存在诸多不足之处。

一方面，我国被害人群体数量大，被害人救济水平较低。如前所述，我国没有开展全国性的犯罪被害调查，对于犯罪被害的实际态势只能是通过犯罪案件的统计资料进行推断。据公安部办公厅统计处统计的数据可以看到，2000～2010年间，我国每年的刑事犯罪立案在400万起以上，破案率在40%～50%。如2000年全国公安机关立案的刑事案件为363.7万起，破获案件164.4万起，破案率为45.2%；2005年全国公安机关立案的刑事案件为464.8万起，破获案件209.7万起，破案率为45.1%；2010年全国公安机关立案的刑事案件近600万起，破获案件233万起，破案率仅为39%。根据这些案件数来推算被害数，通过破案率来看可能受到保护的概率。当然，这种推算是不精确的，可能连最低的被害数量都不是。以10年来破案率最高的2007年为例，刑事案件总数为480.8万起，保守计算，被害人的数量也是这些，当年的破案率为50.1%，这也就意味着有49.9%的被害人即有近240万的被害人无法获得保护和救济。当然，并不是所有破获案件的被害人均能得到有效的权利救济。当前，被害人能够真正获得救济的数量还很有限。与国外发展较为成熟的犯罪被害救济机制相比，我国的被害救济水平偏低。

在我国当前司法实践工作中，犯罪被害人要想真正获得赔偿限制条件实在太多，要看案件是否侦破，是否抓获了犯罪人，即使犯罪人抓到了，也判刑了，甚至附带民事责任也判了，但被告人无稳定职业、无固定收入、经济状况较差，没有可供执行的财产，被害人最后还是只能拿到一张"法律白条"。可见，还要看犯罪人是否有实际赔偿能力。像近年来发生的马加爵案、邱兴华案、张君案、黄勇案等，因犯罪人的经济情况，被害人家属无奈放弃了民事赔偿请求。广东省东莞市中级人民法院课题组调查的数据显示，

2003~2007年，有半数以上的被害人或近亲属没有提起附带民事诉讼进行权利救济。在统计分析存在被害人的1650件重大刑事案件中，存在重伤或死亡的被害人1609人，对被告人提起附带民事诉讼的被害人或遭受经济损失的近亲属附带提起民事诉讼仅有789件。只有47.8%的被害人或其近亲属运用附带民事诉讼申请权利救济。2003~2006年东莞市中级人民法院刑事附带民事案件中，犯罪人有执行能力的仅仅占13%，无执行能力的占87%。这些数据表明，当前，通过附带民事诉讼实现被害人权利救济的作用相当有限。①

在被害人国家救助方面，我国一些省市已经开始了对被害人进行救助的尝试，如2004年3月，德阳市绵竹法院由当地财政划拨20万元专款，创立"司法救助基金"，帮助生活确有困难的当事人渡难关；也出台了一些救助立法，如《无锡市刑事被害人特困救助条例》《宁夏回族自治区刑事被害人困难救助条例》等，但全国性的被害人救助制度尚未建立，也没有出台全国性的立法，对这一制度进行规范和引导，这不利于被害人救助工作的深入开展。与国外发展成熟的被害人补偿立法和补偿实践相比，还有很大的差距。

在被害人社会援助方面，我国对犯罪被害人的援助尚处于理论上的探索阶段，虽然已经设立了一些社会援助组织，如1992年武汉大学成立社会弱者权利保护中心，服务于合法权益遭受侵害的妇女、残疾人、未成年人、老年人等弱势群体；1995年北京大学成立妇女法律研究与服务中心，维护妇女权益。但与国外系统、成熟的被害人援助活动相比，我国目前尚没有规范化、专业化的被害人社会援助组织，缺乏对被害人提供全方位的帮助和服务。

另一方面，被害救济理论研究有待深入，实际工作中存在诸多问题。一是，进入新世纪以来，我国掀起了被害问题研究的热潮，被害人学研究取得了丰硕的成果。出版被害人权利保护和救济方面的著作十多部，发表相关文章数百篇，在被害人诉讼地位、被害人权利、被害人补偿、被害人援助、被害预防等方面有了新进展。这在一定程度上，为犯罪被害救济工作的开展提

① 广东省东莞市中级人民法院课题组：《论建立统一的刑事被害人司法救济制度》，载《法律适用》2010年第1期。

供了理论支撑。但同时我们也看到，当前理论研究中缺乏对被害救济工作的全面、系统分析，对开展的救助实践和立法缺乏理性分析，对被害人的社会援助问题缺乏关注等。二是，当前开展的对被害人的救济工作中，还存在很多问题和不足。在犯罪人赔偿方面，存在赔偿判决执行难、精神损害赔偿缺位等问题；在被害人国家救助方面，尚未出台全国统一的立法等；被害人社会援助方面，没有规范化、专业化的被害人社会援助组织。而且现实生活中还存在一些"私了""私刑"等私力救济行为，需要法律的规范和引导。

三　我国建立犯罪被害救济制度的思路

在原始社会，没有公共权威机构，纠纷解决靠的是私人力量。一旦发生权利冲突，人们必然身体力行地采取决斗、同态复仇等方式来救济权利。私力救济源于人类社会早期的无政府状态，不可避免地带有一定消极、落后的因素。随着人类社会的不断发展，在权利救济与制裁当中，国家公力逐渐强化，公力救济逐渐取代了私力救济而占据了主导地位。从私力救济向公力救济的演进不是简单地取而代之，私力救济在现代社会仍然存在，其作用和影响不可忽视。由于国家法制的不健全、公民法制意识的淡薄、公力救济的不及时等原因，被害人不可避免地选择一些私力救济行为。如何规范和引导"私了""私家侦探"等私力救济行为，使其发挥解决纷争的优势，是需要深入研究的问题。犯罪人的犯罪行为给被害人带来身体伤害、财产损失、精神痛苦，应当为此承担责任。随着国家和法律的出现，当犯罪行为发生后，国家司法机关通过刑事司法程序，对被告人定罪量刑，追究其刑事责任，并赔偿被害人的损失。被害人因犯罪人受到刑事处罚得到心理抚慰，因犯罪人的赔偿挽回损失，法律秩序因而得以恢复，公平正义得以实现。在司法实践中，往往是犯罪人受到了刑事处罚，而被害人中除极少数人能通过刑事附带民事诉讼得到部分损害赔偿之外，绝大多数被害人的物质损失因被告人没有赔偿能力或赔偿能力不足，或有的刑事案件发生后很长时间内难以查获犯罪嫌疑人，或因证据原因无法认定责任者，导致被害人及其亲属难以得到有效的赔偿。任何国家，不论其性质如何，都负有保护和救助社会弱者的义务，可以说，对被害人进行补偿和救助是国家的义务和责任。同时，公民被犯罪所害，从某种程度上讲，是国家没有完全尽到维护社会治安的职责，没能给公民提供一个比较安全的生活环境。从历史发展来看，公力救济取代私力救济之后，国家就承担起了制裁犯罪和保护被害人的责任，国家有责任对受到犯罪伤害而陷于困境的被害人予以救助。在现代社会，社会组织和社会团体在社会管理中的作用逐渐增强。在现实生活中，犯罪行为给被害人造成人身伤害、财产损失、精神痛苦和心灵创伤，需要全社会的理解、尊重和关怀。在犯罪人赔偿不充分，国家补偿和救助工作尚不完善的情况下，由被害人援助组织和机构，为被害人提供物质、医疗、心理疏导等方面的援助，能够让被害人体会到社会的关怀和帮助，增强渡过被害难关的信心。这也有利于社会的和谐与稳定。

从以上的分析中，可以看到，犯罪被害救济有多种途径和模式，是公力救济和私力救济并存，互相交错共同发挥作用。当前，在构建和谐社会，建设法治国家的背景下，给予犯罪被害人权利救济是其题中应有之义。这既是我们和谐社会、法制建设的现实需要，也是其中的一项重要内容。具体来说，开展犯罪被害救济工作的思路是：

（1）根据我国法律规定，被害人获得犯罪人赔偿可以通过刑事附带民事诉讼程序实现。刑事附带民事赔偿对于及时修复被害人的受损权益有着重要的意义，但由于目前我国法律法规对刑事附带民事赔偿问题的规定尚存在许多不完善之处，司法实践中对此类问题的处理缺乏统一的标准，需要通过完善立法等手段加以完善。

（2）在许多案件中，犯罪人因为穷困等原因并不能真正承担赔偿责任，司法实践中存在大量的"法律白条"，这不仅使被害人与犯罪人之间的矛盾没有完全化解，还有可能会影响到被害人本人、他的家人以及其他社会成员对国家的信赖和对正义的追求。国外的实践表明，国家给予被害人经济补偿，帮助被害人渡过生活难关是被害人权利救济的另一有效途径。对我国一些省市已经开展的救助实践和立法情况进行全面分析，肯定成绩，指出不足。各地的尝试和做法，为建立全国范围内的被害人救助制度积累了丰富的实践经验，但也存在救助条件不统一、救助标准不一致、救助资金来源存在困境等问题。倡导建立统一、规范的国家被害人救助制度。

（3）对于犯罪被害人的私力救济方式要加以区分，其中，法律禁止的行为要坚决予以摒弃，对于能够缓和矛盾、化解纠纷的行为予以肯定和支持，通过规范和引导，使其在合理的范围内发挥积极有效的作用。

（4）我国目前司法资源严重不足和被害人急需援助这一矛盾较为突出，

有必要学习国外通过被害人援助组织救济被害人各种权利的做法，充分利用社会力量和民间资源，建立被害人援助机构，为被害人提供医疗、心理、法律等方面的服务。

犯罪与被害直接影响社会的和谐和人的发展。科学地对待犯罪和被害现象，理性地分析我国社会转型期出现的各种犯罪与被害问题，是我们构建和谐社会过程中必须面对和需要解决的问题。有效的犯罪被害救济制度是对被害人权利给予的全方位、多角度、多层次、多形式的救济，是一项系统工程，需要全社会的共同努力。

第四章　犯罪被害人公力救济

第一节　公力救济的概念、特征、分类和评析

一　公力救济的概念和特征

自有了人类社会，就开始有了权利的实践。当权利受到了侵害，必然需要救济。在原始社会生产力水平低下，氏族是社会的基本单位，血缘关系起着决定性作用。原始社会存在纷争，当时缺乏社会化纠纷解决手段，"以眼还眼、以牙还牙"式的血亲复仇、同态复仇的私力救济成为这一时期的选择。这种私力救济方式是兼具动物性和社会性的人类在面对纠纷时的一种条件反射式的反映，是由动物本能产生的人性冲动，是与原始社会的生产力发展水平相适应的。生产力的发展推动着人类社会的进步。随着私有制和阶级的形成，国家出现，人类从原始社会过渡到国家形态下的阶级社会。社会的发展和生产力的进步使得原始社会传统的纠纷解决方式越来越力不从心。阶级和国家出现后，旨在维护统治阶级利益的法律及公共权力应运而生，这种全新的社会运行方式孕育出消解社会冲突的新的纠纷处理机制——公力救济。在权利救济体系中，国家公力逐渐强化。国家使用军队、监狱、法庭等工具干预社会发生的矛盾、冲突，在对被侵犯的权利予以救济的同时，也实现着统治阶级所需要的社会秩序的稳定。公力救济逐渐取代了私力救济而占据了主导地位。公力救济是以国家的名义、由既定的国家机关（通常是法院、行政机关）依一定程序对权利被侵害者的权利进行恢复和补救。其特征是：

1. 程序性

公力救济的最显著特征即是国家公权力的介入，公权力的操作和运行不

是任意而为的。公力救济要遵循严格的正当法律程序要求。程序的每个环节紧密相扣，任何一个步骤的瑕疵都会导致救济结果的改变或程序的推倒重来。为了使纠纷解决能最大限度地保证当事人的权利，必须通过合理步骤、程序使纠纷解决正当化、审判活动和法官决定正当化。因此，公力救济首先是一种程序救济，只有严密、完备且体现公正的程序才能保证和证明权利救济结果的正当性和合理性。

2. 被动性

公力救济多遵循"不告不理"的原则，如诉讼和国家赔偿。也就是说，公力救济的启动一般需要两个前提：一是侵权事实的存在。权利救济是权利被侵害后的必然反应，权利被侵害是权利救济的前提。二是救济请求的提起。通常，司法机关、行政机关并不主动介入纠纷，需要权利人的提请。权利是法律赋予公民可作或不作或要求国家或他人作或不作一定行为的资格。公民权利被侵害后，法律多已明确设立了救济方式，但由于侵害后果的承担者是公民，公民放弃救济并不违法，公民是否寻求救济就是其自主决定的事项。当然，也有一些例外，即国家机关主动介入，如《人民警察法》第21条第1款规定，人民警察遇到公民人身、财产安全受到侵犯或者处于其他危难情形，应当立即救助。

3. 结果具有强制性

公力救济体现了国家意志，必须有一定的强制力作为保障。国家机关运用国家权力实施公力救济，具有强制性。也就是说，国家司法机关、行政机关作出的处理结果，对于当事人具有约束力，必须遵守执行。否则，就会承担一定的法律后果，如人民法院的强制执行。

4. 效力具有终局性

公力救济具有终局性和权威性，尤其是司法救济方式，是国际公认的最权威的救济途径，也是最后的救济手段，任何人不得再诉诸其他的救济途径，对于其结果必须予以遵守和执行。而私力救济不具有终局性，权利人和侵害人在私力救济后可以向公力救济机关申请公力救济。可见，公力救济是保护权利人的最后一道屏障。

二　公力救济的分类

根据行使公权力的机关不同，公力救济可以分为立法救济、行政救济和司法救济。

1. 立法救济

立法救济是指立法机关依照法定职权和程序,对侵害公民权利的行为用法律的形式进行的救济。相对于其他救济途径,立法救济是一种静态的救济,是国家立法机关针对某一权利被频繁侵害后采取的法律救济形式。因此,立法救济具有事后性、非直接作用性和长周期性。这里需要说明的是,该权利应该是公民普遍主张的正当性权利,其受到普遍侵害,且侵害足以导致一个社会基本秩序和文化根基、人的尊严受到影响,是适用立法救济的前提。从这一点上看,立法救济具有普遍性。立法救济主要包括三种情况:1)随着社会生活的发展,公民应当享有但法律却没有及时规定的。2)宪法承认的权利,由于立法未细化,事实上存在大量侵害此种权利的情况。3)既有的法律框架中对一定法律调整的对象和范围的规定有意或无意的遗漏而导致被遗漏的一些公民权利被侵害的情况。

2. 行政救济

行政救济目前学界尚无一致公认的定义,主要包括行政机关救济说、受损权益补救说、不利后果补救说等等①。作为与立法救济、司法救济相对应的一种权利救济方式,行政救济是当公民和行政主体之间发生行政争议,其合法权益受到违法或不当行政行为侵犯,或公民及其他平等主体之间发生特殊的民事争议,其民事权益受到不法侵害时,由特定的行政主体按照职权和法定程序,依申请人的申请,对其予以救济,使其合法权利得到补救或恢复的一项法律制度。首先,行政救济的主体是特定行政主体,非国家行政主体的其他社会组织或者个人都无权实施行政救济。其次,行政主体为了国家或者社会的公共利益实施的行政行为对行政相对人造成了损失,或者公民、法人、其他组织出于社会公共利益的维护遭受损失。再次,行政救济包括多种途径,如行政复议、行政赔偿、行政补偿等,其程序

---

① 行政机关救济说认为,行政救济是指行政机关管理相对人在其合法权益受到行政机关的违法失职行为侵犯后依法提出申诉,由有监督权的行政机关按法定程序对其予以救济的一种法律制度。受损权益补救说认为,行政救济是公民、法人或其他组织认为行政机关的行政行为造成自己合法权益的损害,请求有关国家机关给予补救的法律制度。不利后果补救认为,行政救济是指有关国家机关依法对行政行为造成的不利后果予以消除而实施的一种法律补救机制。

多由有关公民、法人或其他组织的申请而启动。行政救济权是公民享有的一项权利，权利人既可以行使，也可以放弃，其他任何组织和公民都无权干涉权利人对权利的处分。对于行政主体而言，其处于消极被动的地位，一般只有在相关公民提出行政救济的请求时，才能对之进行处理。当然，行政补偿可以不以行政相对人的申请为前提而由行政主体直接、主动对行政相对人给予补偿。

3. 司法救济

司法救济是指公民、法人或组织等的权益受到侵害而寻求法院进行救济的法律制度。司法救济是人类社会起源最早、各国普遍适用的、最能代表正义和最具权威和公信力的一种公力救济方式。相对于其他救济类型，司法救济的特点体现在：其一，司法救济是对权利的最终保护方式。司法处于法律运行的末端，是保障法律公正最重要和最有效的手段，也是保障法律公正的最后关口。有效的司法裁决所确认的权利和义务具有终局性，是对当事人的权利义务最后的也是最具权威性的确认，具有强制执行力。除依据法律的规定，不得被任意撤销、变更，除法定事由外，当事人也不得就同一事由再诉诸司法机关。当代社会中的很多权利都是在私力救济和立法、行政等公力救济未能奏效的情况下，通过司法救济的方式得以实现的。其二，司法救济最具有公正性。在任何时代，司法总是被认为是社会公正和正义的化身，司法活动要遵循公正和中立的理念。在诉讼活动中，双方当事人法律地位是平等的，个人的弱势地位可以通过诉讼的程序性规定予以一定的弥补；严格的诉讼程序可以有效减少司法救济的恣意性，促进司法救济的公正；法官在司法过程中独立地行使权力，作出判决的依据是一国的宪法、法律，具有其他救济方式所无法比拟的权威与公正。其三，司法救济的强制力最为明显。司法救济是典型的公力救济，国家直接进入纠纷的处理过程，通过动用警察、监狱等国家机器，修复受损权益，调整社会秩序。司法救济直接以国家强制力为后盾和保证，它是权利救济最强和最有力的方式。

当然，司法是历史的产物，是一种社会现象，并非一成不变。[1] 它随着国家的社会制度、历史背景、文化传统和经济发展而变化。相应地，司

---

[1] 熊先觉：《中国司法制度新论》，中国法制出版社，1999，第1页。

法救济的途径和内容也在不断发展和完善。可以说，司法发展史，就是一部不断为公民的权利侵害提供充分救济的历史。根据权利侵害所涉的法律性质不同，司法救济可以分为民事诉讼救济、刑事诉讼救济、行政诉讼救济等。① 在这里我们主要探讨刑事诉讼救济，即公民的人身、民主、社会、经济和文化等权利遭到犯罪行为侵犯，需要适用刑事法律进行制裁的一种救济制度。在刑事诉讼救济中，救济公民权利范围广泛。刑事诉讼救济既可救济公民受损的人身权利、财产权利、文化权利，还可救济公民的民主权利、安全权利等政治生活中的重要权利，在受到犯罪行为的侵害后，都可使用刑事诉讼救济。刑事诉讼救济的手段多样，刑事诉讼救济不仅可以剥夺犯罪分子的财产，限制或剥夺犯罪分子的人身自由，剥夺犯罪分子的政治权利，在最严重的情况下还可以适用死刑剥夺犯罪分子的生命。而且，刑事诉讼救济中检察机关的介入，更加突出了公力救济的鲜明特征。国家作为公民权利的第一保护者，提起公诉，参加审判，虽是代表国家诉请法院维护正义，维持社会秩序，但其落脚点是被害人的权利得到救济，其目的是维护公民的合法权利。刑事诉讼救济是刑事犯罪被害人最主要的权利救济途径。

三 公力救济评析

在国家出现以前，人类生活在原始社会，虽没有国家和法律，但其也有与之相适应的社会组织和社会秩序，也有着自己独特的权利形态和权利被侵害后的救济方法和途径。血亲复仇、血族复仇、同态复仇式的私力救济是人类最为原始的救济方式。由于缺乏制度规范和强制力保障，权利救济往往受到双方个人情感、力量对比等因素的影响，不可避免地带有随意性、不公正性。随着私有制和阶级的形成，国家出现，原始社会的私力救济形式越来越不合时宜，国家权力介入到纠纷处理中来。公力救济登上了人类历史的舞台。人类社会文明进步的一个标志就是，公力救济取代了私

---

① 民事诉讼救济是指纠纷或冲突的当事人将由民事法律所调整的人身关系和财产关系争议提交法院、由法院按民事诉讼程序审理从而为权利人提供救济的一种救济机制；行政诉讼救济是指作为行政相对人的公民、法人或者其他组织认为有关行政机关及其工作人员的具体行政行为侵犯其合法权益，依法向人民法院起诉，由法院审理并作出裁判，从而为相对人提供救济的一种制度。

力救济成为人们权利救济的主要手段。"这一现象表征着一个极有意义的社会进步，人类不再依靠冲突主体的自身的报复性手段来纠正冲突的后果，尤其不再用私人暴力杀戮式的冲突来平息先前的冲突。"① 公力救济的出现，标志着权利救济的和平性、稳定性、确定性和有序性时代的开始。与私力救济相比，公力救济要严格遵守程序法定原则，无论是哪一种公力救济形式都必须有法可依，即按照法律规定的申诉理由提交申请、在法律规定的时限内提供证据、相关机关按照法定的程序和时间要求予以处理。也就是说，公力救济通过强调程序正义，来保证实质正义。公力救济与国家公权力联系最为密切，必须是通过法定机关实施，是最具权威的救济方式。

与此同时，我们也看到，公力救济和其他事物一样，既有积极方面，也有消极因素。它的权利救济作用不可避免地具有一些弱点：一是公力救济在追求程序正义时，难免步入程序过于复杂的尴尬境地。而程序的复杂，需要耗费大量时间，效率低成为公力救济难以克服的内在缺陷。二是公力救济的成本高。成本对比是当事人选择救济模式的一个重要的考量因素。公力救济的成本构成复杂，不仅包括当事人寻求公力救济所付出的人、财、物力的总和，还包括公权力机关的成本。其中，当事人寻求公力救济的成本如诉讼成本，包括法院收费、代理费、诉讼补助费等；公权力机关的成本是指公力救济中国家机构的运转成本，即便没有任何救济活动，法官仍需工作、警察仍需执勤、执法机关仍需执法，这些支出多由国家财政负担，而财政收入的一个重要来源即为公民的个人纳税。可见，在公力救济中，当事人需要支付较高的成本。三是公力救济的专业性强。公力救济关涉国家公权力、法律等内容，涉及较多专业问题，需要具备专业知识的人员进行，将普通人阻挡在外，如立法、庭辩等活动。因此，在权利救济活动中，需要其他救济方式作为公力救济的补充。当然，不可否认，公力救济是现代社会的主要救济方式。随着社会的不断发展，法治的不断完善，公民素质的不断提升，公力救济机制也将不断健全，其在解决纠纷、化解矛盾、促进和谐、维护稳定方面将发挥越来越重要的作用。

---

① 柴发邦主编《体制改革与完善诉讼制度》，中国人民公安大学出版社，1991，第3页。

第二节　刑事附带民事诉讼制度

一　刑事附带民事诉讼制度概述

1. 刑事附带民事诉讼的概念

《中华人民共和国刑法》（以下简称刑法）第 36 条和《中华人民共和国刑事诉讼法》（以下简称刑事诉讼法）第 99 条是我国刑事附带民事诉讼制度的主要法律依据。这两条法律规范分别从实体法和程序法的角度赋予了被害人提起刑事附带民事诉讼的权利，但关于刑事附带民事诉讼的概念，立法没有明确规定，学术界看法不一。代表性的观点有以下几种：

（1）附带民事诉讼，是指公安司法机关在刑事诉讼过程中，在解决被告人刑事责任的同时，附带解决被告人的犯罪行为所造成的物质损失的赔偿问题而进行的诉讼活动。[1]

（2）附带民事诉讼，是指人民法院、人民检察院，在当事人及其他诉讼参与人的参加下，在依法追究被告人刑事责任的同时，附带解决由于被告人的犯罪行为而使被害人遭受物质损失的赔偿问题所进行的诉讼活动。[2]

（3）附带民事诉讼又称刑事附带民事诉讼，是指司法机关在刑事诉讼过程中，在依法追究被告人刑事责任的同时，附带解决被害人由于被告人的犯罪行为而遭受的物质损失的赔偿问题所进行的诉讼活动。[3]

（4）刑事附带民事诉讼，是指公安司法机关在刑事诉讼过程中，在解决被告人刑事责任的同时，附带解决由遭受损失的被害人或人民检察院提起的、由于被告人的犯罪行为所引起的物质损失的赔偿而进行的诉讼活动。[4]

（5）刑事附带民事诉讼，是指在刑事诉讼过程中，司法机关在解决被告刑事责任的同时，附带解决由遭受损失的被害人或人民检察院提起的，由于被告人的犯罪行为所引起的损失赔偿等民事责任而进行的诉讼活动。[5]

---

[1]　陈光中主编《刑事诉讼法》，北京大学出版社、高等教育出版社，2006，第 243 页。

[2]　甄贞主编《刑事诉讼法学研究综述》，法律出版社，2002，第 161 页。

[3]　宋英辉主编《刑事诉讼法学》，北京师范大学出版社，2010，第 142 页。

[4]　陈光中、徐静村主编《刑事诉讼法学》，中国政法大学出版社，1999，第 243 页。

[5]　邵世星、刘选：《刑事附带民事诉讼疑难问题研究》，中国检察出版社，2002，第 3 页。

上述概念大同小异，具体而言，共同之处主要有以下几点：第一，刑事附带民事诉讼是在刑事诉讼过程中附带进行的；第二，刑事附带民事诉讼的核心是解决犯罪行为引起的损失赔偿问题；第三，除最后一个概念之外，其他概念均将刑事附带民事诉讼的赔偿范围明确限定为物质损失。上述概念的不同之处主要有：第一，有关刑事附带民事诉讼管辖机关的表述不一致，差异点在于是否包括公安机关和人民检察院；第二，在是否体现了被害人的诉权上表述不一致，上述概念中，只有最后两种表述方式体现了被害人的诉权，"……附带解决由遭受损失的被害人或人民检察院提起的……"，第二种表述虽然没有明确被害人的诉权，但体现了当事人和其他诉讼参与人的主体地位，"……在当事人及其他诉讼参与人的参加下……"。但无论如何，上述概念均基本反映了我国刑事附带民事诉讼制度的现实状况，并准确概括出了我国刑事立法中有关刑事附带民事诉讼法律规范的要义。

任何一项法律制度的概念不仅应当反映立法的精髓，同时还要有理论的前瞻性，特别是该制度本身尚有缺陷之时。刑事附带民事诉讼制度是我国刑事诉讼法中的一项重要制度，是我国解决犯罪行为引起的损害赔偿问题的主要方式，是被害人权益保障的主要途径。但是该制度本身存在诸多不完善之处，对受犯罪行为侵害的被害人的权益保护极为不利，在学术界饱受诟病。任何一项法律制度的概念不仅应当反映立法的精髓，同时还要有理论的前瞻性，特别是该制度本身尚有缺陷之时。故理论研究中如何给刑事附带民事诉讼下一个简单又准确的定义至关重要。

以上概念虽然体现了刑事附带民事诉讼法律规范的要义，但在理论前瞻性上略显不足，主要体现为：第一，刑事附带民事诉讼的管辖机关不明确。刑事附带民事诉讼的管辖机关只能是人民法院，这不仅符合国家机关间的职能划分，而且也符合2012年11月5日通过的《最高人民法院关于适用〈中华人民共和国刑事诉讼法〉的解释》（以下简称刑诉法解释）第148条的立法本意。刑诉法解释第148条规定："侦查、审查起诉期间，有权提起附带民事诉讼的人提出赔偿要求，经公安机关、人民检察院调解，当事人双方已经达成协议并全部履行，被害人或者其法定代理人、近亲属又提起附带民事诉讼的，人民法院不予受理，但有证据证明调解违反自愿、合法原则的除外。"可见，公安机关、人民检察院有权处理的仅是被害人及其他利害关系人的赔偿请求，处理的方式限于"调解"，只有人民法院才有权受理附带民事诉讼。第二，刑事附带民事诉讼的启动主体不明确。刑事附带民事诉讼解决的核心问题带有民事赔偿的性质，应充分尊重当事人的处分权，贯彻实施"不告不理"原则，故刑事附带民事诉讼的启动主体应明确。第三，将刑事附带民事诉讼的赔偿范围限定为物质损失。关于损失的范围，我国刑事诉讼法第 97 条、刑诉法解释第 138 条及最高人民法院《关于刑事附带民事诉讼范围问题的规定》（以下简称《范围规定》）第 1 条、第 2 条的规定，被害人的损失限于由被告人的犯罪行为直接造成的物质损失。但学术界关于这个问题有不同的看法，大多数学者认为，被害人所遭受的损失不仅包括物质损失还包括精神损失，物质损失中不仅包括直接损失还包括间接损失，只有这样才能全面保护被害人的合法权益。

根据现行立法规定，结合现代法治观念和诉讼原理，笔者认为，刑事附带民事诉讼是指在刑事诉讼过程中，人民法院在追究被告人刑事责任的同时，接受附带民事诉讼原告人的起诉，在当事人和其他诉讼参与人的参加下，依照法定程序和方式，附带审理因被告人的犯罪行为引起的损害赔偿等纠纷而进行的诉讼活动。本概念中的"犯罪行为"应理解为"被指控构成犯罪的行为"而不是"事实上构成犯罪的行为"或"被裁判构成犯罪的行为"，否则将使被害人的诉权行使处于不确定的状态，即：只要被告人被指控犯罪，权利人就有权提起附带民事诉讼，即使经法院审理，裁判被告人无罪时，对已经提起的附带民事诉讼经调解无效的，也应一并作出刑事附带民事诉讼判决。刑诉法解释第 160 条明确规定："人民法院认定公诉案件被告人的行为不构成犯罪，对已经提起的附带民事诉讼，经调解不能达成协议的，应当一并作出刑事附带民事判决。人民法院准许人民检察院撤回起诉的公诉案件，对已经提起的附带民事诉讼，可以进行调解；不宜调解或者经调解不能达成协议的，应当裁定驳回起诉，并告知附带民事诉讼原告人可以另行提起民事诉讼。"

2. 刑事附带民事诉讼的性质

关于刑事附带民事诉讼的性质大致有四种观点：第一，"刑事说"，即认为，刑事附带民事诉讼规定在刑事诉讼法中，依附于刑事诉讼程序，故其本质上是刑事诉讼；第二，"民事说"，即认为，刑事附带民事诉讼只不过是在刑事诉讼过程中解决的被告人的民事责任承担问题，其实体法依据是民事法律，故其本质是民事诉讼；第三，"综合说"，即认为，刑事附带民事诉讼是刑事诉讼和民事诉讼结合后形成的一种特殊的诉讼，既不同于刑事诉讼，也不同于民事诉讼；第四，"折中说"，即认为，刑事附带民事诉讼是一种特殊的民事诉讼。

学术界普遍认为，刑事附带民事诉讼是一种特殊的民事诉讼。理由也大致相同，即认为：附带民事诉讼的核心是解决犯罪行为引起的损害赔偿问题，其本质与民事诉讼中的损害赔偿是一样的，故刑事附带民事诉讼属于民事诉讼的性质。但其又与一般的民事诉讼有所不同，因为刑事附带民事诉讼是由犯罪行为引起的，是在刑事诉讼过程中附带提起和解决的，其成立和解决都依附于刑事诉讼，与刑事诉讼紧密相连，不可分割。笔者基本赞同这种观点，这使得刑事附带民事诉讼的性质有了确定性，便于刑事附带民事诉讼制度的理论研究。

3. 刑事附带民事诉讼的特征

关于刑事附带民事诉讼的特征，学术界概括不一，具体内容和表述方式也不尽相同。根据刑事附带民事诉讼的概念、性质以及相关法律规定，笔者认为刑事附带民事诉讼的特征应概括为以下三点：

（1）审理程序的附属性。根据刑诉法解释第147条的规定，刑事附带民事诉讼的提起须以刑事案件的立案为前提。人民法院受理刑事附带民事诉讼的时间是在刑事案件起诉后，第一审判决作出前。另外，刑事附带民事诉讼的审判组织与刑事诉讼的审判组织具有同一性，在实体问题的处理上不能与刑事诉讼对犯罪事实的认定相矛盾，刑事附带民事诉讼的审理期限、上诉期限及管辖法院等都必须与刑事诉讼一致。所以，刑事附带民事诉讼对刑事诉讼具有审理程序上的依附性，没有刑事诉讼，刑事附带民事诉讼也就无从谈起。

（2）相对的独立性。刑事附带民事诉讼与刑事诉讼分别解决同一犯罪行为引起的损害赔偿与刑罚问题。前者是为了保护被害人的权利，后者是为了保护社会公益，这两个问题是彼此独立的。也就是说，刑事附带民事诉讼与刑事诉讼同源不同质，正如上文所述，刑事附带民事诉讼的性质是一种特殊的民事诉讼。其在诉权的行使方式、适用的法律、证明标准、证据规则等问题上与刑事诉讼具有很大的不同，刑事附带民事诉讼的一些制度也是刑事诉讼中所没有的，比如：调解制度、财产保全和先予执行制度。所以，刑事附带民事诉讼的附属性是相对而言的，其也具有一定的独立性。

（3）法律适用的复合性。刑事附带民事诉讼的核心是解决犯罪行为引起的损害赔偿问题，人民法院对犯罪事实的审理和认定需要遵守刑法关于犯罪构成要件的规定及刑事诉讼法的程序规定。而对于损害赔偿额、赔偿主体、赔偿原则、诉权主体、诉权行使方式、调解、执行等问题除了遵守刑事法律规范外，还应遵守民事法律规范。这就使得刑事附带民事诉讼在法律适用上具有复合性的特征。刑诉法解释第 163 条也有明确规定："人民法院审理附带民事诉讼案件，除刑法、刑事诉讼法以及刑事司法解释已有规定的以外，适用民事法律的有关规定。"值得注意的是，刑事附带民事诉讼虽然具备法律适用上的复合性特征，但刑事法律规范确是优先适用的。

4. 刑事附带民事诉讼的起诉条件

刑事诉讼法没有关于刑事附带民事诉讼起诉条件的规定，但《最高人民法院关于审理刑事案件程序的具体规定》第 63 条规定："附带民事诉讼的起诉条件是：（一）原告人是有权提起附带民事诉讼的；（二）有明确的被告人，有请求赔偿的具体要求和事实根据；（三）被害人的损失，是由被告人的犯罪行为造成的；（四）属于人民法院受理附带民事诉讼的范围和受诉人民法院管辖。"刑诉法解释第 145 条规定："附带民事诉讼的起诉条件是：（一）起诉人符合法定条件；（二）有明确的被告人；（三）有请求赔偿的具体要求和事实、理由；（四）属于人民法院受理附带民事诉讼的范围。"根据新法优于旧法的原则，刑事附带民事诉讼的起诉条件应以 2012 年颁行的刑诉法解释为准。

首先，原告是本案附带民事诉讼中适格的当事人①。

当事人适格要求附带民事诉讼原告人不仅应具备提起附带民事诉讼的诉讼权利能力，还要求其与犯罪行为造成的侵害有直接利害关系，但不限于直接遭受犯罪行为侵害的犯罪被害人。根据我国刑法第 99 条，刑诉法解释第 138 条、141 条以及 142 条的规定，适格的刑事附带民事诉讼原告人包括下列情况：

（1）因犯罪行为遭受物质损失的公民。由于被告人的犯罪行为而遭受物质损失的任何公民，都有权在刑事诉讼过程中提起附带民事诉讼，这是最

---

① 当事人适格，又称为正当当事人，是指对于具体的诉讼，有作为本案当事人起诉或应诉的资格。

常见的附带民事诉讼原告人。但有学者认为"公民"应改为"自然人",因为"公民"不包括外国人和无国籍人。法律不赋予外国人、无国籍人提起刑事附带民事诉讼的权利是违背国民待遇原则的,而且同等原则①也是我国民事诉讼法的一项基本原则,刑事附带民事诉讼是一种特殊的民事诉讼,也应遵守这一原则,对外国人和无国籍人的附带民事诉权给予同等的保护,笔者赞同此观点。

(2)因犯罪行为遭受物质损失的法人和其他组织。关于单位能否成为刑事附带民事诉讼原告人的问题,学术界有不同观点。笔者认为,犯罪被害人不仅包括自然人,而且包括法人和其他组织。在法人和其他组织因犯罪行为而遭受物质损失时,应赋予其提起刑事附带民事诉讼的权利,这与民事法律关系主体也是一致的。

(3)无行为能力或者限制行为能力被害人的法定代理人。当被害人是未成年人或精神病患者等无诉讼行为能力人时,其法定代理人或监护人可代为提起刑事附带民事诉讼。但关于法定代理人或监护人的诉讼地位如何确定,学术界有不同看法:②一种观点认为,应为附带民事诉讼原告人;另一种观点认为,附带民事诉讼原告人依然是被害人,法定代理人或监护人只是代为参加诉讼活动,并不能以自己的名义起诉。笔者赞同后一种观点,因为无诉讼行为能力的被害人依然有诉讼权利能力,具备诉讼当事人的主体资格,其法定代理人或监护人在刑事附带民事诉讼中处于法定诉讼代理人的地位。

(4)已死亡被害人的近亲属。但有学者认为,③"近亲属"的概念太宽泛,而且民事法律规范与刑事法律规范规定的"近亲属"的范围不一致,④在司法实践中容易引起争议,应改为"已死亡被害人的法定继承人"。笔者赞同这一观点,法定继承人提起刑事附带民事诉讼不仅有民事诉讼法上的依

---

① 同等原则,是指一国公民、企业和组织,在他国进行民事诉讼,同他国公民、法人和其他组织同等享有该国规定的诉讼权利的原则。

② 参见甄贞主编《刑事诉讼法学研究综述》,法律出版社,2002,第163页。

③ 参见甄贞主编《刑事诉讼法学研究综述》,法律出版社,2002,第162页。

④ 《中华人民共和国刑事诉讼法》第106条规定:"(六)'近亲属'是指夫、妻、父、母、子、女、同胞兄弟姊妹。"最高人民法院关于贯彻执行《中华人民共和国民法通则》若干问题的意见第12条规定:"民法通则中规定的近亲属,包括配偶、父母、子女、兄弟姐妹、祖父母、外祖父母、孙子女、外孙子女。"

据，也有宪法依据。《中华人民共和国宪法》（以下简称宪法）第13条规定："国家依照法律规定保护公民的私有财产权和继承权。"法定继承人依法有权继承被害人的合法财产，被害人因犯罪行为遭受物质损失后，法定继承人必然丧失对这部分财产的继承权，因此应赋予其提起刑事附带民事诉讼的权利，以维护自己的利益。根据《中华人民共和国民事诉讼法》第150条、第151条的立法精神可知，当事人死亡后，可由其继承人参加诉讼。所以将"已死亡被害人的法定继承人"列为刑事附带民事诉讼人是恰当的。

（5）如果是国家财产、集体财产遭受损失，受损失的单位未提起附带民事诉讼的，人民检察院在提起公诉的时候，可以提起附带民事诉讼。关于人民检察院能否提起刑事附带民事诉讼以及人民检察院提起刑事附带民事诉讼后的诉讼地位如何，学术界有不同观点。① 刑诉法解释第142条明确规定："人民检察院提起附带民事诉讼的，应当列为附带民事诉讼原告人。"

其次，有明确的被告人。

附带民事诉讼的被告人是指在刑事诉讼中对刑事被告人的犯罪行为造成的损失负有赔偿责任的当事人。附带民事诉讼被告人一般是刑事诉讼被告人，但在某些特殊情况下，承担赔偿责任的附带民事诉讼被告人却不是承担刑事责任的被告人。根据我国刑诉法解释第143条的规定，在刑事附带民事诉讼中，依法负有赔偿责任的主体主要包括以下几种情形：

（1）刑事被告人及没有被追究刑事责任的其他共同致害人；

（2）未成年刑事被告人的监护人；

（3）已被执行死刑的罪犯的遗产继承人；

（4）共同犯罪案件中，案件审结前已死亡的被告人的遗产继承人；

（5）其他对刑事被告人的犯罪行为依法应当承担民事赔偿责任的单位和个人。

另外，刑诉法解释第143条明确规定："附带民事诉讼被告人的亲友自愿代为赔偿的，应当准许。"

但有学者指出，上述法律规定严格来说不是关于刑事附带民事诉讼被告人范围的规定，如："已被执行死刑的罪犯的遗产继承人"，罪犯被执行死刑，说明刑事诉讼已经结束，何来附带民事诉讼？已被执行死刑的罪犯的遗

---

① 参见甄贞主编《刑事诉讼法学研究综述》，法律出版社，2002，第172～173页。

产继承人应是负赔偿责任的主体，但不可能和罪犯处于同一法律程序中。[①] 笔者认为，从程序意义上来说，只要被告人明确，附带民事诉讼便可成立。至于其是不是负有赔偿责任，是实体审理的问题。

关于刑事附带民事诉讼被告人是否包括在逃的共同犯罪人，学术界有不同观点：[②] 一种观点认为，在逃同案犯不列为附带民事诉讼被告人有违我国民事诉讼法关于强制追加必要共同诉讼人的法律规定，[③] 只要人民法院尽了通知义务，就可以将在逃同案犯列为附带民事诉讼被告人；另一种观点认为，刑事诉讼中没有缺席审判制度，而且要保障刑事被告人的辩护权，在逃同案犯的犯罪行为不好确定，其民事责任也不能确定。我国立法持后一种观点，最高人民法院《关于全国法院维护农村稳定刑事审判工作座谈会纪要》规定："在逃的同案犯不应列为附带民事诉讼的被告人。"刑诉法解释第144条、第146条也明确规定共同犯罪案件中的在逃同案犯不能列为附带民事诉讼被告人，但逃跑的同案犯到案后，被害人或者其法定代理人、近亲属可以对其提起附带民事诉讼，但已经从其他共同犯罪人处获得足额赔偿的除外。

再次，有请求赔偿的具体要求和事实、理由。

附带民事诉讼原告人提起诉讼，不仅应有具体的诉讼请求，提出具体的赔偿数额，而且对犯罪行为造成的损失须有事实根据，并承担举证责任。

最后，属于人民法院受理附带民事诉讼的范围。

根据《范围规定》第1条、第2条及刑诉法解释第138条第2款、第139条、第140条的规定，以下三类案件不属于人民法院刑事附带民事诉讼的受案范围：第一，被害人因犯罪行为遭受精神损失而提起的附带民事诉讼；第二，被害人因犯罪分子非法占有、处置其财产遭受物质损失而提起的附带民事诉讼；第三，因国家机关工作人员行使职权时侵犯人身、财产权利的犯罪行为而遭受物质损失提起的附带民事诉讼。但学术界有不同的看法，认为人民法院若不受理以上三类案件，非常不利于对被害人权利的保护，并

---

① 参见聂庆《刑事附带民事诉讼的若干程序性问题探讨》，载《法律适用》2009年第5期。

② 参见聂庆《刑事附带民事诉讼的若干程序性问题探讨》，载《法律适用》2009年第5期。

③ 《中华人民共和国民事诉讼法》第132条："必须共同进行诉讼的当事人没有参加诉讼的，人民法院应当通知其参加诉讼。"

提出受案范围类型化的观点。

另外，根据刑诉法解释第 147 条、第 161 条的规定，附带民事诉讼应当在刑事案件起诉以后第一审判决宣告以前提起。有权提起附带民事诉讼的人在第一审判决宣告以前没有提起的或者在第二审程序提起附带民事诉讼调解未成的，不得再提起附带民事诉讼。但可以在刑事判决生效后另行提起民事诉讼。

比较关于刑事附带民事诉讼起诉条件的两条法律规定，2012 年的刑诉法解释去掉了"被害人的损失，是由被告人的犯罪行为造成的"这一因果关系条件，笔者认为这是符合现代程序观念的。因为关于"因果关系"属于实体问题，应在立案后的审理过程中解决，不应在受理立案阶段作为起诉条件。否则，对被害人诉权的行使就设置了过多的障碍。

5. 刑事附带民事诉讼制度的目的和价值

我国刑法和刑事诉讼法的目的中均有"惩罚犯罪，保护人民"的表述，刑事附带民事诉讼作为刑事诉讼中的一项重要制度，其与刑事诉讼并行，共同达到"惩罚犯罪，保护人民"的目的。但刑事附带民事诉讼与刑事诉讼解决问题的性质不同，刑事诉讼旨在通过审判解决犯罪人的刑罚问题，刑事附带民事诉讼旨在通过审判解决被害人的民事赔偿问题。所以，刑事附带民事诉讼制度的核心目的是保护被害人的合法权益，同时该制度的设计不应偏离公正与效率的价值目标。

（1）充分有效地保护被害人的民事权益。刑事犯罪不仅破坏社会秩序、危害公共利益，而且往往造成国家、集体财产及自然人个人的财产、人身、精神等方面的损害。刑事附带民事诉讼制度是被害人寻求民事损害赔偿的法定途径，其设立就是旨在通过公诉及刑事审判的威慑力来更好地保护被害人的民事权益。因此，"充分有效地保护被害人的民事权益"是刑事附带民事诉讼制度的首要目的和价值目标。

（2）全面公正地审判案件。首先，刑事附带民事诉讼制度从根本上否定了"打了不罚，罚了不打"的观念，对他人造成损害的犯罪分子不仅要承担刑事责任而且要承担民事损害赔偿责任；其次，刑事附带民事诉讼要求人民法院查明犯罪行为造成的损失情况，查明犯罪人如何对待其犯罪行为造成的损失赔偿问题，这对于判断其认罪、悔罪态度，从而正确定罪量刑具有重要价值。总之，将民事赔偿问题在刑事程序中附带解决，充分体现了我国"惩罚与宽宥相结合"的基本刑事政策，有利于人民法院全面公正地审判案件。

（3）节约诉讼成本，提高诉讼效益。在刑事诉讼程序中一并解决犯罪行为的刑事责任和民事责任，一方面节约了司法资源，避免法院重复开庭、重复调查取证等活动；另一方面，减轻了当事人、法定代理人、证人等诉讼参与人的讼累，避免其重复出庭、重复举证等活动。所以，刑事附带民事诉讼制度在节约诉讼成本，提高诉讼效率方面具有重要的价值，这也是我国设立该制度的立法本意。

6. 刑事附带民事诉讼制度的原则

学术界关于刑事附带民事诉讼制度的基本原则的体系化论证资料不多，很多文献都是在论证其他问题时略有涉及刑事附带民事诉讼制度的基本原则，主要提到的原则有：刑事程序优先原则、全面赔偿损失原则、民事赔偿优先原则、效率原则及方便诉讼原则等。笔者认为，刑事附带民事诉讼制度的基本原则的建构应紧紧围绕刑事附带民事诉讼的目的，并充分考虑刑、民程序的矛盾与协调，具体而言，应包括以下几项：

（1）惩罚犯罪与被害人权利保护并重原则。所谓惩罚犯罪与被害人权利保护并重原则，是指国家在刑事附带民事诉讼过程中不仅要注重对被告人的犯罪行为正确定罪量刑，而且要注重对被告人民事赔偿责任的追究，不仅要注重对被告人人权的保护，而且要注重对被害人人权的保护。犯罪行为不仅是对社会秩序的破坏，而且也严重侵犯了被害人的人身、财产权益。刑事附带民事诉讼制度正是为了妥善解决犯罪行为的刑事责任和民事责任而设立的。刑、民诉讼在追究责任的时间和方式上存在差异，导致国家公益与被害人个人利益可能会发生冲突。犯罪行为导致的民事损害赔偿问题在刑事诉讼中附带解决，并不意味着刑法保护的法益高于民法所保护的法益。随着人们个体权利意识的不断觉醒，犯罪行为发生后，被害人不仅希望犯罪人受到严厉的刑事制裁，更希望自己被侵害的民事权益得到恢复和赔偿。德国犯罪学家汉斯·冯·亨蒂于1941年就提出"被害人在惩治犯罪与预防犯罪的过程中，不只是一个被动的客体，而是一个积极的主体。不能只强调罪犯的人权，而且要充分地肯定和坚决保护被害人的人权"。[1] 因此，惩罚犯罪与被

---

[1] 〔德〕汉斯·约阿希德·施奈德：《国际范围内的被害人》，中国人民公安大学出版社，1992，第419页。

害人权利保护并重原则应是刑事附带民事诉讼的首要原则。

我国现行刑事附带民事诉讼制度过于侧重对犯罪的打击而严重忽视对被害人权益的保护。甚至有学者主张废除之，认为"这种'先刑后民'的制度设计，实质上是重视国家利益而轻视被害人的个人利益，导致被害人获得民事赔偿的利益被淹没在国家惩治犯罪的利益之中"。① 故在我国现阶段，要特别强调对被害人权利的保护，主要体现在三个方面：第一，对被害人诉权的保护；第二，对被害人刑事赔偿权的保护；第三，重视民事诉讼的独立性。

（2）刑事审判优先原则。所谓刑事审判优先原则，也有学者称之为"附带诉讼的原则""审判程序上的公益优先原则"，是指在刑事诉讼过程中，附带民事诉讼与刑事案件一并审判会造成刑事案件审判过分迟延时，刑事部分的审判应先于民事部分的审判进行，民事部分的审判应以刑事部分的审判结果为依据。刑事诉讼法第102条确立了刑事附带民事诉讼审判的一般原则，即：附带民事诉讼应当同刑事案件一并审判，只有为了防止刑事案件审判的过分迟延，才可以在刑事案件审判后，由同一审判组织继续审理附带民事诉讼。在刑事附带民事诉讼中确立刑事审判优先原则是基于诉讼效益方面的考虑，同时刑事审判优先原则也有利于同一案件在事实认定和法律适用上的统一。

（3）优先调解原则。所谓优先调解原则是指，人民法院审理刑事附带民事诉讼案件，除人民检察院提起的以外，应将调解作为刑事附带民事诉讼审判的首要选择和必经程序。调解和裁判是刑事附带民事诉讼的两种结案方式，但调解有利于取得被害人对被告人的谅解，在化解矛盾、做到案结事了，促进社会和谐方面具有裁判无法取代的作用。根据刑事诉讼法第101条、刑诉法解释第153条、154条规定，人民法院审理附带民事诉讼案件，可以根据自愿、合法的原则进行调解。最高人民法院《关于进一步发挥诉讼调解在构建社会主义和谐社会中积极作用的若干意见》第6条规定："对刑事附带民事诉讼案件，人民法院应当按照民事调解的有关规定加大调解力度。"最高人民法院《关于进一步贯彻"调解优先、调判结合"工作原则的若干意见》第5条规定："对刑事附带民事诉讼案件，要在调解的方法、赔

---

① 陈瑞华：《刑事附带民事诉讼的三种模式》，载《法学研究》2009年第1期。

偿方式、调解案件适用时间、期间和审限等方面进行积极探索，把握一切有利于附带民事诉讼调解结案的积极因素，争取达成民事赔偿调解协议，为正确适用法律和执行宽严相济刑事政策创造条件。"另外，调解有利于民事赔偿的实际履行，故从保障被害人民事赔偿权实现的角度看，我国刑事附带民事诉讼制度也应确立优先调解原则。

附带民事诉讼调解，是指在人民法院的主持下，附带民事诉讼原告人、被告人就犯罪行为所造成的物质损失的赔偿问题自愿协商、依法达成协议，从而解决附带民事诉讼争议的活动和结案方式。① 附带民事诉讼调解除应遵守民事诉讼中法院调解的一般原则②外，还应注意妥善处理附带民事赔偿与量刑的关系。

（4）全面赔偿损失原则。所谓全面赔偿损失原则，是指在刑事附带民事诉讼中，被告人应赔偿其犯罪行为给被害人造成的全部损失，包括物质损失和精神损失。刑法第 36 条规定："由于犯罪行为而使被害人遭受经济损失的，对犯罪分子除依法给予刑事处罚外，并应根据情况判处赔偿经济损失。"刑事诉讼法第 99 条规定："被害人由于被告人的犯罪行为而遭受物质损失的，在刑事诉讼过程中，有权提起附带民事诉讼。"根据这两条法律规定，学者普遍认为我国现行刑事附带民事诉讼损害赔偿的基本原则是"物质损失赔偿原则"及"有限赔偿原则"③。2012 年刑诉法解释第 155 条明确规定："对附带民事诉讼作出判决，应当根据犯罪行为造成的物质损失，结合案件具体情况，确定被告人应当赔偿的数额。"是对"物质损失赔偿原则"的进一步确认。

刑事附带民事诉讼的损失赔偿原则是追究犯罪行为民事赔偿责任的实体性原则，因此应与民事侵权或违约的损失赔偿原则相一致。民事法律规范要求"有损害即有赔偿"，特别是《中华人民共和国侵权责任法》的颁布实施，法律对民事主体权利的保护更加全面和完善。与侵权行为相比，犯罪行

---

① 张军、赵秉志主编《宽严相济刑事政策司法解读——最高人民法院〈关于贯彻宽严相济刑事政策的若干意见〉的理解与适用》，中国法制出版社，2011，第 455 页。

② 民事诉讼中法院调解的一般原则包括：自愿原则；查明事实、分清是非原则；合法原则。

③ 所谓有限赔偿原则，即根据被告人的赔偿能力决定赔偿数额的大小。其将刑法第 36 条规定的"根据情况"判处经济损失理解为"根据被告人的赔偿能力"判处赔偿数额，而非根据损失多少。

为更为严重地侵害了被害人的民事权利，故我国刑事附带民事诉讼立法应明确确立全面赔偿损失原则，以最大限度地保护被害人的实体性权利。同时该原则的贯彻实施应注意与侵权责任法的过错责任原则相配合，即被告人承担的全面赔偿责任应与其过错程度相一致。

二　我国刑事附带民事诉讼制度的现状及评析

（一）我国刑事附带民事诉讼制度现状

1. 立法现状

正如上文所述，我国现行的刑事附带民事诉讼制度已形成以刑法、刑事诉讼法为主，相关司法解释相配套的框架体系。关于刑事附带民事诉讼制度，刑法仅有三条相关规定，1997 年修改后的刑法对此未作任何改变；1979 年刑事诉讼法仅有两条原则性规定，1996 年修改后的刑事诉讼法对之未作任何修改，仍然只是两条原则性规定。1994 年最高人民法院《关于审理刑事案件程序的具体规定》和 1998 年最高人民法院《关于执行〈中华人民共和国刑事诉讼法〉若干问题的解释》中的附带民事诉讼部分对该制度做了一些详细规定，2000 年最高人民法院《关于刑事附带民事诉讼范围问题的规定》、2000 年最高人民法院《关于审理刑事附带民事诉讼案件有关问题的批复》及 2002 年最高人民法院《关于人民法院是否受理刑事案件被害人提起精神损害赔偿民事诉讼问题的批复》分别就我国刑事附带民事诉讼制度中的个别问题做了规定。2012 年刑事诉讼法修改后，第七章关于附带民事诉讼的专门规定增加为四个条文，新增的两个条文主要针对财产保全和调解制度，对于我国刑事附带民事诉讼制度功能的发挥意义重大，但依然只是原则性规定。2012 年 11 月 5 日最高人民法院针对修改后的刑事诉讼法颁布了新的司法解释——《最高人民法院关于适用〈中华人民共和国刑事诉讼法〉的解释》2013 年 1 月 1 日施行。新的刑诉法司法解释对上述司法解释的要义概括吸收，并针对新增条文作出了具体规定。统观上述立法规定，我国现行刑事附带民事诉讼制度的内容可概括为以下几个方面：

（1）附带民事诉讼的赔偿范围仅限于犯罪行为造成的直接物质损失。首先，附带民事诉讼的赔偿范围限于犯罪行为造成的物质损失。我国刑法第 36 条规定："由于犯罪行为而使被害人遭受经济损失的，对犯罪分子除依法给予刑事处罚外，并应根据情况判处赔偿经济损失。"刑事诉讼法第 99 条规定："被害人由于被告人的犯罪行为而遭受物质损失的，在刑事诉讼过程中，有权提起附带民事诉讼……如果是国家财产、集体财产遭受损失的，人民检察院在提起公诉的时候，可以提起附带民事诉讼。"上述法条在描述附带民事诉讼赔偿范围时，分别用到"经济损失""物质损失"和"财产损失"的名词，有学者曾对三者的差异展开研究，笔者认为三者为同义语，上述法条分别从实体法和程序法的角度将附带民事诉讼的赔偿范围限定为物质损失。

其次，附带民事诉讼的物质损失赔偿范围不包括可得利益损失。《范围规定》第 2 条将附带民事诉讼物质损失的赔偿范围限为已遭受的实际损失和必然遭受的损失。"已遭受的实际损失"即犯罪行为导致的财产实际减少或实际支出，如：犯罪分子作案时破坏的门窗、车辆、物品及被害人的医疗费、营养费等，其属于直接损失没有争议；但关于什么是"必然遭受的损失"，立法没有明确规定，一般认为包括：因伤病减少的劳动收入，今后继续医疗的费用，被毁坏的丰收在望的庄稼等。"必然遭受的损失"不包括可得利益损失，如：毁坏财产案件中可能发生的租金损失、利息损失，侵犯人身权利案件中的死亡赔偿金及残疾赔偿金等。有学者将犯罪行为造成的物质损失分为两种：一种是积极损失，即"已遭受的实际损失"；二是消极损失，即"必然遭受的损失"①。并且 2012 年刑诉法解释第 155 条第 2 款明确规定："犯罪行为造成被害人人身损害的，应当赔偿医疗费、护理费、交通费等为治疗和康复支付的合理费用，以及因误工减少的收入。造成被害人残疾的，还应当赔偿残疾生活辅助具费等费用；造成被害人死亡的，还应当赔偿丧葬费等费用。"即犯罪行为致人残疾或死亡的，刑事附带民事诉讼的赔偿项目不包括"残疾赔偿金"和"死亡赔偿金"。

学术界关于什么是直接损失，什么是间接损失有不同的理解。第一种观点认为，直接损失是指犯罪行为造成财产上的直接灭失或减少，如：犯罪分子抢劫的金钱、财物，以及伤害案中被害人的医疗费、护理费、交通费等。间接损失是指被害人可得的利益的损失，即被害人本应获得的经济利益，由于被告人的犯罪行为而丧失，如：误工收入，因伤残而减少的劳动收入，今

---

① 蒋超、艾军：《刑事附带民事诉讼视角下的物质损失》，载《求索》2006 年第 4 期。

后继续治疗所需的费用，死者生前扶养的人必要的生活费用，或者被毁的可望丰收的农作物的收益等等。① 第二种观点认为，直接损失是指被告人的犯罪行为直接给被害人造成的损失，即被告人的犯罪行为与被害人遭受的物质损失之间存在着必然的因果关系，有内在的联系。这种直接损失不包括那些今后可能得到的或需通过努力才能得到的利益，如：奖金、加班费等。间接损失是除去上述直接损失之外的物质损失。② 关于直接损失的范围，第一种观点小于第二种观点，但不管采用哪种观点，刑事附带民事诉讼的赔偿范围都不包括可得利益损失。1999 年 10 月 27 日最高人民法院颁布的《全国法院维护农村稳定刑事审判工作座谈会纪要》第五部分"关于附带民事诉讼的赔偿范围"中明确谈到："赔偿只限于犯罪行为直接造成的物质损失，不包括精神损失和间接造成的物质损失。"按照第二种观点，关于刑事附带民事诉讼赔偿范围中的"已遭受的实际损失"和"必然遭受的损失"属于直接损失，"可得利益损失"属于间接损失。为了论证的便利及与立法保持一致，这里采用第二种观点，认为我国刑事附带民事诉讼的赔偿范围仅限于直接物质损失。

再次，附带民事诉讼的赔偿范围不包括精神损失。附带民事诉讼中的精神损害是指犯罪行为造成的精神损害。对于刑法第 36 条和刑事诉讼法第 99 条的规定中是否包括精神损失一直存有争议。持否定观点的人认为，根据字面意思，很明显刑事附带民事诉讼的范围限于"物质损失"，"精神损失"与"物质损失"相对而言，国外和我国台湾地区称之为"非财产上的损害"，从立法例的体系上解释，上述规定不包括精神损失；持肯定意见的人认为，上述两个法条并未将精神损失明确排除在附带民事诉讼的赔偿范围之外，精神和物质密不可分并常常相互转化。正如民法通则第 120 条，字里行间并未出现精神损害赔偿的字眼，但通过法条解释可领会出其涵盖的意义，上述法条中的"物质损失"应理解为包含"精神损失"在内。1999 年 10 月27 日最高人民法院颁布的《全国法院维护农村稳定刑事审判工作座谈会纪要》第五部分"关于附带民事诉讼的赔偿范围"中明确谈到："赔偿只限于犯罪行为直接造成的物质损失，不包括精神损失和间接造成的物质损失。"

---

① 参见甄贞主编《刑事诉讼法学研究综述》，法律出版社，2002，第 190 页。
② 参见甄贞主编《刑事诉讼法学研究综述》，法律出版社，2002，第 192 页。

尽管该纪要的法律性质、法律效力、法律地位颇受争议，但该纪要是最高人民法院第一次明文将犯罪行为造成的精神损失排除在附带民事诉讼赔偿范围之外，而且未对之规定相应的救济途径。

（2）附带民事诉讼的受案范围限于侵犯人身权利的犯罪或有毁坏财物内容的犯罪。2012年刑诉法解释第138条第1款概括吸收《范围规定》第1条第1款的内容，规定："被害人因人身权利受到犯罪侵犯或者财物被犯罪分子毁坏而遭受物质损失的，有权在刑事诉讼过程中提起附带民事诉讼。"可见，我国刑事附带民事诉讼的受案范围仅限于两种类型：一是侵犯人身权利的犯罪；二是侵犯财产犯罪中有毁坏财产内容的犯罪。

根据该解释第138条第2款、第139条、第140条的规定，以下三种案件类型不属于我国刑事附带民事诉讼的受案范围：

第一，非法占有、处置被害人财产的侵财型犯罪，对于被非法占有、处置的财产采用追缴、责令退赔的方式处理，根据《范围规定》第5条第2款："经过追缴或者退赔仍不能弥补损失，被害人向人民法院民事审判庭另行提起民事诉讼的，人民法院可以受理。"也就是说，此类犯罪虽不能提起附带民事诉讼，但可以单独提起民事诉讼。然而，2012年刑诉法解释没有吸收这一规定。

第二，国家机关工作人员职权行为侵犯人身、财产权利的犯罪。

第三，因犯罪行为引起精神损失而提起附带民事诉讼的案件。《范围规定》第1条第2款只是限制被害人就犯罪行为造成的精神损失提起附带民事诉讼，言外之意，被害人似乎可以提起单独的民事诉讼要求精神损害赔偿。司法实践对之理解不一，做法不一，为规范法律理解的统一性及实践中的做法，最高人民法院在《关于人民法院是否受理刑事案件被害人提起精神损害赔偿民事诉讼问题的批复》中明确规定，对于犯罪行为造成的精神损失，被害人在该刑事案件审结以后，另行提起的精神损害赔偿民事诉讼，人民法院不予受理。该批复颁布后，被害人通过单独的民事诉讼寻求法律救济的途径也被封死了，犯罪性精神损害赔偿成为附带民事诉讼赔偿范围的禁区。在学术界及实务界众多的批判声中，2012年刑诉法解释第138条概括吸收《范围规定》第1条第2款和最高人民法院《关于人民法院是否受理刑事案件被害人提起精神损害赔偿民事诉讼问题的批复》的内容，明确规定："因受到犯罪侵犯，提起附带民事诉讼或者单独提起民事诉讼要求赔偿精神损失的，人民法院不予受理。"因犯罪行为引起精神损失而提起附带民事诉讼的案件排除在刑事附带民事诉讼的受案范围之外。

（3）采用"先刑后民"的诉讼模式，被害人没有程序选择权。根据刑事诉讼法第102条、2012年刑诉法解释第161条的规定，被害人可以在刑事诉讼第一审过程中提起附带民事诉讼，就其因犯罪行为所受到的损害请求民事赔偿，法院通过同一审判组织，对公诉案件审理完毕之后，再来处理民事赔偿问题，并就刑事案件和附带民事诉讼一并作出裁判。只有为了避免刑事案件审判的过分迟延，法律允许在刑事案件审判后，再由同一审判组织继续审理附带民事诉讼。被害人亦可以在刑事诉讼第二审程序中提起附带民事诉讼，对于附带民事赔偿请求，人民法院可依法进行调解，调解不成的，可告知当事人在刑事裁判生效后另行提起民事诉讼。并且民事裁判须以刑事裁判认定的事实为依据。可见，我国现行的刑事附带民事诉讼制度以"刑事优先"为处理原则，有关附带民事诉讼的处理采用"先刑后民"的模式。虽然被害人可以选择在刑事诉讼程序结束后另行提起民事诉讼，但其不能选择在刑事诉讼之前或刑事诉讼过程中提起单独的民事诉讼，我国并未赋予被害人真正意义上的程序选择权。实际上，司法实践中也鲜见在刑事审判结束后，民事法庭受理被害人提起的独立民事诉讼的先例，由于现行立法没有赋予被害人程序选择权，被害人一般都丧失了向法院提起单独的民事诉讼的机会，而被害人的附带民事诉讼请求很少受到刑事法庭的认真对待，使得这一程序变成一种极其粗糙的简易民事程序。

（4）强调实施法院调解制度。根据刑事诉讼法第101条和2012年刑诉法解释第153条、第154条的规定，我国附带民事诉讼案件的审理可以进行法院调解，并且遵守民事诉讼中法院调解的一般原则。法院调解制度也是我国附带民事诉讼制度的优点，是在"先刑后民"模式下处理附带民事赔偿问题的成功方式。

（5）确立了财产保全制度。财产保全制度在我国首先是通过司法解释的形式予以确立的。1998年刑诉法解释第95条规定："人民法院审理附带民事诉讼案件，在必要时，可以决定查封或者扣押被告人的财产。"学术界在肯定最高人民法院通过司法解释确立这一制度的目的的同时，也对这一做法的权限及制度的内容提出不同意见，认为该制度主要存在以下几个弊端：一是通过司法解释确立刑事诉讼中没有的制度，是超越最高人民法院权限的；二是规定过于原则，实践中无法操作；三是规定财产保全仅在审判阶段可采取，无法防止犯罪嫌疑人及其亲属在侦查和审查起诉阶段转移、隐匿财产。

可喜的是，2012年修改刑事诉讼法时，立法者充分意识到了上述问题，在新刑事诉讼法第100条明确规定了财产保全制度，并通过2012年新刑诉法司法解释第152条明确了诉中财产保全制度和诉前财产保全制度。具体包括：

第一，诉中财产保全，即在刑事审判程序启动后，针对可能因被告人的行为或者其他原因，使附带民事判决难以执行的案件而采取的财产保全措施，可依附带民事诉讼原告人申请而采取，也可由人民法院依职权采取。

第二，诉前财产保全，即有权提起附带民事诉讼的人因情况紧急，不立即申请保全将会使其合法权益受到难以弥补的损害的，可以在提起附带民事诉讼前，向被保全财产所在地、被申请人居住地或者对案件有管辖权的人民法院申请采取保全措施。申请人在人民法院受理刑事案件后十五日内未提起附带民事诉讼的，人民法院应当解除保全措施。

第三，财产保全的范围限于被告人的财产，财产保全措施限于查封、扣押或冻结。

（6）未确立真正意义上的先予执行制度。我国在2000年《最高人民法院关于审理刑事附带民事诉讼案件有关问题的批复》中规定："对于附带民事诉讼当事人提出先予执行申请的，人民法院应当依照民事诉讼法的有关规定，裁定先予执行或者驳回申请。"但在司法实践中，鲜见先予执行的案例，且遗憾的是，2012年刑诉法修改时并未确立该项制度。

2. 司法现状

（1）各地法院对赔偿范围理解不一，做法不一。虽然司法解释明确规定，因受到犯罪侵犯，提起附带民事诉讼或者单独提起民事诉讼要求赔偿精神损失的，人民法院不予受理。但是法官们对此理解不同，有的理解为被害人提起的附带民事诉讼或在刑事诉讼之后单独提起的民事诉讼，若涉及精神损害，对其中的精神损害赔偿请求应予驳回；有的理解为只有当受害人仅就精神损害赔偿提起诉讼时才不予受理，而如果是和物质损害一并提起时就应当受理，并且可以判决准予精神损害赔偿。① 司法实践中的做

---

① 参见甄贞、李美蓉《关于我国刑事附带精神损害赔偿制度的构建》，载《法学杂志》2010年第2期。

法也各不相同，即使判赔，赔偿标准也各不相同。例如：全国第一宗由强奸案引发贞操权受侵犯的民事诉讼案，基本案情是：1998 年，深圳张女士在一次活动中结识了澳大利亚籍华人刘某，后遭到刘某强暴，案发后刘某受到法律严惩，张女士又以贞操权受侵害为由提起精神损害赔偿，深圳罗湖区法院认为：被告的犯罪行为侵害了原告的生命健康权和贞操权，依法判令刘某赔偿精神损害赔偿金 8 万元，该判决在二审时被深圳中院裁定撤销一审民事判决，驳回起诉，撤销的主要理由就是最高人民法院司法解释的规定。[①]

对侵犯人身权利的犯罪致人伤亡、被害人要求损害赔偿而提起的附带民事诉讼，很多法院拒绝将"死亡赔偿金"和"伤残赔偿金"列入赔偿范围，交通肇事罪引起的人身损害赔偿除外。有人认为"死亡赔偿金"和"伤残赔偿金"的性质是"精神抚慰金"，有人认为其不属于物质损失中"必然遭受的损失"。

（2）刑事附带民事诉讼案件呈逐年上升趋势。关于刑事附带民事诉讼的案件数量，笔者注意到了广东省佛山市全市法院的调研情况与北京市一中院刑一庭的调研情况。

第一，广东省佛山市全市法院 2002～2007 年审结刑事附带民事案件的情况。2002 年全市法院共审结一审刑事案件 4720 件，其中刑事附带民事诉讼案件数量为 172 件，刑事附带民事诉讼案件占一审刑事案件的比例为 3.64%；2003 年全市法院共审结一审刑事案件 5061 件，其中刑事附带民事诉讼案件数量为 146 件，刑事附带民事诉讼案件占一审刑事案件的比例为 2.88%；2004 年全市法院共审结一审刑事案件 5455 件，其中刑事附带民事诉讼案件数量为 348 件，刑事附带民事诉讼案件占一审刑事案件的比例为 6.38%；2005 年全市法院共审结一审刑事案件 5933 件，其中刑事附带民事诉讼案件数量为 275 件，刑事附带民事诉讼案件占一审刑事案件的比例为 4.64%；2006 年全市法院共审结一审刑事案件 6729 件，其中刑事附带民事诉讼案件数量为 317 件，刑事附带民事诉讼案件占一审刑事案件的比例为 4.71%；2007 年全市法院共审结一审刑事案件 6583 件，其中刑事附带民事诉讼案件数量为 408 件，刑事附带

---

① 刘世友、赵向鸿：《刑事附带民事诉讼中精神损害赔偿问题研究》，载《法律适用》2010 年第 7 期。

民事诉讼案件占一审刑事案件的比例为 6.20%。①

第二，北京市一中院刑一庭 2000 年、2003 年、2005 年审结刑事附带民事案件的情况。2000 年刑事附带民事诉讼结案 62 件，刑事案件总结案 161件，附带民事案件结案比率为 38.51%；2003 年刑事附带民事诉讼结案 95件，刑事案件总结案 158 件，附带民事案件结案比率为 60.13%；2005 年刑事附带民事诉讼结案 95 件，刑事案件总结案 143 件，附带民事案件结案比率为 66.43%。②

可见，刑事附带民事诉讼案件的数量总体上看呈逐年上升趋势，特别是2003 年《最高人民法院关于审理人身损害赔偿案件若干问题的解释》出台后。

（3）精神损害赔偿案件数量不断增大，诉讼请求数额逐年攀升。首先，广东省佛山市全市法院 2002～2007 年附带民事诉讼案件中提起精神损害赔偿案件比例依次为：37.93%、40.00%、49.35%、50.00%、56.00%、58%。但附带民事诉讼原告人未得到支持的诉讼请求中，精神损害赔偿所占的比例较大，占全部附带民事诉讼案件的 44.83%。③

其次，北京市一中院 2000 年、2003 年、2005 年刑事附带民事诉讼案件诉讼请求总标的分别为：2056.34 万元、2883.14 万元、4803.94 万元；实际判决赔偿总额分别为：283.38 万元、431.26 万元、2426.86 万元。④

（4）刑事附带民事诉讼的受案类型集中体现为暴力性犯罪。首先，以山东省法院 2006 年的调研情况为例：2006 年全省各级法院共审结刑事附带民事诉讼一审案件 9439 件，按照案件数量多少的顺序，前五位的罪名依次是故意伤害罪、交通肇事罪、寻衅滋事罪、故意杀人罪和抢劫罪。其中，故意伤害案件 4257 件，占全部案件的 45.1%，交通肇事案件 3146 件，占33.3%，两个罪名的刑事附带民事诉讼案件数量占到了案件总数的 78.4%。

---

① 广东省佛山市中级人民法院课题组：《刑事附带民事诉讼案件审理与执行情况的调查报告》，载《法律适用》2008 年第 7 期。
② 北京市第一中级人民法院刑一庭：《关于刑事附带民事诉讼面临的司法困境及其解决对策的调研报告》，载《法律适用》2007 年第 7 期。
③ 广东省佛山市中级人民法院课题组：《刑事附带民事诉讼案件审理与执行情况的调查报告》，载《法律适用》2008 年第 7 期。
④ 北京市第一中级人民法院刑一庭：《关于刑事附带民事诉讼面临的司法困境及其解决对策的调研报告》，载《法律适用》2007 年第 7 期。

其次，广东省佛山市全市法院的调研报告也显示了这一点：处于附带民事诉讼前五类的案件分别是故意伤害、交通肇事、抢劫、故意杀人、寻衅滋事，案件数量分别是 276 件、245 件、233 件、126 件、103 件，其他类型案件 306 件。①

（5）附带民事诉讼案件的调解结案率各地不一。广东省佛山市中院 2002～2007 年审结的 417 件附带民事诉讼案件中，调解结案的只有 28 件，仅占 6.7%。② 而山东省法院的调研报告则显示：2004 年全部案件中调解结案的 6652 件，调解结案率为 74%；2005 年全部案件中调解结案的 7160 件，调解结案率为 72.9%；2006 年全部案件中调解结案的 7003 件，调解结案率为 75.1%。③ 这说明司法实践中法院调解结案率尚不稳定，法院调解的结案方式有待完善。

（6）附带民事诉讼案件的判决执行率低。第一，山东省各级人民法院 2004 年审结执行的案件中以判决结案并完全执行的 600 件，占全部刑事案件的 6.7%。调解结案并完全执行的 6422 件，占 71.5%；2005 年各级法院审结执行的案件中以判决结案并完全执行的 647 件，占全部刑事案件的 6.6%。调解结案并完全执行的 6931 件，占 70.6%；2006 年各级法院审结执行的案件中以判决结案并完全执行的 630 件，占全部刑事案件的 6.7%。调解结案并完全执行的 6882 件，占 72.9%。这种情况反映出调解结案的执行效果明显好于判决结案。④

第二，北京市一中院执行庭 1999～2001 年刑事附带民事赔偿的执行情况：1999 年刑事收案 217 件，刑事结案 218 件，申请民事赔偿案件 61 件，申请率 28%，实际执行案件 8 件，执结率 13%；2000 年刑事收案 149 件，刑事结案 149 件，申请民事赔偿案件 59 件，申请率 40%，实际执行案件 7 件，执结率 11%；2001 年刑事收案 204 件，刑事结案 203 件，申请民事赔

---

① 广东省佛山市中级人民法院课题组：《刑事附带民事诉讼案件审理情况的调查报告》，载《法律适用》2008 年第 7 期。

② 广东省佛山市中级人民法院课题组：《刑事附带民事诉讼案件审理情况的调查报告》，载《法律适用》2008 年第 7 期。

③ 毛立华、冯爱冰：《刑事附带民事诉讼若干问题与对策——山东省法院刑事附带民事诉讼调研分析》，载《人民司法》2007 年第 5 期。

④ 毛立华、冯爱冰：《刑事附带民事诉讼若干问题与对策——山东省法院刑事附带民事诉讼调研分析》，载《人民司法》2007 年第 5 期。

偿案件60件，申请率约30%，实际执行案件5件，执结率8%。[1]

第三，广东省佛山市全市法院2002～2007年附带民事诉讼案件执行情况：2002年申请执行案件数量163件，申请执行总额1469.17万元，执行回款570.83万元，执行回款占申请执行款的比例38.85%；2003年申请执行案件数量191件，申请执行总额1557.62万元，执行回款570.83万元，执行回款占申请执行款的比例36.65%；2004年申请执行案件数量299件，申请执行总额4964.18万元，执行回款1538.2万元，执行回款占申请执行款的比例30.99%；2005年申请执行案件数量371件，申请执行总额3718.17万元，执行回款2390.24万元，执行回款占申请执行款的比例64.29%；2006年申请执行案件数量542件，申请执行总额7860.7万元，执行回款4948.5万元，执行回款占申请执行款的比例62.95%；2007年申请执行案件数量579件，申请执行总额7977.25万元，执行回款1378.87万元，执行回款占申请执行款的比例17.29%。[2]

从以上几组数据可以看出，附带民事诉讼的执行率很低，空判现象严重。为减少附带民事诉讼的"空判"现象，很多法院采纳了一种令人难以接受的裁判逻辑：根据民事被告的"赔偿能力"确定民事赔偿的标准，甚至决定是否作出民事赔偿的裁决。[3]

（7）附带民事诉讼案件信访、上访情况严重。因附带民事诉讼案件空判现象严重，因此引起的信访、上访情况较为严重。以广东省佛山市中级人民法院为例，2006年该院接待来信、来访457人次，其中反映附带民事诉讼审理或执行问题的有159人次，占34.8%，而且其中不乏极端信访的案例。[4]

（二）我国刑事附带民事诉讼制度的评价

我国的刑事附带民事诉讼制度在平衡诉讼主体利益和保护被害人民事权益方面取得了一定的成就，但其缺陷严重制约着其目标的实现。我国刑事附

---

① 杨春华：《论刑事附带民事赔偿的实现保障》，载《学术交流》2008年第1期。
② 广东省佛山市中级人民法院课题组：《刑事附带民事诉讼案件审理与执行情况的调查报告》，载《法律适用》2008年第7期。
③ 陈瑞华：《刑事附带民事诉讼的三种模式》，载《法学研究》2009年第1期。
④ 广东省佛山市中级人民法院课题组：《刑事附带民事诉讼案件审理与执行情况的调查报告》，载《法律适用》2008年第7期。

带民事诉讼制度的主要缺陷就在于没有充分体现附带民事赔偿及民事诉讼的独立性，从而导致对被害人的赔偿权及诉权保护不充分。具体来说，有以下几点：

1. 立法不完备不利于刑事附带民事诉讼目的的实现

我国刑事附带民事诉讼制度的法律规范寥寥数条，既没有就刑事附带民事诉讼制度的概念、性质和目的作出明确规定，也没有就该制度如何实施制定详细的规范。由于立法指导思想不明确，司法实践中人们也很少对该制度的性质深思，刑事附带民事诉讼的审判实际上是一种极其粗糙的民事简易程序，被害人权益的保护沦为刑事诉讼的附属品，获赔比率极低。正如上文所述，刑事附带民事诉讼的核心目的在于全面保护被害人的合法权益，但我国立法的粗糙使得这一目的难于实现。

2. 民刑法律冲突不利于法制统一和司法公正

根据相关法律规定，有权提起附带民事诉讼的人，在人民法院第一审刑事判决宣告之前没有提起附带民事诉讼，或在第二审程序审理过程中提起附带民事诉讼，经调解未达成调解协议的，就不允许再提起附带民事诉讼，但其可以在刑事判决生效后，就民事赔偿问题单独提起民事诉讼。也就是说，针对犯罪行为导致的损害赔偿，被害人有两种救济途径：一是在刑事诉讼过程中提起刑事附带民事诉讼；二是在刑事诉讼结束后提起单独的民事诉讼。这种双重救济途径的立法无疑是为了给予被害人更多的保护，但由于民刑立法在损害赔偿范围上的矛盾导致司法实践法律适用的无所适从。如上文所述，刑事附带民事诉讼的赔偿范围限于直接物质损失，不包括可得利益损失和精神损失。而根据我国民事法律规范的相关规定，民事侵权行为的损害赔偿范围既包括物质损失，又包括精神损失，物质损失既包括直接损失又包括间接损失，间接损失包括可得利益损失在内。这就导致司法实践中对于同一个犯罪行为导致的同一个损害，因被害人选择的救济途径不同，最终导致的赔偿数额也大相径庭，因为其在单独提起的民事诉讼中可以要求精神损害赔偿和可得利益损失，而在刑事附带民事诉讼中却不能。这一现象饱受诟病，其不仅导致我国法律适用不统一，也严重损害司法公正和司法权威。

3. 受案范围和赔偿范围过窄导致许多被害人因犯罪行为承受的现实损害无从救济

（1）受案范围过于狭窄。我国采用归类化而非列举化的立法方法将刑事附带民事诉讼的受案范围限定为侵犯人身权利的犯罪案件及有毁坏财物内容的犯罪案件。司法实践中，人民法院受理的刑事附带民事诉讼案件主要集中在交通肇事罪、故意伤害罪、故意杀人罪等暴力性犯罪案件。立法明确将有非法占有、处置财产内容的侵犯财产类案件排斥在刑事附带民事诉讼程序之外。对于被告人非法占有、处置被害人财产的，通过追缴和责令退赔的方式予以救济，但是立法没有规定追缴、责令退赔的执行机关，实践中往往在哪一个阶段就由哪一个机关负责执行，即：根据刑事案件的进展情况，相应地由公安机关、人民检察院与人民法院来负责执行。但追缴和责令退赔既不是刑事责任的承担方式也不是民事责任的承担方式，而且对于何种情况下追缴，何种情况下退赔，立法没有明确规定，在追缴和退赔不能弥补被害人损失的情况下，被害人往往无所适从，不知该如何救济自己的权益，实践中往往不了了之，没有法定机关来关注后续工作。

（2）赔偿范围过于狭窄。我国立法不仅将犯罪行为造成的精神损害排斥在外，导致被害人受到的精神损害无从寻求救济，而且将犯罪行为引起的物质损失限于直接损失，导致许多被害人因犯罪行为受到的现实损害无从救济。比如：被害人因为犯罪行为导致名誉受损继而被工作单位辞退引起的损失；被害人受到犯罪行为侵害后因压力、刺激和羞愧等导致自杀带来的损失；因为犯罪行为侵害造成被害人不能如期完成同他人已签订的合同而带来的损失；因为被害人伤亡导致其亲友的生命健康受到影响而产生的一系列损失；交通肇事案件中因被害人运输车辆被毁而导致无法营运的收入损失等等。这些损失被排除在外，对被害人而言是不公平的。

4. 过分强调效率，对被害人诉权保障不充分

首先，我国的刑事附带民事诉讼制度严格执行"先刑后民"的模式，被害人没有程序选择权。被害人无法在刑事诉讼启动之前提起单独的民事诉讼。

其次，在刑事附带民事诉讼的审理过程中，被害人的诉讼权利往往被忽略。根据相关法律规定，刑事案件审判结束后，法官才会对附带民事部分进行审理。在审理附带民事诉讼过程中，为了尽快审结案件，当事人的诉讼权益不可避免地会受到侵犯，法官往往不允许被害人宣读起诉状，而只是说一下赔偿的数字，由此导致被害人的心理得不到任何宣泄与慰藉，本是诉讼主体，但其诉讼地位没有得到应有的重视。

5. "先刑后民"的审判模式缺乏灵活性导致调解难

从我国刑事附带民事诉讼的司法现状可以看出，以调解方式结案的赔偿执行率高于以判决结案的执行率。但是我国法院调解面临诸多难题：一是被害人要求的赔偿数额与被告人的赔偿能力之间存在巨大差距；二是"先刑后民"的审判方式导致赔偿与量刑之间的关系微弱，被告人的赔偿积极性不高。

6. 没有完善的执行机制，导致"空判"现象严重

我国刑事附带民事诉讼执行保障机制不完善。主要体现为：财产保全制度有待于实践检验并进一步完善；没有确立真正的先予执行制度；有待确立侦查机关诉前财产调查权以保障财产保全和先予执行制度的有效实施；有待建立赔偿与减刑、假释的挂钩制度。以上执行保障机制和执行激励机制缺失是导致我国刑事附带民事诉讼"空判"的重要原因。

（三）我国刑事附带民事诉讼制度弊端之原因分析

我国刑事附带民事诉讼制度存在上述弊端的原因有以下几点：

1. 国家本位主义观念的影响

我国传统上奉行国家本位主义观念，刑事附带民事诉讼制度也建立在旧有的司法观念之上，注重国家公共权益的实现和审判效率的提高，对个人权利不够重视。认为国家利益与个人利益是一致的，惩治了犯罪分子，国家利益得以实现就是对被害人权益的最大保护。这一观念深深影响着我国的立法和司法实践，导致我国刑事附带民事诉讼的制度设计以"公权优先""效率优先"为原则，刑事审判中形成了一种"刑事吸收民事""刑主民辅"的传统观念。在解决犯罪行为的刑事责任和民事责任聚合问题时，国家利益、社会利益的保护被置于优先的地位，被害人的个体利益被认为仅仅是在保护国家利益、社会利益的同时，附带保护的内容。为此，不仅程序设置上附带民事诉讼被视为一个无关紧要的附属程序，而且，被害人在附带的民事诉讼中居于什么样的诉讼地位、具有哪些法定的诉讼权利及其民事赔偿权如何保障实现，立法没有任何具体规定。司法实践中漠视被害人权利的情形更是比比皆是，很多人抱着"打了不罚，罚了不打"的观念判案，特别是死刑案件，"死刑不赔"成了司法实践中惯常的做法。可见，国家本位主义的传统观念是导致我国刑事附带民事诉讼制度存在诸多弊端的根本原因。

2. 立法滞后带来的弊端

首先，现行立法已不能适应市场经济体制下等价有偿的观念以及个体权利意识的觉醒，特别是在民事侵权法日益完善的今天。

其次，现行立法无法解决新型犯罪案件的民事赔偿问题。如：不断出现的集资、证券、环境、资源、权利质押、信用、内幕交易、知识产权、产品专利等新型犯罪案件。上述犯罪行为只要导致他人遭受物质损失，被害人就有权提起刑事附带民事诉讼，然而由于缺乏立法的支持和保障，这类案件只要进入刑事程序，则民事请求只能流于形式，会出现在刑事诉讼和民事诉讼程序两方面均得不到救济的局面。因为此类案件要么不属于刑事附带民事诉讼的受案范围，要么会因为案情复杂，在刑事案件审理结束后由同一审判组织继续审理。可以说我国刑事附带民事程序立法滞后的现状给司法实践带来很大困难。

3. 社会保障制度的整体缺失

当前，我国各个领域的改革不断深化，结构调整速度也在加快，相对而言，我国的社会保障处于滞后的状态。如社会保障的覆盖面不宽、社会化服务程度不高；社会保障基金严重不足；社会救助制度不健全、社会保险基金的管理存在不规范等问题。其中，社会救助制度的缺失是造成被害人无法得到应有救济，从而导致社会矛盾激增的重要原因。如前文所述，美国等西方国家以及我国台湾地区有较为完善的社会保障机制，即使被害人不能从被告人那里获得赔偿，也可以得到社会的救助。

第三节　犯罪被害人国家补偿制度

一　历史沿革

1. 被害人国家补偿思想的萌芽时期

纵观历史，被害人国家补偿的理念和制度由来已久，在古希腊、古罗马等就存在这种救济方式。① 其中，比较有代表性的是古巴比伦时期（公元前

---

① 参见房保国《被害人的刑事程序保护》，法律出版社，2007，第335页。

1775 年）颁布的《汉穆拉比法典》，该法典第 23 条规定："如强盗未能捕获，被劫者应于上帝前请求其失物；盗窃发生地之城市与长官应回复其所失物。"第 24 条规定："如生命被害时，城市与长官应赔偿其人民银一名那。"① 这是刑法史上最早关于被害人国家补偿的成文规定。当时，人类社会正值奴隶社会阶段，以被害人为中心的纠纷解决方法盛行，被害人处于主体地位，享有对犯罪人进行复仇和惩罚的权利，被害人的利益保护受到重视，出现了被害人国家补偿思想的萌芽。这一时期被称为被害人的黄金时期，此时的被害人国家补偿思想萌芽为后来国家补偿思想在西方各国的再次复兴和广为传播奠定了基础。

2. 被害人国家补偿的缺失时期

随着人类社会的不断发展，国家和法律产生，犯罪不再被认为是对被害人个人私权的侵害，更强调对国家、社会和统治阶级利益的侵害，国家开始加强对犯罪行为的追诉，犯罪人对被害人的行为责任主要通过审判程序实现。国家追究犯罪人的刑事责任主要是惩罚和改造犯罪人，对于被害人及其家属受到的损害，属于犯罪人民事赔偿的范畴，主要通过民事诉讼或者在刑事诉讼中附带提起民事诉讼来解决。犯罪人承担了刑事责任，但若缺乏民事赔偿能力，被害人的损失无法挽回。从中世纪到十九世纪中期，被害人的国家补偿制度走向衰退，加之犯罪人赔偿实际执行难度大，被害人的权利保护进入衰退期。

3. 被害人国家补偿的复兴

十九世纪末以来，随着欧洲监狱改革运动的发展和犯罪实证学派的兴起，被害人从"被遗忘的角落"逐渐被发现和承认，被害人的权利保护进入复活时期。著名监狱改革家吉米·边沁从功利主义法学出发，对犯罪"补偿"理论作了较为详尽的阐述。他认为，"补偿"能够使事物恢复到犯罪前的状态，如果发生犯罪，应当赔偿被害人的损失，就制止严重犯罪而言，这显然是必要的。如果对犯罪只适用惩罚，而不采取补偿措施，那么，尽管许多犯罪受到惩罚，但很多证据表明，惩罚的效力甚微。他提出了一种公费辅助补偿主张，认为给予被害人的公款补偿应当优先于国家所

---

① 〔英〕爱德华滋：《汉穆拉比法典》，沈大銈译，曾尔恕勘校，中国政法大学出版社，2004，第 30 页。

获得的罚金。这并非世俗法律的规定，而是理性的选择。他指出，用于补偿的费用最好取决于罪犯的财产，取之于罪犯财产的补偿兼具补偿和惩罚的双重实用功能。但假使罪犯没有财产，被害人就不能得到补偿吗？回答是否定的。补偿总是如同惩罚一样必要。社会不应抛弃那些人身或财产受到犯罪侵害的被害人，应当补偿他们的损失。因为补偿是公益的目的之一，维系着社会安宁，可以由国库开支补偿。① 可以说，边沁的公费补偿理论第一次系统地在法理上论证了刑事被害人国家补偿制度的正当性与合理性。

实证学派的加罗法洛和菲利等人也赞成政府对被害人进行补偿。加罗法洛关注到了那些无法从犯罪人处获得赔偿的被害人的情况，提出了关于建立一个特别公共基金的方案——基金来源于法庭适用的罚款——以便在那些不能从罪犯身上得到确实赔偿的被害人中间予以分配。他认为建立国家基金的意义在于，确保不能获得损害赔偿的被害人至少能得到部分的赔偿。基金的建立必将对立法者产生特别的影响。当国家考虑到对被害人予以赔偿，并把这种赔偿列为一项公共职责时，那无疑将是前进过程中的一个飞跃。对国家补偿制度的困难，他认为问题主要是财政问题，既然这些基金出于违警罪及部分种类轻罪的罚金，这些基金就应该排除在国家预算的管理之外。② 可见，加罗法洛不仅在应然层面指出了设立刑事被害人国家补偿制度的必要性，而且对于补偿制度的核心环节即补偿基金来源问题进行了实务考量。③ 实证派犯罪学另一代表人物菲利指出，在现代司法实践中，由于被害人往往被人们忘记，所以赔偿被害人损失就会成为笑柄。对于国家而言，补偿被害人所遭受的损失，是国家为被害人利益同时也为社会防卫的间接但却很大的利益而实施的一种职能。然而，当犯罪人被提交给国家时，国家只关心永恒正义的崇高利益，而不考虑被害人，把索取赔偿看成是他们的一般私人利益，留待另外的司法活动来解决。这部分公民既得不到国家的保护，又得不到因犯罪对其所造成的损失的赔偿。因此，这种司法方式必须彻底改革。国

① 参见〔英〕吉米·边沁《立法理论——刑法典原理》，李贵方等译，中国人民公安大学出版社，2004，第332、368、372页。
② 参见〔意〕加罗法洛《犯罪学》，耿伟等译，中国大百科全书出版社，1996，第375、385、386页。
③ 王瑞君：《刑事被害人国家补偿研究》，山东大学出版社，2011，第30页。

家必须赔偿个人因国家不能预防犯罪给其造成的损失（就像在公害中所承认的那样），然后再从犯罪人那儿把这笔钱追回来。以避免由民事法官重新审理而造成的拖延和不幸。① 可见，菲利强调了国家对被害人进行补偿之后享有的追偿权。

到了当代，法国著名刑法学家、犯罪学家、新社会防卫论的代表人物马克·安塞尔提出了"被害人化"的思想，即对刑事案件首先弄清被害人因犯罪行为所受的损失，对损失进行估价，并责令由加害人或专门组织（如"被害人补偿委员会"）对被害人进行赔偿。② 二十世纪四十年代，随着被害人学研究的兴起，被害人补偿问题得到了前所未有的关注。1956 年，被害人学的创始人本杰明·门德尔松倡导应予被害人以适当的补偿，并认为如果被害人未能从加害者那里获得赔偿，有权要求国家给予补偿。1957 年，英国的马杰里·弗莱女士提倡建立犯罪被害人国家补偿制度，由国家补偿被害人之损害，引起英国政府的重视，于 1963 年成立了一个专门委员会对国家补偿方案进行研究。受此影响，新西兰于 1964 年 1 月颁布了《刑事损害补偿法》，成为世界上第一个实行刑事被害人国家补偿制度的国家。随后，英国（1964 年）、美国（1965 年）、加拿大（1967 年）、澳大利亚（1968 年）、瑞典（1971 年）、奥地利（1972 年）、芬兰（1974 年）、法国（1977 年）、日本（1980 年）、韩国（1987 年）等国先后作出了由国家对被害人进行补偿的规定。到现在为止，已有超过 30 个国家和地区建立了被害人国家补偿制度。

此外，国际社会也对被害人补偿问题给予了高度关注。二十世纪八十年代，欧洲议会通过了一系列关于被害人的条约和立法建议，主要有《欧洲暴力犯罪被害人补偿公约》《关于改善被害人在刑法和刑事诉讼法中的地位的建议》《关于被害人帮助和治疗计划及防止成为被害人的建议》等。1985年，联合国通过了《为犯罪和滥用权力行为受害者取得公理的基本原则宣言》。该《宣言》呼吁各会员国采取给刑事被害人以公共补偿的措施，强调这些补偿措施的迅速确立具有极其重要的意义。1998 年又通过了《〈为犯罪和滥用权力行为受害者取得公理的基本原则宣言〉决策者指南》及《为被

---

① 参见〔意〕恩里科·菲利《实证派犯罪学》，郭建安译，中国公安大学出版社，2004，第 192～284 页。

② 董鑫：《刑事被害人学》，重庆大学出版社，第 130～131 页。

害人取得公理司法手册》，供被害人援助人员和对关注建立被害人援助中心的人员使用。2005 年，世界被害人学会召集世界各国的被害人学专家，为联合国起草了《为犯罪、滥用权力和恐怖主义受害者取得公理和支持的公约（草案)》。《草案》要求缔约国在被害人无法从犯罪人或者其他渠道获得赔偿时，致力于对遭受严重罪行造成重大身体伤害或身心健康损害的受害者及其家属进行补偿。

二　理论依据

随着人类社会的不断发展进步，国家给予被害人一定补偿的思想日益深入人心，各国的立法实践也日益成熟，被害人国家补偿制度正显示出勃勃生机。这说明这一制度有着存在的必然性和合理性。当前，关于被害人国家补偿制度的理论依据，世界各国有不同的学说。总的来看，关于犯罪被害人国家补偿立法的理论依据主要有以下几种观点：[①]

1. 国家责任说

此种观点认为，既然各国宪法均规定要保障人民财产生命不受侵犯，那么国家就应该对其国民负有防止犯罪发生的责任。由于国家垄断了使用暴力镇压犯罪和惩罚犯罪的权利，因此如果警察不胜任，且疏忽大意或者根本就不能防范犯罪，而国家又不允许实施私刑，所以当刑事被害人不能从罪犯那里获得赔偿的时候，就表明国家没有尽到防止犯罪发生的责任，那么国家就理应承担对被害人予以适当补偿的责任。

2. 社会契约说

该理论根据权利与义务相对等的原则，认为国家垄断了公共权力，包括追究和制裁犯罪的权力，当然也要相应承担保护和补偿被害的义务。此种确保公民财产及人身安全的责任，源于公民与政府间自然缔结的社会契约。因此，保护刑事被害人是政府责无旁贷的义务。如果警察不胜任职责或渎职或政府不能履行其义务时，政府又禁止实施私刑，那么，被害人不能从罪犯那里获得赔偿时，有权要求政府对他们因受到犯罪侵害而造成的损失负赔偿责任。

---

① 参见许永强《刑事法治视野中的被害人》，中国检察出版社，2003，166～167 页。

3. 社会保险说

该学说认为国家对被害人的补偿是一种附加的社会保险，各种社会保险的目的都是使人们能够应付威胁其生活稳定或安全的意外事故。对于受到犯罪侵害也应该视为社会保险帮助被害人解决的意外事故情况，在被害人不能通过其他途径获得足够赔偿的情况下，理应由国家予以补偿，使被害人不必被迫独自承受这一事故带来的损失。

4. 社会福利说

这种理论观点认为，国家对被害人的补偿是基于人道主义的一种福利。因犯罪行为而遭受了身心和财产方面重大伤害与损失的被害人，在诉讼程序中又往往是司法制度下的弱势群体，基于人道及社会福利的理由，国家应当对被害人给予适当的救济。

犯罪被害人补偿制度研究除了以上几种主要观点之外，还有政治利益说、宿命说、司法改革说等理论学说。其中，政治利益说认为政府要进行改革，使大众感觉到制度是在为全体民众服务，而非为少数人谋取利益，对被害人的补偿应建立在政府与被害人之间的公共关系上，以赢取众多被害人对政府的认同和拥护；宿命说认为犯罪是任何社会不可避免的现象，被害人被害是由于被所谓的"适当机会"选择出的不幸者，对被害人的补偿是表示社会上没有遭受犯罪侵害的其他"幸运者"应当承担犯罪的危害后果；司法改革说认为司法制度一味重视和增加犯罪人的诉讼权利，漠视被害人权益，造成现在司法制度上的不公平，因此，要进行司法制度改革，对被害人进行补偿，实现犯罪人与被害人之间权益的均衡。

三　境外实践

意大利比较法学家萨科曾经说过："借鉴与模仿是理解法律变单过程至关重要的因素。"[1] 在现代法治社会，对先进的法律理念和制度进行学习和借鉴是法律发展的普遍现象。我国加强对被害人的权利保护工作，同样离不开对一些国家、地区的被害人补偿实践的学习和借鉴。

1. 新西兰

新西兰于 1963 年建立了一个刑事损害补偿法庭，颁布了世界上第一部

---

①　转引自黄文艺《比较法：批判与重构》，载《法制与社会发展》2002 年第 1 期。

《刑事损害救助法》（Criminal Injuris Compensation Act），实现了犯罪被害人国家补偿制度从理论到现实立法的突破。这部法律对被害人国家补偿的补偿对象、补偿范围、补偿标准等作了明确规定，其中，补偿的对象主要是暴力犯罪被害人和与被害人有扶养关系的人；补偿范围包括财产损失和精神损害；补偿标准应根据被害人的实际损失及合理开支，设置了最高补偿金额限制。此外，根据该法规定，国家对被害人补偿损失之后，可以再向加害人求偿。即因特定人的作为或不作为引起伤害或死亡时，国家补偿被害人后，法庭可以在司法行政部门的申请下，要求犯罪人予以返还。①

2. 英国

第二次世界大战之后，随着被害人学的兴起，被害人的权利保护问题日益受到重视。英国许多学者发起被害人保护运动，认为被害人在社会结构中处于弱势地位，国家应当予以有效救助。在英国著名的监狱改革家、法官马杰里·弗莱（Margery Fry）女士的努力下，英国政府于1963年成立专门委员会研究补偿方案，并于1964年建立了由国家对被害人进行补偿的制度。

（1）补偿对象。英国1964年《刑事损害补偿计划》（The Criminal Injuries Compensation Scheme）规定，补偿的对象为三种犯罪所造成的个人身体伤害（包括生理伤害和心理伤害）：纵火及投毒案件；因执行法律所导致的损害，如逮捕或企图逮捕犯罪者或犯罪嫌疑人，阻止或企图阻止他人犯罪，及在警察处理上述活动时给予协助时遭受的损伤；因他人非法侵入铁轨的犯罪所导致的损害。

（2）补偿机关。1995年英国政府通过《刑事损害补偿法》（The Criminal Injuries Compensation Act）规定，补偿机构为刑事损害补偿局。该机构为非政府部门的公共组织，负责补偿申请案件的审核及补偿金的核发。

（3）补偿限制。如果申请人有下列情形之一的，不得部分或全部补偿其损害：未报案；未协助追诉犯罪；未提供刑事损害赔偿局有关被害案件的资料，或未提供必要的协助；对于被害的发生有可归责的事由；以及根据申请人的个性、身份，认为支付补偿金有失妥当的情况。

3. 美国

1965年，美国加利福尼亚州首开补偿立法的先河，制定了针对暴力犯罪

---

① 参见许永强《刑事法治视野中的被害人》，中国检察出版社，2003，第170～171页。

被害人给予补偿的法律——《暴力犯罪被害人补偿法》（State Compensation for Innocent Victims of Violent Crime Statute），随后其他各州相继效仿。1984 年，国会通过《犯罪被害人法》，最终确立了对被害人实行国家补偿的制度。根据该法规定，由隶属于司法部的犯罪被害人署（Office of Victims of Crime）具体负责实施补偿计划，在财政部内设立被害人基金，用于补偿被害人、帮助各州的补偿计划和补偿立法。各州由于在法律、政策、人口、资源等方面存在差异，在对被害人具体实施补偿时有所区别，但《犯罪被害人法》的制定为各州补偿制度的统一奠定了基础。下面主要对各州补偿制度的相同点作一介绍，其相同之处体现在：

1）补偿对象：各州一般都是对暴力犯罪的被害人及死亡被害人的近亲属实施补偿，而且多是针对无辜的被害人进行补偿；2）补偿范围：补偿包括医疗费、丧葬费、死亡被害人生前抚养人的生活费等；3）补偿金额：各州都对补偿金额的上限作了规定；4）补偿程序：各州均规定，由申请人在犯罪发生后的一定时间内向补偿机关提出补偿申请，补偿机关在一定期限内作出是否补偿的决定；5）补偿经费：各种的补偿经费，除了联邦补助之外，还包括州政府税收、罚金、假释后工作收入等。

4. 法国

法国于 1977 年确立了被害人补偿制度，这一制度的相关规定体现在法国刑事诉讼法典中。1977 年在刑事诉讼法典第 4 卷增设第 14 编——由犯罪引起损害的某些被害人可以提出的赔偿请求，确立了对被害人的国家补偿制度。法国早期对补偿的条件限制非常严格，后经多次修改，补偿条件逐渐放宽。

（1）补偿对象和范围。申请补偿者应具有法国或欧洲共同体联盟国家的国籍，或合法居留于法国的人；对于因犯罪行为致被害人死亡或受重伤害（含强奸、猥亵等犯罪）的案件，均予以补偿，对于受轻伤及财产犯罪的被害人申请补偿的条件有一定的限制。受轻伤及财产犯罪的被害人，仅限于收入在 250 法郎以下，经济困难，且无其他损失弥补办法者可提出申请，其补偿金额不得超过月收入的 3 倍。（2）补偿机构。在法国，刑事被害补偿机构为设在地方法院的补偿委员会。该委员会由两名地方法院的法官及一名法院选任的代表保护被害人权益的民间人士组成。

5. 德国

德国于 1976 年通过了《暴力犯罪被害人补偿法》，奠定了德国被害人补偿制度的基础。这部法律后经多次修改，适用至今。根据该法的规定：

（1）补偿对象。包括被害人本人及其遗属（配偶、子女、父母及祖父母），原则上补偿的对象以德国人或欧盟国家的国民为限，如果外国人所属的国家与德国订有互惠规定者，也可成为补偿的对象。（2）补偿形式。被害人补偿分为实物补偿和现金补偿两种。实物补偿包括康复、医疗给付等；现金补偿包括工作补助金、殡葬费等。（3）补偿机构。补偿工作由各联邦的地区补偿局执行，负责受理、决定补偿等项事宜。

6. 日本

1980年，日本颁行了亚洲第一部被害人补偿方面的法律——《犯罪被害人等补偿金给付法》，被害人补偿制度得以确立。这部法律于1995年和2000年进行了修订，其规定更为合理和具有可操作性，正如大谷实所说的"制度建立的时间尽管比欧美的主要国家晚，但在制度的内容、给付标准、运用状况等方面，在世界上可以引以为豪"。[①] 这一制度的主要内容包括：

（1）补偿对象。根据《犯罪被害人等补偿金给付法》的规定，补偿对象需满足以下条件：具有日本国籍或在日本国内有住所；遭受故意犯罪的被害人本人或被害人的遗族。其中的犯罪行为必须是在日本国内及在日本国外的日本船舶、飞行器内所实施的，属于伤害人的生命、身体的犯罪行为，其中包括由于紧急避险、精神失常、未达刑事责任年龄而不处罚该行为的情形。而且，并不是所有受到上述犯罪行为侵害的被害人都能获得补偿，还必须是在犯罪行为引起死亡或重伤的情况下，才给予被害人补偿。其中，支付给死者家属的是"遗族给付金"，支付给重伤被害人的是"伤害给付金"。当然，对于重伤的标准和遗族的范围以及补偿的顺序，该法和其施行规则都作了明确的规定。

（2）减额给付和不予给付的情形。《犯罪被害人等补偿金给付法》规定，以下情形不得给付或减额给付补偿金：被害人与加害人之间有亲属关系（包括有事实上之婚姻关系）；被害人诱发犯罪，或被害人对遭受被害也负有责任；从社会的一般观念来看，不宜给付的情形，减额或不给付。根据不同的情况，减额的幅度可以是三分之二或三分之一，对于情节严重者，可以实施不给付。

---

① 〔日〕大谷实：《刑事政策学》，黎宏译，法律出版社，2000，第315页。

（3）申请和裁定机关。根据国家公安委员会规则的规定，领取给付金的人向其住所所在地的公安委员会提出申请，由该公安委员会作出裁定。申请的期限是自知悉犯罪被害发生之日起两年以内，或是自犯罪被害发生之日起七年以内。

（4）给付金的支付。被害人补偿所需要的经费，由政府逐年编制预算支出。给付金为一次性补偿，给付金额由政令的形式加以规定。遗族给付金的给付金额要考虑遗族的生活状况而定，伤害给付金的给付金额也因被害人的被害程度不同而数额不等。每个被害人的给付限额是，遗族给付金为1079万日元，伤害给付金为1273万日元。

7. 韩国

韩国继日本之后，在20世纪80年代建立了被害人国家补偿制度。1987年12月颁布并于1990年12月修订的《犯罪被害人救助法》，明确规定了国家补偿的目的、适用范围、专门机构、申请期限和时效、救助决定等内容。2010年4月韩国国会通过了《犯罪被害人保护法》的修正案，《犯罪被害人救助法》废止。新的《犯罪被害人保护法》对实行多年的犯罪被害人国家补偿制度进行了完善，修改了被害人救助金的支付条件、扩大了救助金的支付范围，建立了新的犯罪被害人国家补偿制度。

（1）救助金的支付条件。依照原有的《犯罪被害人救助法》规定，国家在因加害者不明、犯罪人无赔偿能力等事由而不能获得赔偿的全部或一部分，并由此造成难以维持生计的情况下，或者在自己或他人的刑事案件的侦查、审判程序中由于告诉、告发、陈述、提供证言或证据等而受到侵害的情况下，对被害人支付犯罪被害救助金。新的《犯罪被害人保护法》则取消了"因加害人不明、犯罪人无赔偿能力等事由而不能获得赔偿的全部或一部分，并由此造成难以维持生计的情况下"这一苛刻的支付条件，将其修改为：国家在犯罪被害人不能获得赔偿的全部或一部分的情况下，或者在自己或他人的刑事案件的侦查、审判程序中由于告诉、告发、陈述、提供证言或证据等而受到侵害的情况下，对被害人支付犯罪被害救助金。向犯罪被害人支付被害救助金以后，国家有权向有赔偿能力的加害人追偿。

（2）救助金支付的对象范围。新的《犯罪被害人保护法》不仅将犯罪被害救助金扩大为遗族救助金、障害救助金及重伤害救助金三类，而且把救助障害的范围扩大到 1 级至 14 级障害。①

（3）申请支付救助金的时效制度。按照原来的规定，犯罪被害人应当自知道犯罪被害发生之日起 1 年之内或者自发生犯罪被害之日起 5 年之内提出救助金支付申请。新的《犯罪被害人保护法》规定，犯罪被害人应当自知道犯罪被害发生之日起 3 年之内或者自发生犯罪被害之日起 10 年之内提出救助金支付申请。即使在因为难以判断是否属于犯罪被害而无法申请救助金，自发生被害 10 年之内得以查出犯人以便能够确定是犯罪被害，就可以申请支付救助金。

（4）犯罪被害人保护基金制度。原来韩国犯罪被害救助金的资金来源原则上是以国家政府预算支付的（以法务部预算为主要财源）。这些远远不能满足逐年增多的犯罪被害救助金的给付需求。为了保障稳定而充足的犯罪被害国家补偿的财源，以便能够迅速而有效地保护和支援犯罪被害人，韩国《犯罪被害人保护基金法》建立了犯罪被害人保护基金制度。保护基金的主要来源为，国家应当以每年罚金收缴额 4% 以上的财源作为犯罪被害人保护基金，基金总规模应以 2008 年的罚金收缴额为基准，预计达到 600 亿韩元（1 兆 5000 亿韩元的罚金收缴额 ×4%）。此外，基金来源还包括国家代位取得的求偿金、社会上捐助的资金以及运行保护基金而取得的收入等。犯罪被害人保护基金的法定用途为：犯罪被害人救助金、犯罪被害人支援法人的补助金以及其他依法进行的犯罪被害人支援活动费用等。

8. 我国台湾地区

台湾地区在 1998 年制定了《犯罪被害人保护法》，该法以被害补偿为主，从而在犯罪被害人权利保护方面迈出了历史性的一步。根据该法规定：

（1）补偿的对象为因犯罪行为被害而死亡者之遗属及受重伤者，将补偿的范围扩大至过失犯罪行为，如被害人是因车祸肇事过失所撞重伤或死亡，也可以申请。

（2）补偿项目包括医疗费、殡葬费、填补被害人死亡致无法履行法定扶养义务之费用、丧失或减少劳动力之损失以及增加生活需要的费用。为控制经费预算，使不致因无限巨额补偿而造成当局财政上过度的负担，对各补偿

---

① 这里所说的障害，是指因犯罪行为受伤或染病而进行治疗以后最终遗留下来的身体上的残疾，其具体内容或范围由总统发布的施行令（简称"总统令"）来确定。

项目设有最高金额的限定。其中，遗属补偿金：医疗费总额最高新台币 40 万元、殡葬费最高三十万元、法定扶养义务最高 100 万元；重伤补偿金：医疗费总额最高四十万元、丧失或减少劳动力或增加生活需要最高一百万元。

（3）设立补偿金求偿制度，求偿权交由检察官行使。

（4）补偿经费，主要来自台湾当局税收中编列补偿经费预算。为减轻财政负担，并落实正义原则，该法规定并由监所收容人作业所得的劳作金总额提拨部分金额，以及犯罪行为人因犯罪所得或其财产经依法没收变卖所得全部金额填充补偿经费。

（5）为避免道德危机或双重补偿，设有补偿金的排除与减除条款。如参与或诱发犯罪等，以及斟酌被害人或其遗属与犯罪行为人的关系及其他情形，依社会一般观念，认为给予补偿有欠妥当时，得视情形，全部不予补偿或仅补偿其损失的一部分。同时，为避免双重补偿，依法请求补偿之人，如果已受有社会保险、损害赔偿给付或因犯罪行为被害依其他法规规定已受金钱给付，则应从犯罪被害补偿金中加以减除。

9. 国际上犯罪被害人补偿情况

1985 年 12 月 11 日联合国大会通过的《为罪行和滥用权力行为受害者取得公理的基本原则宣言》，对被害人补偿问题作出专门规定，刑事被害人有获得公正和公平的待遇权、获得赔偿权、获得补偿权、获得援助权等人权保障的权利。2002 年 7 月 1 日生效的《国际刑事法院罗马规约》及 2002 年 9 月缔约国大会通过了作为该规约附件的《程序和证据规则》，对被害人权益给予了充分的保护，包括被害人诉讼参与权、知情权、人身权和隐私权获得保护的权利及获得赔偿的权利等，具有全面性、充分性及保障性的特点。[①] 国际上关于犯罪被害人补偿的一个最新发展是，2005 年 12 月世界被害人学会召集世界各国的被害人学专家，为联合国起草的《为犯罪、滥用权力和恐怖主义受害者取得公理和支持的公约（草案）》。（Convention on Justice and Support for Victims of Crime, Abuse of Power and Terrorism, Draft）。该公约草案由序言、一般适用、权利与义务、实施、监督与合作及结语等五部分组成，其中犯罪被害人补偿的内容包括：

---

① 冯江菊：《国际刑事法院被害人保障机制及其借鉴》，载《昆明理工大学学报·社科（法学）版》2008 年第 1 期。

当被害人无法从犯罪人或者其他渠道获得赔偿时，要求缔约国致力于向遭受严重罪行造成重大身体损害或身心健康损害的受害者，以及由于这种受害情况造成死亡或身心残障的受害者的家属特别是受抚养人补偿；鼓励创立、加强、扩展国家的、区域性或地方性的被害人补偿基金，并可以考虑通过一般收入、特殊税收、罚款、私人捐赠或其他途径来筹集资金；保证这些基金公平、适当和及时的补偿，并采取多种方式广泛传播关于获得资格和遵循的程序等信息，提高公众关于现存基金的认知；在跨越国境的犯罪案件中，发生犯罪的国家应根据互惠原则对外国当事人进行补偿。

四 境外被害人补偿实践简析

从各国和我国台湾等地区被害人补偿的立法状况和司法实践来看，被害人补偿制度较为完备，立法规定详细。其中既有相同之处，又因政治、经济、文化传统、法律发展等不同而各具特色。

1. 立法模式

一是单独立法，即针对被害人的补偿问题，制定专门的法律，大多数国家和地区采取了这种立法模式，突出了对被害人群体权利保护和救济的重视。如英国的《刑事损害补偿方案》、德国的《暴力犯罪被害人补偿法》、日本的《犯罪被害人等补偿金给付法》、韩国的《犯罪被害人救助法》。二是纳入法典，即对被害人国家补偿问题不单独创设法律，而是将其纳入到刑事诉讼法典中，最典型的代表国家是法国，在其《刑事诉法法典》中增加了一编内容，对补偿问题进行规定。这有利于在刑事诉讼过程中，将国家补偿与被害人的其他诉讼权利保护相协调。

2. 性质

被害人国家补偿是对刑事赔偿的补充，其实施主体是国家。即只有在被害人无法取得赔偿，或虽已取得赔偿，但赔偿极度不足的情况下，由国家对被害人进行补偿。可见，被害人国家补偿制度既不同于国家赔偿，也不同于刑事附带民事赔偿。

3. 补偿的对象

受到犯罪侵害是获得补偿的前提，直接受到犯罪侵害的被害人是国家补偿的对象。在此基础上，各国和地区对被害人的范围进行了扩充，即其近亲属也视为补偿对象，只是，不同国家、地区对近亲属的范围规定有所不同。如法国规定为死亡被害人的受益人；我国台湾地区规定为依赖被害人扶养维持生活的被害人的遗属，包括夫妻、父母、子女、祖父母、孙子女、兄弟姐妹。韩国、日本、我国台湾地区等法律对排除补偿的条件作了规定，如被害人与犯罪人存在亲属关系，可减少或不宜补偿；当被害人遗属故意造成被害人死亡的，不得请求补偿。除被害人及其近亲属外，英国、韩国等国家将见义勇为、目睹犯罪人、因告发犯罪而受伤的人视为被害人，当然，其近亲属不能得到补偿。

4. 补偿范围

绝大多数的国家和地区将补偿的案件范围限定为故意犯罪，如英国、美国、韩国、日本等国，仅有少数国家和地区将过失犯罪纳入，如我国台湾地区。而且，在故意犯罪中，尤其以暴力犯罪为典型形态。暴力因其极端的攻击性行为最易引起被害人的身心伤害、感情痛苦、经济损失，故新西兰、美国等仅将暴力犯罪被害人列为补偿对象。多数国家和地区将补偿的损失范围限定为人身伤害及其引发的财产性损失，单纯的财产性损失仅有法国等几个欧洲国家予以补偿，英国将精神伤害列入补偿的范围。

5. 补偿条件

一般多以生活困难为限，分为两种情况：一是被害人本人的补偿，多以"丧失工作能力"等间接条件为限；二是死亡被害人的遗属补偿，多数法律要求因依赖于被害人的扶养，生活陷入困境的遗属，可获得补偿。

6. 补偿资金来源、数额、方法

补偿资金的充足是被害人国家补偿制度能够顺利运转的基础和前提。其中，国家财政是最重要的资金来源；多数欧洲国家财政收入高，仅此就可保证资金的充足；美国和我国台湾地区等将犯罪人的劳动收入、犯罪所得、罚金作为资金的补充来源；美国还接受私人团体的捐赠。补充的金额多为限定最高限额，如英国、美国、法国等多数国家，限额的确定，多数法律以社会普遍生活水平为依据。当然，确定补偿金额时要具体考虑被害性质、受损的实际程度、被害人的过错等因素予以综合考量。支付的方式多以一次性支付为主，如日本、我国的台湾地区。英国、法国、美国在此基础上规定了根据具体情况可以分期给付，如保护受益人为未成年人、补偿金作为养老金使用等情况。此外，多数国家法律规定，国家在对被害人进行补偿之后，可以向犯罪人追偿。要说明的是，在保留追偿权的国家，回收总量占已经支付的补偿金总额的比例很小，究其原因，除了追偿程序太过麻烦且耗费时间之外，主要还是由于犯罪人没有经济能力。①

7. 补偿机构、程序和期限

不同的国家和地区因司法制度和司法运行体系的不同，补偿机构的设置也不相同。有的成立专门补偿机构，如英国；有的则在司法机构内部设立部门，如法国。由于补偿的机关不同，其补偿的程序也存在差别。大体来说，基本包括申请、受理、审查、作出裁定、申请复议等步骤。各国都对申请补偿的期限作了明确的规定，如英国和法国规定申请补偿一般应在案件发生3年以内提出；日本规定申请必须自知悉犯罪被害发生之日起2年内，或自犯罪被害发生之日起7年内提出。申请时限的规定，既可以督促被害人及时行使权利，也可以提高司法效率，节省司法成本。

五　我国当前被害人救助实践

虽然我国没有确定被害人补偿制度，但在实践中已经有了由国家对被害人进行救助的做法。我国一些地方已经开始了对被害人进行救助的尝试：2004年2月，山东省淄博市委政法委与市中级人民法院联合出台了《关于建立刑事被害人经济困难救助制度的实施意见》，在全国率先开展刑事被害人救助工作；2004年3月，德阳市绵竹法院由当地财政划拨20万元专款，创立"司法救助基金"，帮助生活确有困难的当事人渡难关；2004年11月，青岛市中级人民法院同青岛市政法委、青岛市财政局联合发布《青岛市刑事案件受害人生活困难救济金管理办法》，建立了刑事被害人救济金制度；2006年10月，福州市中级人民法院制定《关于对刑事案件被害人实施司法救助的若干规定》；2009年3月中央政法委等八部门联合发布《关于开展刑事被害人救助工作的若干意见》；《无锡市刑事被害人特困救助条例》于2009年10实施、《宁夏回族自治区刑事被害人困难救助条例》与《山东省刑事被害人救助工作实施办法（试行）》于2010年1月开始施行。与此同时，国家司法机关也开始关注被害人救助问题。2006年以来，最高人民法院、最高人民检察院多次组织建立刑事被害人救助制度的调研，分析研究建立刑事被害人救助制度的重要意义和可行性。2007年，最高人民法院会同

---

① 〔日〕太田达也：《刑事被害人救助与刑事被害人权利在亚洲地区的发展进程》，武小凤译，载《环球法律评论》2009年第3期。

司法部向中央政法委报送了《关于建议建立刑事被害人国家救助制度的报告》，最高人民检察院积极组织开展刑事被害人救助试点工作。2008年下半年，中央政法委将刑事被害人救助制度列为司法体制改革项目。2009年3月9日，中央政法委、最高人民法院、最高人民检察院等八部门联合发布《关于开展刑事被害人救助工作的若干意见》，为开展救助工作提供了有力的政策依据。2009年3月27日，最高人民法院在《人民法院第三个五年改革纲要》中提出，建立刑事被害人救助制度，对因受犯罪侵害而陷入生活困境的受害群众，实行国家救助。2009年4月28日，最高人民检察院下发《关于检察机关贯彻实施〈关于开展刑事被害人救助工作的若干意见〉有关问题的通知》，要求各地检察机关全面开展刑事被害人救助工作。2009~2011年，全国检察机关共救助刑事被害人9900万余元；全国法院向刑事被害人累计发放救助金两亿余元。[①]

建立符合我国国情的犯罪被害人救济机制，应选择什么样的路径、如何进行立法等，是我们要解决的现实问题。对当前各地开展的尚不规范、不统一的被害人补偿、救助实践进行全面分析和理论反思，是解决这些问题的现实基础。

（一）当前我国被害人救助实践评析

2004年2月，山东省淄博市在全国开创了被害人救济先河。随后，我国各地陆续开展了犯罪被害人救助实践探索。据统计，2009~2011年，全国法院向刑事被害人发放的救助金额逐年递增，已有1.2万余名刑事被害人获得救助，累计发放救助金2.33亿余元。[②] 同时，我们也看到，我国部分地区开展的被害人救助实践处于摸索阶段，缺乏充分的理论准备和立法上的统一规范，在救助范围、救助程序、资金来源等方面还存在一些问题。

1. 取得的成绩

近年来，我国积极探索建立对犯罪被害人的救助制度，对遭受犯罪行为侵害、无法及时获得有效赔偿、生活陷入困境，特别是因遭受严重暴力犯罪侵害，导致严重伤残甚至死亡的犯罪被害人或其近亲属，由国家给予适当资

[①] 余飞辑：《刑事被害人救助10年回顾》，法制网 http://www.legaldaily.com.cn/bm/content/2012-09/18/content_3848042.htm?node=20732。

[②] 张大辉：《20省区市出台被害人救助文件》，载《检察日报》2012年9月26日，第1版。

助。这有利于缓和社会矛盾，推进和谐社会的构建。各地根据经济社会发展状况，确定犯罪被害人救助的具体标准和范围，并将犯罪被害人救助工作与落实法律援助、社会保障等相关制度相衔接，完善了犯罪被害人权益保障体系。截至目前，全国已有 20 个省、自治区、直辖市和 130 余个地、市出台了具体实施刑事被害人救助的专门文件，形成了一定的工作机制。宁夏回族自治区、江苏省无锡市还出台了刑事被害人救助地方性法规。2009～2011年，司法机关共向 25996 名刑事被害人发放救助金 3.5 亿余元人民币，提供法律援助 11593 件。① 下面以上海市第二中级法院开展的刑事被害人救助工作的实际效果为例：②

（1）被害人救助的比例逐年上升。2010 年以来，该法院共对 27 起刑事案件的被害人实施了司法救助。其中，从案件比例来看，近年来救助率呈逐年上升趋势。2010 年受理刑事附带民事诉讼案件 62 件，启动被害人司法救助的案件 3 件，占附带民事诉讼案件总数的 4.84%；2011 年受理刑事附带民事诉讼案件 78 件，启动被害人司法救助的案件 8 件，占附带民事诉讼案件总数的 10.26%。

（2）被害人司法救助的力度不断加强。该法院 2010 年救助人数 8 人，2011 年救助人数 15 人，同比上升 87.5%。在救助对象不断上升的同时，对救助的金额也有较大幅度的增长。2010 年的救助总额为 12 万元，2011 年的救助总额为 36 万元，同比上升 200%。同时，2010 年人均救助金额为 1.5万元，2011 年人均救助金额为 2.4 万元。

（3）救助工作取得一定积极效果。被害人救助的目的之一是通过物质上给予被害人或是被害人家属一定的补偿，缓解被害人或被害人家属经济上的压力，体现国家司法的人文关怀。上海市第二中级法院在注重提高救助工作效率的同时，对面临紧迫性困难的被害人或者被害人家属，充分运用先行救助的方式，切实解决他们在生活或医疗等方面的实际困难，发挥被害人救助工作的最佳效果。如在审理被告人杨春付故意杀人案中，被害人翁传玲被杨春付用菜刀猛砍后面部被毁，由于其家境贫困无力支付相关治疗费用，

---

① 中华人民共和国国务院新闻办公室：《中国的司法改革》，载《人民日报》2012 年 10 月 10 日，第 22 版。

② 黄伯青、王明森、朱姝燕：《完善救助举措促进服判息诉》，载《人民法院报》2012 年 11 月 29 日，第 8 版。

可能错过最佳治疗时机。该院及时对被害人翁传玲启动了先行救助方案，给予被害人一次性司法救助款人民币 4 万元，使其能够继续进行相关医学治疗。翁传玲感动得泣不成声，还专程前往呈送"公正执法，为民作主"的锦旗，对法院司法为民、秉公执法的优良办案作风表示感谢。

（4）在对被害人救助的同时，促进案件当事人服判息诉。法院除了对无法通过诉讼及时获得赔偿且生活困难的被害人实行救助外，还充分发挥被害人救助工作的辅助作用，抚慰被害人的身心创伤，促进案件当事人的服判息诉，实现案结事了。如上海市第二中级法院审理的被告人黄治江故意伤害案件中，被害人家属要求被告人赔偿经济损失人民币 10 万元。由于被告人家住偏远山区，家境比较贫困，家属倾其所有、东拼西凑筹集人民币 8 万元作为赔偿款，确实无力赔偿 10 万元，但被害人坚持原来诉讼，并表示如不满足赔偿要求将前往有关部门上访。我院根据案件的实际情况，了解到被害人的生活亦十分困难，其 10 万元的赔偿诉请也符合法律规定，故法院主动启动救助工作，采用救助方式补足了被告人 2 万元赔偿款的差额。被害人及家属在收到全额赔偿款后主动表示认识到原先扬言上访存在错误，并撤回了刑事附带民事诉讼请求，表示服判息诉，案件取得了较好的社会效果。

2. 存在的问题

（1）被害人救助工作宣传不足，公众的知悉程度低。

尽管被害人救助工作在各地都已开展多年，但有关被害人救助的政策、法规并没有得到广泛宣传，公众的知悉程度相当低。北京师范大学宋英辉教授课题组的研究发现，在被调查的 486 名社会公众中，超过 40% 以上的被调查者（207 人）表示完全没有听说过特困刑事被害人救助，更不清楚其具体内容为何。在 279 名听说过特困刑事被害人救助的被调查者中，只有 73 人对其有着较为全面的了解，约占全部被调查对象的 15.0%；听说过特困刑事被害人救助，但不清楚具体内容的有 206 人，占到 42.4%。听说过特困被害人救助的主要是公务员、教师和法律专业的大学生，占到 80% 左右，且通常具有大学本科或以上学历，年龄集中在 20 岁到 40 岁之间。大部分的教师和法律专业的大学生，对刑事被害人救助的具体内容有所了解，有的公务员由于工作原因，对特困被害人救助也有一定了解。鉴于此，该课题组建议，应当加强基层宣传工作，适当拓宽特困被害人救助的宣传渠道，以扩大在社会公众中的知悉程度。[1]

（2）救助对象不统一，救助标准不明晰。

在司法实践中，各地均将特困被害人救助的对象限定在一定范围之内。但是，在确定救助对象时所掌握的标准不一。救助对象多是因犯罪行为遭受物质损失，生活陷入困境的被害人及其赡养、抚（扶）养的近亲属。因举报、作证、鉴定受到打击报复，造成严重生活困难且无法通过法律途径获得赔偿的举报人、证人和鉴定人，或者因合法权益受到侵害后向检察机关提出控告申诉而生活困难的当事人，在一些地方也可获得适当救助。对于严重暴力犯罪的种类、严重伤残的程序都未做进一步说明，实践中只能由各地根据实际情况自行把握。虽然现有的救助办法原则上规定了救助的额度，司法实践中一般参照案件的社会影响、被害人及其家属经济损失的范围、被害人及其家属生活困难的程度等确定对被害人救助的额度，但仍然缺乏统一的标准，导致个别案件之间、上下级法院之间、不同地区之间的救助标准差异较大。

（3）救助程度不规范，效率不高。

各地开展的救助实践中，救助决定机关不同，有法院、检察院，还有行政部门。救助应该及时有效，而有的地方对救助申请的审查时间少则两个月，多则半年左右，无论是检察院审查起诉阶段还是法院审判阶段，被害人获得救助往往具有滞后性。特别是对于遭受人身侵害急需医疗费用的被害人来说，审批时间长，会延误治疗时机恶化病情，进而影响案件审理进程。

（4）资金来源有限。

我国当前的犯罪被害人救助制度，主要是从经济上解决被害人及其亲属经济困难的制度，稳定可靠而充足的资金来源，直接关系到这一制度的推行。目前，救助资金的来源主要是财政拨款或是司法机关经费、社会捐助等多方筹集，但多为权宜之计，没有形成专门的资金来源。从救助的实施情况看，由于资金总额有限，一般只能采取压低救助标准或者严格筛选救助对象来控制救助资金的使用，在一定程度上影响了救助的规范实施。

（5）救助方式单一。

当前，各地开展的被害人救助多为一次性的经济救助，这种救助方式可

---

[1] 参见宋英辉等《特困刑事被害人救助实践研究》，载《现代法学》2011年第5期。

以直接弥补被害人的物质损失，缓解被害人的生活压力，实践中也容易操作。但被害人除了遭受犯罪带来的物质损失外，往往还有较大的心理等创伤，资金救助只能是救助的一个方面，还需要其他多种形式的灵活性救助方法。

（二）当前我国各地出台的救助立法评析

2004 年至今，山东、浙江、湖北、四川、江西、江苏等已有 20 个省、市、自治区和 130 余个地、市出台了具体实施的专门文件，开展被害人救助的试点工作。随着被害人救助的探索性实践的广泛开展，救助工作的不规范性问题日益凸显。从长远来看，犯罪被害人救助工作是一项制度安排，最终应当纳入法治轨道。为解决实践中出现的这些问题，一些省市开始了被害人救助的立法工作。2009 年 10 月 1 日，我国第一部关于刑事被害人救助的地方立法——《无锡市刑事被害人特困救助条例》正式施行，将刑事被害人救助法律化。2010 年 1 月 1 日起，《宁夏回族自治区刑事被害人困难救助条例》在宁夏回族自治区正式施行，这一条例是我国首部对刑事被害人进行救助的省级地方立法。下面对这两部法规的内容进行分析，以期为我国制定被害人保护法提供参考。

1.《无锡市刑事被害人特困救助条例》的主要内容

2007 年下半年，江苏省无锡市在江阴市检察院、锡山区检察院开展了特困刑事被害人救助的试点工作。2007 年 11 月，锡山区检察院率先在无锡市出台了《特困被害人救助专项资金实施办法》。2008 年，无锡市检察院对近三年来其受理的侵犯财产和人身犯罪的案例进行了详细的分析与统计，认为由于被害人权益保护的法律制度没有得到平衡发展，尤其是对陷入经济困境的被害人缺乏必要的救助制度，因此，迫切需要建立一种对特定对象的救助体制，帮助特困被害人解决燃眉之急。无锡市检察院相继制定了《关于"法治无锡建设"实事工程——特困刑事被害人救助工作的实施意见》《无锡市人民检察院特困刑事被害人救助办法（试行）》等文件，并向无锡市人大常委会提交了《无锡市特困刑事被害人救助条例立法建议案》。2009 年 4 月 29 日，无锡市第十四届人民代表大会常务委员会第十一次会议制定《无锡市特困刑事被害人救助条例》（以下简称《无锡条例》），2009 年 5 月 20 日江苏省第十一届人民代表大会常务委员会第九次会议批准通过，2009 年 10 月 1 日起施行。该条例共 25 条，涵盖了适用范围、救助部门、救助对象、救助金的来源与发放、救助程序、救助监督等内容，成为我国第一部刑事被害人救助工作地方性法规。

（1）救助目的与对象。刑事被害人特困救助是给予申请被害人的一次性经济救助，目的是为了缓解刑事被害人的家庭生活困难，维护社会和谐稳定。救助的对象主要包括两类人：一是在该市行政区域内遭受犯罪行为侵害受重伤或死亡，无法及时获得加害人的赔偿、工伤赔偿、保险赔付，因医疗救治等原因造成家庭生活陷入严重困境的人员；二是刑事被害人因受到犯罪行为侵害致死的，依靠其收入为主要生活来源的被赡养人、扶养人、抚养人生活陷入严重困境的。

（2）救助原则。救助原则决定了救助制度的基本走向，也体现了救助立法所蕴含的基本思想。《无锡条例》第4条规定了刑事被害人特困救助应当遵循三个原则：与经济社会发展水平相适应原则；与社会保障和其他救助相结合原则，也就是说被害人应当主张通过刑事附带民事赔偿、工伤赔偿、保险赔付以及申请其他救助等途径，缓解医疗救治和家庭生活困难；公正、公开、救急、便捷原则，即被害人救助制度是保护被害人的合法权利，要及时有效地帮助其修复受损权益，尽快渡过难关，且整个救助的过程要公开，救助经费的使用和管理要公开，以维护社会稳定、促进社会公平。为贯彻救急、便捷原则，条例第18条规定：承办机关应当在受理救助申请之日起十个工作日内提出救助意见，并办理相关的审批手续。经审批决定给予救助的，应当在收到决定之日起三个工作日内一次性发放救助金；不予救助的，应当及时告知救助申请人并说明理由。财政部门应当根据审批决定，及时核拨救助金。

此外，根据该条例第3条的规定，即本条例所称刑事被害人特困救助，是指本市有关国家机关对符合本条例规定的救助申请人给予的一次性经济救助。第16条规定，已经获得本条例规定的一次性救助的，救助申请不予受理。可以看出，救助采取的是一次性原则，对被害人通常只救助一次，不再重复救助。

（3）不予救助的情形。《无锡条例》第11条规定，具有下列情形之一的，不予救助：刑事被害人的不法侵害直接导致加害行为的；救助申请人隐瞒家庭财产、经济收入等有关情况或者提供虚假材料申请救助的；法律法规规定的其他情形。根据条例第23条的规定，对于已经获得救助的，若发现救助申请人以隐瞒家庭财产、经济收入等有关情况或者提供虚假材料等欺骗手段获得救助金的，由救助金发放机关予以追缴；构成犯罪的，依法追究刑事责任。

（4）救助机关与救助程序。鉴于实践中公安、司法机关对案件事实、刑事被害人及加害人的基本情况掌握得比较准确清楚，在相关证明材料的调取、核实方面比较便利，《无锡条例》规定：人民法院、人民检察院、公安机关负责刑事被害人特困救助申请的受理、审查，提出救助意见和救助金发放。民政、劳动和社会保障、卫生、金融等部门应当支持和配合人民法院、人民检察院、公安机关做好特困救助申请的调查核实等相关工作。

《无锡条例》对申请救助程序作了明确规定，即救助申请应当在刑事诉讼期间向案件承办机关提出：刑事案件处于立案侦查阶段的，向公安机关提出；处于提起公诉阶段的，向人民检察机关提出；处于审判阶段的，向人民法院提出。刑事附带民事诉讼案件，救助申请应当在审判和执行期间，向人民法院提出。

（5）救助资金的来源与管理。救助资金的充足，是救助制度得以运转的前提和保障。以往司法实践中，救助资金的来源保证一直是一大困境。《无锡条例》规定，对刑事被害人的特困救助是政府的责任，市、县级市、区人民政府应当设立刑事被害人特困救助专项资金，列入财政预算，实行分级筹集、分级管理，单独核算，专款专用。并且鼓励和支持基层组织、社会团体、企业事业单位、其他组织和个人开展刑事被害人社会捐助活动。此外，为规范救助资金的使用，财政、审计部门负责监督同级刑事被害人特困救助专项资金的使用、管理。

（6）救助金额。人民法院、人民检察院、公安机关应当综合考虑刑事被害人遭受犯罪行为侵害所造成的实际损害后果、医疗费用、家庭实际困难等情况，提出救助意见和救助金额。救助金一般不超过一万元，特殊情况不超过本市上一年度职工年平均工资的三倍。特殊情况包括：刑事被害人医疗救治费用特别巨大的；刑事被害人完全丧失劳动能力的；刑事被害人死亡，救助申请人无劳动能力或者患有严重疾病且没有其他经济来源的；救助申请人陷入其他特别严重困境的。

2.《宁夏回族自治区刑事被害人救助条例》

2009 年 3 月 30 日，宁夏回族自治区十届常委会第九次会议听取和审议自治区高级人民法院关于执行工作情况的报告时，常委会组成人员共同反映的问题是因"执行难""难执行"，特别是刑事附带民事案件的执行难，导致缠诉上访问题突出，需要通过立法推动规范司法救助工作。自治区人大内务司法委员会认真研究中央政法委等八部委联合下发的《关于开展刑事被害人救助工作的若干意见》，并参考了外省的做法，提出了《宁夏回族自治区刑事被害人救助条例（草案）》文本，随后经过多次论证和修改。7月15日，条例草案经十届人大内务司法委员会第五次会议审议通过，形成提交常委会审议的草案。8月31日，举行立法听证，进一步征求社会各界对该部法规草案的意见，由常委会议进行二审。2009年11月19日，《宁夏回族自治区刑事被害人困难救助条例》（以下简称《宁夏条例》）由宁夏回族自治区第十届人民代表大会常务委员会第十四次会议通过，自2010年1月1日起施行。该条例共16条，是我国首部对刑事被害人进行救助的省级地方立法。

（1）立法目的。《宁夏条例》第1条开宗明义地规定了被害人救助的立法目的，即为了帮助刑事被害人及其近亲属解决特殊生活困难，维护社会稳定，促进社会和谐。

（2）救助对象及条件。根据《宁夏条例》的规定，接受救助的对象是特困被害人，其符合性条件包括三个层面：其一，因严重暴力犯罪造成被害人严重伤残或者死亡；其二，刑事被告人无力支付赔偿；其三，刑事被害人或者由其赡养、抚养、扶养的近亲属无能力维持最低生活水平所必需的支出，确有特殊生活困难。

（3）不予救助的情形。《宁夏条例》第8条对不予救助的情形作了规定：已获得民事赔偿、保险机构赔偿、社会保障机构救助的；刑事被害人实施不法侵害直接导致加害行为的；犯罪嫌疑人、被告人及其他赔偿义务人自愿赔偿受害人损失，但刑事被害人拒绝的。

（4）救助机关与程序。宁夏的被害人救助是一次性的临时救助，救助机关包括救助的决定机关、救助发放机关和救助金拨付机关。其中，救助决定和救助金发放机关是办理刑事案件的公安机关、人民检察院和人民法院；救助金拨付机关是财政部门。刑事被害人或者其近亲属申请困难救助，应当向办案机关提交救助申请书，并如实提供有效身份、实际损害后果以及未获得民事赔偿、保险机构赔偿、社会保障机构救助情况和特殊生活困难的证明。特殊生活困难证明由刑事被害人户籍所在地的县（市、区）民政部门出具。刑事被害人或者其近亲属申请困难救助，办案机关应当在受理困难救助申请之日起十个工作日内提出是否给予救助的意见，并对决定给予救助的，办理相关的审批手续。对已经获得一次性救助或者困难救助申请已由其他机关受理尚未办结的，不予受理。对不予受理的，办案机关应当在五个工作日内书面通知救助申请人。经审查决定给予救助的，本级人民政府财政部门应当在接到给予救助决定书十个工作日内，向办案机关拨付困难救助资金。办案机关应当自收到困难救助资金后五个工作日内，将困难救助资金发放给被救助人。

（5）救助资金的来源与管理。根据《宁夏条例》的规定，各级财政部门应当将刑事被害人困难救助资金列入本级财政年度预算，专项管理，专款专用。而且，自治区人民政府财政部门应当安排一定的专项资金，作为向贫困县（市、区）刑事被害人困难救助资金的预算补助。同时，提倡和鼓励企业、事业单位、社会团体和公民为有特殊生活困难的刑事被害人提供捐助。需要强调的是，该条例规定，审计部门应当每年度对刑事被害人困难救助资金的拨付、发放情况进行审计。

（6）救助金额。救助金额应当根据刑事被害人实际损害后果和犯罪嫌疑人、被告人及其他赔偿义务人实际赔偿情况以及刑事被害人的家庭经济状况、维持最低生活水平所必需的支出等情况确定。救助金额一般不超过一万元。极其特殊困难的，最高救助金额不超过五万元。

（7）追偿。《宁夏条例》第11条规定了追偿问题，即刑事被害人获得救助后，办案机关发现犯罪嫌疑人、被告人或者其他赔偿义务人有能力履行民事赔偿义务的，应当依法向其追偿。追偿的资金除用于补充救助资金外，超过刑事被害人已获得救助额的部分，应当支付给刑事被害人。

（8）办理人员的法律责任。为了更好地实施对被害人的救助工作，确保该工作落到实处，该条例第15条规定，若办案机关和有关部门及其工作人员违反条例规定：为不符合救助条件的人员提供救助的；故意刁难或者无正当理由推诿拒绝为符合救助条件的人员提供救助的；截留、挤占、挪用、私分、收取财物、贪污专项救助资金的；出具虚假证明的；应当依法追偿而不追偿的；对直接负责的主管人员和其他直接责任人员依法给予处分，限期追缴救助资金。构成犯罪的，依法追究刑事责任。

（9）救助原则。《宁夏条例》不同于《无锡条例》直接规定救助原则，根据条文规定，我们可以看出，《宁夏条例》规定的被害人救助主要遵循了以下几个原则：

一是，一次性救助原则。条例第3条明确规定，救助为一次性临时救助，且第7条第2款规定，对已经获得一次性救助或者困难救助申请已由其他机关受理尚未办结的，不予受理。可见，当前的被害人救助重在救急，加之救助效率的考虑，多遵循一次性救助原则。

二是，补充性原则。条例第3条规定，被告人无力支付赔偿时，才启动被害人救助工作。可见，在刑事附带民事赔偿无法执行时，才进入救助程序。

三是，公开原则。条例第12条规定，对决定给予救助的，应当对被救助人、救助资金等在救助申请人户籍所在地或者现居住地村（居）民委员会予以公示，接受社会监督。这一规定，是公开原则的体现，能更好地促进社会的公平正义。

3. 评析

《无锡市刑事被害人特困救助条例》和《宁夏回族自治区刑事被害人困难救助条例》的通过和实施，是对宪法"尊重和保障人权"基本原则的贯彻和践行，有利于保障社会公平正义。刑事案件中，被告人没有赔偿能力或者赔偿能力不足等情况大量存在，造成被害人或其近亲属要求赔偿损失的权利不能实现，医疗、生活陷入困境。由国家对其进行适当的经济资助，体现了人权保护、人道主义精神，体现了社会公平正义的要求、人们对美好社会和良法的追求。同时，这些救助条例的出台有利于化解社会矛盾，维护社会的和谐稳定，充分体现了构建和谐社会、保障和改善民生的基本要求。被害人遭受犯罪侵害，在无法及时获得赔偿的情况下，容易引发恶性报复事件或者久访不息，直接影响社会和谐稳定。积极、稳妥、有序地开展被害人救助工作，在当前刑事犯罪高发的形势下具有重要意义。而且，《无锡市刑事被害人特困救助条例》和《宁夏回族自治区刑事被害人困难救助条例》两部地方立法的规定开被害人救助立法之先河，能够为全国性的被害人救助立法提供借鉴作用。两部条例施行至今，在救助被害人方面发挥了积极作用。以宁夏为例，救助条例颁布后，全区各级办案机关共办理救助案件114件137人，发放救助资金134.65万元，使一些因在犯罪人无力赔偿而生活陷入困境的刑事被害得到及时救助，心理得到及时安慰。① 同时我们也看到，在施行过程中也暴露出一些问题。下面，重点对两部条例存在的不足进行分析：

一是救助范围不统一。给予什么条件的被害人救助，是这一制度首先要面临的问题。根据被害救助制度的基本原理，被害救助是一种紧急的临时救助，对象应是因为犯罪被害而陷入生活或医疗困难的被害人。也就是说，无论是哪一种类型的犯罪，只要导致的伤亡被害后果没有性质差异，就应当不受区别对待，都应受到救助。当前，各地出台的救助立法和开展的救助实践，对于救助的范围确定，存在标准不统一的问题。《无锡条例》将救助的对象规定为因遭受犯罪侵害而受到重伤或死亡且得不到赔偿而陷入生活困境的被害人，符合救助制度的设立初衷。比较之下，《宁夏条例》将救助范围限定为在自治区内因严重暴力犯罪造成严重伤残或者死亡且得不到赔偿陷入生活困境的被害人，将引起被害的犯罪类型限定为严重暴力犯罪，显然，救助范围过窄。对暴力犯罪与非暴力犯罪、故意犯罪与过失犯罪的区分，对于确定犯罪人的刑事责任具有重要意义，而将其作为划分救助对象的标准，不符合被害救助的原理。

二是救助原则规定不全面、不明确。原则在一项制度的创制和实施中决定着其走向，体现立法的基本思想和精神。《无锡条例》第 4 条对救助的三项原则作了规定，但不很全面。根据其第 3 条的规定，救助还应遵循一次性原则。《宁夏条例》没有明确规定救助原则，只能通过对具体条文的解读进行概括归纳。

三是救助方式单一。从《无锡条例》和《宁夏条例》的规定来看，两地对被害人的救助采取的是一次性的经济救助方式。一次性现金救助方式，简单易行，是司法实践中普遍采取的方式。对于大部分刑事案件的被害人来说，现金救助更为直接有效，能够暂时解决其生活陷入的困境，彰显司法的人文关怀。但在有些特殊情况下，对于深受身心伤痛、生活陷入严重困境的被害人或被害人近亲属而言，仍难以解决其所面临的诸多问题，比如医疗、住房、就业、就学、诉讼等方面的困难。此时的被害人及其家属需要心理帮

① 刘语平：《关于检查〈宁夏回族自治区刑事被害人困难救助条例〉实施情况的报告》，载《宁夏回族自治区人民代表大会常务委员会公报》2011 年第 3 期。

助、就业安排、社会援助等方式的救助。因此，有必要建立起一套有效的救助体系，综合考虑被害人不同的被害情况及他们的实际需要，采取更加灵活的救助方式，如安排就业、技能培训等确保被害人或其家属不因刑事案件而长期陷入困境。

四是追偿规定存在差异。《无锡条例》中没有追偿条款，《宁夏条例》则对这一问题进行了明确规定。虽然国家给予因犯罪行为而陷入生活困境的被害人以生活救助，不是代替犯罪人进行先行赔付，但这一境况是犯罪人的行为造成的，国家在实施救助之后，如果发现犯罪嫌疑人、被告人或者其他赔偿义务人有能力履行民事赔偿义务的，应当向其追偿。

五是应当完善办案人员的责任规定。为了更好地保障被害人的权益，规范救助程序，确保救助落到实处，有必要对办案人员的违反条例的责任问题加以规定。《无锡条例》中没有相关条款规定，《宁夏条例》第15条用列举的方式进行了规定。

通过上面的分析，可以看到，两部救助条例各有优劣。《无锡条例》作为中国首部对被害人进行救助的地方性法规，改变了过去的立法空白局面，具有重要的开创性意义。《宁夏条例》中有关追偿、办案人员责任的规定等，为出台全国性的救助立法提供了有益的经验。我们要科学地、辩证地对全国各地开展的救助立法和实践进行评判和分析，为建立全国统一而规范的被害人权利救济制度和制定全国性的救助立法提供参考。

第五章　犯罪被害人私力救济

第一节　私力救济的基本问题

一　私力救济的概念和特征

私力救济是人类社会最原始、最简单的救济方式，起源于人类早期社会的无政府状态。在原始的自然状态下，在简单的生产和生活过程中，一方面由于人趋利避害的本能，另一方面由于没有公认的是非标准和仲裁人，也没有一个具有强制力的公共权威机构，一旦产生利益冲突，出现侵害权利的现象，人们为了保护自身的利益，会采取决斗、血亲复仇、血族复仇、同态复仇等方式来解决。这就是人类最早的权利救济方式——私力救济。私力救济是指权利人在遭受侵害后，依靠私人力量对被侵害的权利进行恢复和补救。其特征可以概括为：

1. 本质：参与者与实施方式的非官方性

相对于公力救济而言，私力救济的参与者具有私人属性，实施方式没有公权力的介入，故又称其为民间性，这是私力救济的本质属性，是私力救济区别于公力救济和其他纠纷解决方式的关键。

2. 过程：非程序性

私力救济的过程具有非程序性的特点。个人在选择和实施私力救济的时候主要是通过自我选择和意思自治来处理，可以自行决定是否采取救济措施，采取什么措施以及在什么条件下采取措施。法律设立一定的权利救济程序，最典型的是司法程序，而私力救济是双方之间自行解决，通常不会有太正式的程序。虽然一些私力救济的具体方式也遵循一定的规则和程序，但因其具有选择性，与现代社会中严格的公力救济程序有着本质的区别。

3. 目的：实现权利

私力救济的动因是权利受到侵害，实现、恢复和补救权利是私力救济的主要目的。从这一点看，私力救济与公力救济并无本质区别，只是私力救济从个体角度实现权利，而公力救济还维护整体权利分配和秩序保障。而且，由于私力救济的目的直接，可以最大限度地降低纠纷解决的成本，这是其最明显的优势。

4. 手段：多样性

私力救济依靠私力解决权利缺损问题，其手段多样并表现出主体的个性特征，即采取什么样的手段和强度取决于当事人的选择。对同一侵权行为不同的人可能采取不同的救济手段，有的积极救济、有的消极躲避、有的强力对抗等。总的来说，私力救济的手段可以分为两类，针对人身和针对财产实施。权利受损者通过精神、物质力量对侵犯权利者的人身或财产实施救济行为，如针对人身的拘禁、恐吓行为，针对财产的抢夺、毁损行为。

5. 结果：非强制性

私力救济主要是依靠当事人自身的力量，当然，其也依赖一些强制力，如道德、舆论、社群的压力、民间社会规范的约束力等。但私力救济本身并不具有任何法律意义上的强制力，其纠纷解决的结果只能依靠当事人的自愿履行。在现代社会，如果一方当事人不履行，另一方就会诉诸国家公力及司法程序，那么就必须依照法律的程序重新处理，以前的行为也归于无效。

二 私力救济的分类

依据不同的标准，私力救济可作不同的分类。

1. 根据私力救济行使的时间来划分，可将私力救济分为事前私力救济、事中私力救济和事后私力救济

事前私力救济是指在合法权益面临侵害之前，权利人采取措施防止其权利受到侵犯。事中私力救济是指合法权益面临正在进行的侵权行为或者其他危险，采取必要手段以维护合法权益的行为。事后私力救济是指合法权益已经遭到侵害，付诸私力及时恢复受损权利的行为。本课题讨论的犯罪被害人采取的私力救济行为主要是指事后私力救济，不包括事前为防止犯罪侵害采取的预防措施和犯罪过程中为减少侵害所采取的救济行为。

2. 根据国家对私力救济的评价，可将私力救济分为规范的私力救济、容忍的私力救济和禁止的私力救济

规范的私力救济是指纳入国家法律视野中的私力救济，即法律对私力救济予以承认，对其构成条件、法律后果作了明文规定。容忍的私力救济是指该种私力救济法无明文许可，但也无明文禁止，在实践中默认其存在。该种私力救济，一方面其存在对于解决社会冲突和纠纷具有不可或缺的价值，但也容易超越法律容忍的限度，变成新的违法甚至犯罪。所以国家面临双难选择。禁止的私力救济是指权利人为保护合法权益采取的救济手段明显与现有法律相冲突，远远超越法律容忍的限度，国家法律明文予以禁止。由于规范的私力救济有法律的明确规定予以承认，所以，主要对容忍的私力救济和禁止的私力救济行为加以考察。

3. 根据当事人的意愿，私力救济可分为强制型的私力救济和交涉型的私力救济

强制型私力救济，指受害人依靠私力，强迫对方按照自己既定的解决方式或结果解决纠纷，如扣留、强行占有。传统观念中往往把强制和暴力相联系，其实这只是私力救济最初阶段的表现。强制包括但不限于暴力，还存在非暴力型的强制，即强制除了物质上的，还有精神上的，如利用地位对比的悬殊进行心理强制。交涉型的私力救济是当事人通过沟通、利益协商，达成共同的意愿解决纠纷，常见的如私了、和解，具有随意性和意思自治性。当然，在实际生活中，强制和交涉不是泾渭分明、完全对立的，存在两者交替补充出现的情况，归入哪种类型的私力救济取决于纠纷过程中各种因素的比例。"强制虽可能、但大多不会以赤裸裸暴力形式出现，有时它甚至表现出温情脉脉的面孔；交涉虽由当事人平等协商，但实力对比始终构成交涉过程及结果安排的重要因素。"[①]

4. 根据当事人的主被动状态，私力救济可以分为积极的私力救济和消极的私力救济

人们面对受侵害的事实，会有不同的反应。这与侵害内容、程度等现实状况和人性多样性等因素有关。有的人为恢复自己的受损权利而积极主动采取措施，有的人则可能隐忍回避。其中，积极的私力救济是当

---

① 徐昕：《论私力救济》（第1版），中国政法大学出版社，2005，第127页。

事人主动使用武力或以武力相威胁，也可以不使用武力，用语言攻击等行为。消极的私力救济表现为当事人主动放弃权利，忍受、逃避、自杀、宽恕等。

5. 根据当事人是否应承担法律责任，私力救济分为无法律责任的私力救济和应承担法律责任的私力救济两种类型

无法律责任的私力救济通常属法定，但也可能是法无明文规定的情形，后者涉及民事责任或者刑事责任。当然，法定的私力救济也有可能承担法律责任，如我国《刑法》第21条规定紧急避险不负刑事责任，但这不意味着不承担民事责任，《民法通则》第129条规定：因紧急避险造成损害的，由引起险情发生的人承担民事责任。如果危险是由自然原因引起的，紧急避险人不承担民事责任或者承担适当的民事责任。

三　当代社会的私力救济形式

在国家和公权力机关产生之前，人们之间的纠纷解决主要靠私人力量。私力救济在维系社会稳定方面发挥着主要作用。随着生产力水平的提高，出现了剩余产品，产生了贫富差距，国家出现。国家通过制定法律、组建国家机器等方式加强社会管理，公力救济登上历史舞台。国家调整作用的强大，大大减少了私力救济的空间，公力救济成为人们解决纠纷的主要途径。从私力救济向公力救济的演进体现了人类社会发展的进步，但同时我们也看到，这种演进不是简单地取而代之，私力救济在现代社会仍然存在，其作用不可忽视。具体来说，当前私力救济主要类型包括：

1. 国家法律规定和认可的私力救济

在现代社会，尽管公权力非常发达，公力救济作用显著，多数国家在法律中对私力救济还是进行了确认和规范。英美法国家为避免因私力救济对财产或人身造成不必要的或不相应的损害，而在必要的限度内对其加以限制，法律具体设置禁止私力救济之情形、许可私力救济之条件等。这一点从英美法关于土地占有的自力恢复、动产的自力收回、自助性动产扣押、不法妨害的自力排除等有关法律可以看出。① 我国法律也对一些私力救济行为进行了

---

① 〔日〕田中英夫、竹内诏夫：《私人在法实现中的作用》，李薇译，载梁慧星主编《民商法论丛》第23卷，金桥文化（香港）有限公司，2002，第271～276页。

规定，有的是通过法条明确规定，有的虽无法条直接规定，但能折射出法律对私力救济的许可。具体来说，包括：

（1）法律规定的私力救济行为。首先，《中华人民共和国刑法》中有关私力救济行为的法律规定。《中华人民共和国刑法》第20条和21条对正当防卫和紧急避险的规定即是对私力救济的承认，如第20条第1款规定："为了使国家、公共利益、本人或者他人的人身、财产和其他权利免受正在进行的不法侵害，而采取的制止不法侵害的行为，对不法侵害人造成损害的，属于正当防卫，不负刑事责任。"第21条第1款规定："为了使国家、公共利益、本人或者他人的人身、财产和其他权利免受正在发生的危险，不得已采取的紧急避险行为，造成损害的，不负刑事责任。"

其次，《中华人民共和国刑事诉讼法》中有关私力救济行为的法律规定。《中华人民共和国刑事诉讼法》第82条对扭送的规定："对于有下列情形的人，任何公民都可以立即扭送公安机关、人民检察院或者人民法院处理：（一）正在实行犯罪或者在犯罪后即时被发觉的；（二）通缉在案的；（三）越狱逃跑的；（四）正在被追捕的。"

再次，《中华人民共和国道路交通安全法》中有关私力救济行为的法律规定。《中华人民共和国道路交通安全法》第70条第2、第3款对交通事故处理的规定："在道路上发生交通事故，未造成人身伤亡，当事人对事实及成因无争议的，可以即行撤离现场，恢复交通，自行协商处理损害赔偿事宜；不即行撤离现场的，应当迅速报告执勤的交通警察或者公安机关交通管理部门。""在道路上发生交通事故，仅造成轻微财产损失，并且基本事实清楚的，当事人应当先撤离现场再进行协商处理。"

复次，《中华人民共和国合同法》中有关私力救济行为的法律规定。《中华人民共和国合同法》第77条规定："当事人协商一致，可以变更合同。"第93条规定："当事人协商一致，可以解除合同。"第100条规定："当事人互负债务，标的物种类、品质不相同的，经双方协商一致，也可以抵销。"

最后，《中华人民共和国消费者权益保护法》中有关私力救济行为的法律规定。《中华人民共和国消费者权益保护法》第34条规定："消费者和经营者发生消费者权益争议的，可以通过下列途径解决：（一）与经营者协商和解……"

（2）法律间接认可的私力救济行为。首先，《中华人民共和国民法通则》和最高人民法院《关于贯彻执行〈中华人民共和国民法通则〉若干问题的意见（试行）》中有关私力救济行为的间接规定。《中华人民共和国民法通则》第138条规定："超过诉讼时效期间，当事人自愿履行的，不受诉讼时效限制。"最高人民法院《关于贯彻执行〈中华人民共和国民法通则〉若干问题的意见（试行）》第171条规定："过了诉讼时效期间，义务人履行义务后，又以超过诉讼时效为由翻悔的，不予支持。"《中华人民共和国民法通则》第89条列举了当事人可以采用担保债务的履行方式，其中第4项规定："按照合同约定一方占有对方的财产，对方不按照合同给付应付款项超过约定期限的，占有人有权留置该财产，依照法律的规定以留置财产折价或者以变卖该财产的价款优先得到偿还。"最高人民法院《关于贯彻执行〈中华人民共和国民法通则〉若干问题的意见（试行）》第117条规定："债权人因合同关系占有债务人财物的，如果债务人到期不履行义务，债权人可以将相应的财物留置。经催告，债务人在合理期限内仍不履行义务，债权人依法将留置的财物以合理的价格变卖，并以变卖财物的价款优先受偿的，应予保护。"

其次，《中华人民共和国合同法》中有关于私力救济行为的间接规定。《中华人民共和国合同法》有关留置权的规定涉及了当事人的私力救济行为，第264条规定："定作人未向承揽人支付报酬或者材料费等价款的，承揽人对完成的工作成果享有留置权，但当事人另有约定的除外。"第315条规定："托运人或者收货人不支付运费、保管费以及其他运输费用的，承运人对相应的运输货物享有留置权，但当事人另有约定的除外。"第380条规定："寄存人未按照约定支付保管费以及其他费用的，保管人对保管物享有留置权，但当事人另有约定的除外。"

最后，《中华人民共和国担保法》中有关私力救济行为的间接规定。《中华人民共和国担保法》中有关于留置权的规定，如第82条规定："债权人按照合同约定占有债务人的动产，债务人不按照合同约定的期限履行债务的，债权人有权依照本法规定留置该财产，以该财产折价或者以拍卖、变卖该财产的价款优先受偿。"第84条规定："因保管合同、运输合同、加工承揽合同发生的债权，债务人不履行债务的，债权人有留置权。"

2. 具有一定正当性但尚未被法律明确规范的私力救济行为——以民事自助行为为例①

民事自助行为是指合法权利人为实现自己的权益或保护自己的权利不受侵害，在不能及时获得国家机关救助的紧迫情况下，采取对他人的财物予以扣押、毁损、损坏，对他人人身予以限制的手段进行自我救助的行为，包括物权自助行为、债权自助行为等。一些国家的法律和判例已经规定和承认了民事自助行为。如《德国民法典》第229条规定："出于自助目的而扣押、毁灭或损坏他人财物者，或扣留有逃亡嫌疑之债务人，或制止债务人对有义务容忍的行为进行抵抗者，如来不及请求官署援助，而且若非即时处理则请求权无法行使或其行使有显著困难时，其行为不认为违法。"《瑞士债务法》第52条第3款规定，"为保全有权利的请求权之目的，自行保护者，按其情形，若来不及请求官署援助，惟依自助得阻止请求之无效或阻止其主张有重大困难时，不负赔偿责任"。我国现有的民事法律对自助行为没有明文规定，主要基于自助行为在民事上容易造成侵权，刑事上容易发生犯罪的考虑。当前学界对民事自助行为进行了广泛研究，认为自助行为有利于保障民事主体的权利实现，更好地维护公民和法人的合法权益，而由法律对其进行规范，有助于理清合法行为与非法行为的界限，保证自助行为的正确实施。有的学者还提出了立法建议，如梁慧星主持的《中国民法典·侵权行为编》草案建议稿第18条规定："为维护自己的合法权益而对加害人实施自助行为的，行为人不承担民事责任。自助行为超过必要限度的，行为人应当承担相应的责任。"王利明主持的《中国民法典·侵权行为法编》草案建议稿第20条规定："为维护自己的合法权益不受侵害，在情况紧急，来不及请求政府有关部门介入的情况下，可对行为人的财产进行扣留。实施自助行为造成对方损害的，不承担民事责任。法律另有规定的除外。"

3. 法律规制范围之外的私力救济行为

除了以上两种私力救济，在现代社会还存在多种形式的私力救济。如私了、私刑、调解、协商、私人调查、讨债公司等等。虽然这些私力救济行为被国家制定法排除在外，但在现实生活中确是当事人解决纠纷的一种选择，

---

① 鉴于刑事和解制度已写入新修改的刑事诉讼法，并于2013年1月1日起实行，这里主要对民事自助行为进行探讨。

在处理纷争方面发挥着一定的作用。需要说明的是，这些私力救济行为由于缺乏外在力量的制约，存在很多局限性和极易被滥用的可能性，甚至成为纠纷升级或激化的缘由。因此，对于这些私力救济要科学分析和评判。

四　私力救济评析

在原始社会，由于没有一个具有强制力的公共权威机构，个人为了维护自己的权利，只能靠自己的私人力量。私力救济源于人类社会早期的无政府状态，不可避免地带有一定的消极、落后的因素，表现在：

1. 规范缺失，公正无保障

在私力救济过程中，纠纷双方完全自主性地进行处理，整个过程取决于主体自身的判断，在实体法和程序法上缺乏规范、强制力保障和监督机制。实现权利救济中常受到被害方个人报复情感等不确定因素的影响，不可避免地存在着随意性、偏激性、不可靠等缺陷；救济结果依赖于纠纷双方力量对比关系，没有法律规范和制度保障，私力救济很容易产生强者欺负弱者的不公平现象，公正无法保障。

2. 容易权利滥用，导致侵权

私力救济呈现个体性特征，权利救济主体在实施私力救济行为时，手段的界限与程度往往很难把握，不知不觉或者在非主观意愿状态下侵犯他人权利，或侵犯社会公共利益、破坏社会秩序。为了恢复一种失去的正义而采取的措施不当往往导致社会秩序的再一次被破坏，出现新的侵权甚至违法犯罪。

3. 形式多元，容易规避法律

随着经济的进步、社会的发展，人们社会活动日趋增多、关系日趋复杂、利益多种多样，私力救济也呈现出多样化的特点，不再局限于传统的方式。除了法律规定的少数私力救济方式外，大量私力救济都处于法律盲区，游离于法律之外。现行法律制度在面对多样化的私力救济方式时，其滞后性日益凸显，完善法律刻不容缓。

4. 救济后果不确定

私力救济行为是在当事人之间进行的，无需严格的程序，也无需遵守严格的规则，凭当事人的意愿处理纠纷。这种纠纷解决方式往往具有不确定性。救济处理结果的遵守和履行完全在于当事人的自律，任何一方的违反都将导致权利救济处于不确定状态。私力救济不具有国家强制性，任何一方出现反悔都会导致已经确定的解决方案归于无效，常常使纠纷当事人处于不安定状态，无法真正实现恢复权利、恢复破坏了的社会秩序的目标。而私力救济没有解决好纠纷的情况下，当事人不得不诉诸公力救济，既错过了最佳的公力救济处理时间，也增加了公力救济的难度。

私力救济是最原始、最简单的纠纷处理机制，存在自身无法克服的局限性。因私力救济易生流弊，弱者无从实行，强者易仗势欺人，影响社会秩序。故国家愈进步，私力救济的范围愈益缩小。① 但私力救济没有完全退出历史舞台。随着社会的不断发展，私力救济方式不断变化，依然是解决纷争的一个途径，私力救济在现代社会的作用不可忽视。

从私力救济的角度看：一方面，私力救济更能满足人们对实质正义的需求。正义是私力救济的首要价值，也是私力救济的道德基础。当人们的权利受到损害，本能反应就是义愤，要求正义，补救权利。私力救济的目的在于恢复和补救受损的权利，切实维护正义。法治社会是理性、程序性的社会，更加重视形式正义的实现。私力救济对正义的实现具有不可忽视的替代和补充作用，可以弥补在公力救济中失落的实质正义。另一方面，私力救济有利于节约救济成本。司法的程序性是现代法治文明的突出表现，这种以法定程序进行权利救济的过程是通过消耗一定的人力、物力来实现的。私力救济是权利人依靠自己的力量，自行解决问题，在一定程度上可以使复杂的问题简单化，能够以较小的成本获得权利的恢复。

从公力救济的角度看：尽管公力救济在历史发展进程中获得了优势，但公权力有所不逮，私力救济在所难免。② 一是公力救济主要依靠公权力运作，而公权力职责范围和实际能力有限，导致救济的局限性，即总会存在无法通过公力进行救济的侵权行为，需要通过私力予以解决。二是公力救济往往难以将权利与情感、心理、情绪等问题一并解决，出现"赢了官司，输了人情"的情况。而私力救济常能兼顾这些。而且诉诸公力程序有时会使受害者进一步被伤害，即通常所说的"第二次被害"，如性犯罪案件中被害人在诉讼程序中，因要对国家司法机关陈述被害经历等问题而增加痛苦。采

---

① 梁慧星：《民法总论》，法律出版社，1996，第 252 页。
② 王泽鉴：《民法学说与判例研究》，中国政法大学出版社，1998，第 193 页。

取私力救济，双方通过理性的协商、沟通、对话，达成解决方案，有利于照顾到受害方的情感、情绪。可见，公力救济并不能完全替代私力救济，私力救济在现代社会作为公力救济的补充而存在。

因此，要对私力救济予以辩证地分析和评判。既要看到其自身的局限性，又要承认其在现代社会存在的价值。在此基础上，国家针对不同的私力救济形式，采取不同的对策，使得私力救济在更大程度上、更好地发挥权利恢复和维护社会稳定的功能。

第二节　当前我国私力救济情况

传统观点认为，私力救济是对国家权威的挑战。但在法制国家中，国家扮演的并不应当是集权国家的角色，而是"最小守夜人"。国家的职能并非越多越好，越强越好，一个有限政府治理国家完全可能胜于干预过多的政府。[1]"私力救济是一种私人以威慑和制约为核心，高度分散、私人执法的社会控制机制，在社会控制体系中发挥着独特作用。"[2]当国家囿于资源的限制，无力解决某些纠纷时，应当允许人们在法律范围内和社会秩序允许的限度内自行解决。所以，在某种意义上讲，一定限度内的私力救济不仅没有挑战国家权威，而且在一定程度上有利于国家的治理。

一　私力救济在当代存在的基础

私力救济在当今法治时代的持续活力，昭示了其存在的深厚社会基础。

1. 私力救济的人性基础

首先，从人性的角度看，许多私力救济源于一时冲动，与生物自保和复仇的本能密切相关。以公力救济为特征的法治社会需抑制人性的冲动，但是，复仇仍被看作是法律制度构建的起源。从某种意义上讲，通过公力实现救济与依靠私力实现权利对比，私力救济更能满足当事人的自我实现感和平息愤恨情绪。其次，从人的行为理性来看，人们首先考虑的就是实效性。如果从经济分析视角出发，人被假定是理性的，理性人追求最小的成本换取利

---

① 参见毛寿龙、李梅《有限政府的经济分析》，上海三联书店，2000，第79页。

② 《法国刑事诉讼法典》，方蔼如译，法律出版社，1987，第87页。

益的最大化。成本、收益的比较和对效率的追求使人们更自然地选择了私力救济，而启用公力救济就要承担诉讼成本和诉讼过程的周期性，要消耗大量的人力、物力、财力以及时间资源，而且诉讼成本还有不断追加的显著特征。当然，私力救济也需要一定的成本，包括收集、处理信息，付诸谈判或其他行动，向其他提供服务的中介组织支付费用，监督权利实现的费用等。但二者比较起来，私力救济还是代价低许多，使人们更愿意寻求私力救济。

2. 私力救济的文化传统和社会关系基础

古代中国是一个高度完备、成熟的德治社会，社会根据儒法礼治来统治。人们通常不是面对自己的权利提出要求，而是通过情面来解决问题。个人以息诉、止诉来保持自身品德，维护家族声誉；国家以息诉、止诉来弘扬道德。在儒礼文化积淀的影响下，人们对纠纷的解决更多的是依靠私力（个人或家族、宗族）的力量。因此，私力救济在一定程度上与我国传统救济的文化价值取向相符。纠纷解决手段的选择，与人们的社会关系意识相关。中国自古便是农业国家，人们以家庭为本位，生活范围相对封闭和狭小。在这样的"熟人社会"中出现纷争时，人们总是先寻求诉讼以外的方法，依靠地缘、血缘和同业等组织来解决，同时也可能采取惩罚性的制裁。因而，当事人之间的关系距离影响到纠纷是否发生、是诉诸法律还是寻求私人解决。相比之下，若采用公力救济，虽然司法机关可以依照法律的规定和某些价值标准对侵害行为进行判决，但从实际上看，被害人并非都得到实质性的补偿，被害人感情上的裂痕无法消弭。选择私力救济，使当事人从合理的自利心理出发，在博弈的过程中不断调整心理尺度，最大限度地消除双方的感情裂痕，达到双方所期许的和解方案，实现各得其所。

3. 私力救济的司法效能心理评价基础

诉讼是公力救济的法定途径，由国家权力而非冲突主体来解决社会纠纷，通过诉讼来对国家公力和法律权威加以确认。可在司法活动过程中，法律所体现出来的作用却不是万能的，法律自身的普遍性与确定性为其带来了难以克服的局限性。一是，法对于特殊性始终是漠不关心的。这就必然出现个别性与一般性的矛盾。法律的特点使人们的一些权利难以得到法律的评价，难以跨越法律的门槛，得到诉权准入，这些权利的救济成为司法空白。二是，法律的确定性又使社会的发展与法律的相对不发展形成矛盾，使法与社会脱节，此时的善法可能成为彼时的恶法。三是，司法过程中的人为因素也影响着人们对于公力救济的选择。司法不独立、司法腐败、司法专横和裁判执行不力等也不断撼动着人们对法律的信仰和对司法效能的认可。当对公力救济效能低下的认识逐渐形成一种社会民众普遍心理的时候，人们便更会自发地寻求私力救济。

二　当前我国私力救济现状

1. 见义勇为

见义勇为作为中华民族的传统美德被人广为传颂、传承至今。见义勇为指不负有法定或约定救助义务的公民，为使国家利益、社会公共利益和他人的人身财产利益免受或少受不法侵害、自然灾害或意外事故造成的损失，不顾个人安危，挺身而出，积极实施救助的合法行为。以盗窃犯罪为例，一些人认为，抓小偷是警察的职责，普通百姓抓小偷是"狗拿耗子多管闲事"。其实，预防犯罪的专门工作离不开普通公众的参与，而且，在当今社会，公众参与警务活动进行犯罪治理，已经成为国际社会的共识和各国的普遍做法。近几年，我国各地相继出现了一些义务反扒队伍，它们由民间人士自发组织。民间反扒组织成员利用业余时间游走于商场、车站、旅游景点等各种人流密集场所，与扒窃团伙作斗争。比如，深圳"龙之剑"义务反扒队是目前国内规模较大的义务反扒队伍之一。在一定意义上，志愿反扒是专门工作与群众路线相结合的一种有效形式，是对盗窃犯罪实行综合治理的一项重要措施。公民志愿反扒活动，既可以使警方集中精力处置隐蔽性更强的、危害性更大的其他犯罪活动，又可以有效地防止盗窃犯罪活动。此外，从强化反扒效果的角度讲，如果警察长期在特定区域从事反扒工作，很快会被扒手所熟识，从而在一定程度上影响反扒效果；公民志愿反扒则可在一定程度上弥补警察反扒的上述缺陷。民间反扒组织是公民个人反扒行为的延伸，属于私力救济的范畴。

见义勇为一直属于道德范畴的内容，随着社会的进步及法制的发展，见义勇为也正从道德层面逐渐上升至法律层面。1991年3月2日全国人大常务委员会发布了《关于加强社会治安综合治理的规定》，明确提出了"对参与社会治安综合治理工作成绩显著的单位和个人以及与违法犯罪分子斗争有功的人员给予表彰奖励；对与违法犯罪斗争中负伤、致残人员要妥善治疗和安置；对与违法犯罪斗争中牺牲人员的家属给予抚恤"。该文件将保护见义勇为纳入了社会治安综合治理的范畴。《民法通则》第93条、第109条关于无因管理制度的规定，使见义勇为在民法上也得到肯定和部分保护。《刑法》第20条第1款规定，公民不仅可以为保护自己的合法权益而进行正当防卫，还可以为保护国家、他人的合法权益而进行正当防卫。我国一些地方如北京、深圳、重庆、四川等地纷纷将该行为纳入法律规制的范围，颁布实施了有关奖励和保护见义勇为的条例。据统计，已经有18个省制定了保护和奖励见义勇为的法规，而全国见义勇为基金会也已经将有关行政法规的草稿提交给国务院法制办。①

2. "私了"

"私了"作为一种民间纠纷解决机制，即通过和解或调解的方式将纠纷化解，使失衡的关系恢复到原来的平衡状态。化解社会矛盾、构建和谐社会需要各种方法和手段，"私了"的调解方式在一定程度上起到了"息讼""止争"的作用。除了民事领域中存在"私了"现象之外，"私了"也被用来解决违法犯罪问题。通过"私了"的方式，被害人能够相对方便、迅速地和犯罪人达成和解，恢复受损权益。刑事案件"私了"主要有三种形式：一种形式是由双方当事人完全自己协商解决。在发生了刑事案件后，如果此刑事案件属于允许"私了"的刑事案件的范围，当事人之间在没有外人参与下，达成了一致意见，就可以了结由此刑事案件引发的矛盾、冲突、纠纷。这种形式充分体现了当事人之间的互谅互解。以这种形式"私了"的刑事案件，应该说是比较理想的，效果也比较好。另一种形式是在他人参与下，当事人之间协商解决。还有一种形式，是在司法机关的主导下，当事人双方同意司法机关的"私了"解决方案，了结刑事案件，即刑事和解。前两种通过"私了"方式解决违法犯罪问题，是对犯罪人的放纵，使犯罪人逃避了法律的惩处和制裁，容易造成民众对法律权威的蔑视。② 从相关报道和研究来看，"私了"行为农村多于城市。在中国基层社会特别是乡村社会中，还较多存在着刑事案件的"私了"现象。有调查表明，我国乡村社会中刑事案件"私了"的比例占乡村社会犯罪总数的25%以上。③ 相关报道

① 梁明晔：《见义勇为的法律相关性探析》，载《法制与经济》2009年第1期。
② 王丽华：《犯罪被害人权利救济制度研究》，载《理论界》2011年第12期。
③ 肖仕卫：《中国刑事和解的独特功能》，载《中国刑事法杂志》2010年第2期。

也表明，刑事案件"私了"在我国农村确实有着相当的市场。"私了"案件多为强奸、伤害、盗窃等案件且多发于熟人社会，嫌疑人和受害人往往都在同一村庄或同一单位、社区，相距不远，而且双方都相识、相熟，在案发后，多是犯罪嫌疑人首先提出，答应给予受害方一定的金钱、物质或劳力等补偿，要求受害方不向司法机关告发。① 第三种刑事和解的"私了"形式被称为"阳光下的私了"，它和前两种"私了"的区别在于，有司法机关的监督和确认，保证了纠纷解决的有效性、合法性和正当性。刑事和解则是被害人和加害人之间为了利益最大化而选择的案件解决方式。刑事和解体现了在刑事法治运作过程中各种刑事法律关系之间的人性化、宽容和妥协性，成为当前我国解决一些刑事纠纷的新途径。

刑事案件发生后，一些当事人之所以选择"私了"，原因是多方面的：1) 逃避打击，主动"私了"。一些犯罪分子在罪行败露后，不是主动投案自首，争取宽大处理，而是为了逃避法律制裁，千方百计去"私了"。他们主动找人从中说和，低三下四赔罪道歉，请求被害人的宽恕，或是用金钱开道，企图用金钱堵住被害人的嘴，想方设法不让被害人去告发。2) 忍气吞声，被迫"私了"。由于有些犯罪分子有权有势，他们财大气粗，作案后公然采取恐吓、威胁的方式逼迫被害人就范，被害人虽有告发的强烈愿望，但迫于犯罪分子的淫威，或是胆小怕事，只好自认倒霉，忍气吞声地与犯罪分子"私了"。3) 贪图小利，自愿"私了"。犯罪分子在实施犯罪行为后，往往都会以金钱为诱饵，花钱买太平，有些被害人及其家属经不起金钱的诱惑，错误地认为告发后虽然可以使犯罪分子受到应有的制裁，出了心头的恶气，但却不能得到经济上的补偿，而且还会担心犯罪分子出狱后可能进行报复，不如采取"私了"的办法。更有甚者以告发相要挟，迫使犯罪分子给予经济补偿。4) 封建思想作祟，选择"私了"。从古至今，重情感、重伦理、重道德是人们相处的基本准则，形成了传统文化中的无讼厌讼观念，虽然当前我国的诉讼观念发生了很大变化，但仍有相当多的人缺乏通过诉讼寻求救济的主动性，宁可委曲求全、息事宁人也不愿主动去寻求法律的保护。一些被害人受"民不举，官不究""屈死不喊冤，饿死不告状"等封建思想的影响，在受到不法侵害后不是积极拿起法律武器保护自己，而是选择

---

① 朱正余：《刑事和解与刑事案件"私了"》，载《咸宁学院学报》2008 年第 2 期。

"忍为高，和为贵""大事化小，小事化了"的解决办法，认为"得饶人处且饶人"，息事宁人。5）顾及脸面，无奈"私了"。由于一些案件涉及个人隐私，一些被害人，特别是性侵害的被害人，在遭受不法侵害后大都怕家丑外扬，为了顾及面子、名声，不愿告发，"私了"往往是不得已而为之。6）心有顾虑，干脆"私了"。有些被害人对于"经官""公了"缺乏信心，担心司法机关不能公正执法、秉公办案，弄不好还会"打不着狐狸弄身骚"，犯罪人不但没有受到法律制裁，反倒逍遥法外，给自己和家人带来更大的烦恼和麻烦，还不如"私了"省事。7）担心诉讼途径成本高。当诉讼成本高于诉讼所带来的收益时，人们往往不愿通过诉讼来解决自己的纠纷。打官司确实存在诉累的现象，诉讼程序比较繁琐，有的官司耗时几个月甚至几年，牵扯当事人大量的人力、物力及精力，对于居住在边远地区的当事人更是如此。加之，按照现行的诉讼制度，被害人所遭受的经济损失一般要等到诉讼结束后才可能得到赔偿，相当一部分被害人在遭受犯罪侵害后就失去了经济来源，因而往往会在现实面前做出理性选择，此外，司法工作人员的数量不足、素质不高、工作效率较低、办案不公等，使得当事人通过法律程序维权的热情大打折扣。

3. "私刑"

"私刑"是不按法律规定，不经审判，行为人对自认为有罪的人处以"刑罚"。在文明和法制社会里是不允许"私刑"存在的。一个人无论犯了何罪需要受何种刑罚处罚，只能由法定的机构来施行，即通常所说的"公刑"。虽然禁止私刑，但在现实生活中各类私刑事件常见于报端，如商场、超市怀疑顾客行窃而对顾客的非法搜身、非法拘禁，被盗者将小偷游街示众甚至将小偷暴打致死等。在现实中，私刑的主要类型包括：

（1）私人施加的"私刑"。私人自行扣押他人、非法拘禁甚至残害其身体和生命，构成私刑。这种行为不合法，应承担法律责任，情节严重的构成犯罪，可能触犯非法拘禁、故意伤害甚至故意杀人罪。私人施加"私刑"的情形不胜枚举，如复仇，讨债人对债务人非法拘禁或大打出手，村民群起为民除恶，甚至父母为除害大义灭亲等等。（2）组织施加的"私刑"。组织施加的"私刑"指宗族头面人物，以及乡村基层组织、治安联防组织、商场、企事业单位等组织的工作人员或治安人员自行扣押、拘禁他人，甚至残害其身体和生命的行为。（3）公权力机关施加的

"私刑"。行使公权力的人也可能运用"私刑",包括司法和其他公权力机关超越职权或滥用权力施加的"私刑",如非法拘禁、非法搜查、刑讯逼供、暴力取证、体罚虐待被监管人员等。超越职权,指公权力机关采取的强制措施超越职权范围,如乡干部将违反计划生育政策的农民关押或游街,工商干部拘留无照经营的个体户。

此外,在一些偏僻的农村,以"私刑"代替"刑法"的现象还时有发生,综合私刑"除害"的案件,大致有三种情况:一是集体意志,铲除一方祸害。有些地痞无赖横行乡里,无恶不作,乡亲们对其恨之入骨,却又无可奈何。群众在忍无可忍的情况下,群起而攻之,将其置于死地。村民们虽然出了一口恶气,可接受的却是法律的制裁。2002年3月26日的《北京青年报》报道,陕西省周至县凉水泉村村民李某,不思悔改继续作恶。2002年3月10日上午,当地办庙会,李找到庙会主持者说要"弄点钱吸烟"。因为这次活动属村民集资,其无理要求遭到主持人拒绝。李即手持菜刀,找村干部算账。被激怒的村民们围在街道上,用木棒、石块、砖头等"教训"李。一时间,三四百男女老少,甚至行人也参与动手,李当场被打死。之后,上百村民扶老携幼,浩浩荡荡来到周至县公安局集体投案自首。他们说:"我们打死了村里的大祸害!我们全村老少来投案自首了!我们是为民除害……"村民们集体打死地痞无赖,此举令人震惊。他们的行为尽管让人同情,但法律却又无情。虽然是几百人动手将李"处死",可为首致李死亡者还是要承担法律责任。这一悲剧对凉水泉村的村民们来说,付出的代价太沉重了。二是组织谋划,公款买凶除恶。对少数危害乡里的地痞无赖来说,老百姓对其无法可施,即使地方组织对其也一筹莫展。于是,为了地方安定,为了百姓安宁,个别地方竟出现了地方组织谋划,用公款买凶除恶的荒诞事。1999年11月10日的《中国青年报》报道,黑龙江省访河市巨和乡革新村胡钦海,恶名远扬,无人敢惹。胡钦海横行霸道,欺压村民,就是村干部他也不放在眼里。村里被他折腾得一塌糊涂,村干部无法开展工作。村民们的控诉,村干部们的遭遇,激起了村党支部书记吴贤忠、村委会主任崔续柱、村委会副主任田秀昌、村会计何邦先的义愤,他们荒唐地决定,由村里出钱,雇人教训胡钦海。于是,村里花了6000元钱雇人杀害胡钦海。胡钦海的死令村民们拍手称快,然而4名村干部却锒铛入狱。村干部采取以暴制暴的手段,私自剥夺了地痞无赖的生命。这样的行为地方群众拍手赞成，然而却触犯了法律，结果"为民除害"者，同样受到了法律的制裁。三是家庭设刑，父母痛杀亲生。儿女是父母所生，父母有教育和抚养儿女的责任和义务，但父母无权用私刑剥夺儿女的生命。即使儿女大逆不道，也必须由司法机关来处理。父母如非法剥夺了儿女的生命，也同样要受到法律的制裁。

4. 民间悬赏、私人通缉

"由于制度弊端、官僚惰性（如迟缓、僵化、倦怠、集权和服务意识匮乏）、司法腐败、警察素质较低、警力不足等种种原因，公安部门代表国家所提供的公力救济存在着重大的缺陷；而且，这些缺陷在近期内几乎无法克服。"① 在此情况下，民间悬赏、私人通缉应运而生。悬赏的种类繁多，几乎涉及一切领域，如悬赏通缉、悬赏取证、悬赏执行、悬赏打假、悬赏寻人、悬赏寻物、悬赏捉贼等，甚至出现了专业悬赏网站。其中尤以悬赏通缉引起的争议最大。2004 年，甘肃定西人胡某就因悬赏 5000 元寻找债务人，获得线索找到债务人后，却因悬赏惹来官司。有些高额悬赏还会被一些犯罪人所利用，如 2001 年，福建何声荣专门利用"悬赏金"作案，一年里诈骗 7 起。从手段说，"民间悬赏"的取证是私人行为，容易造成侵权，其证据的可靠性、公信力也存在缺陷。2001 年国内就发生过以悬赏取证的方式征集证人，法院因为证人得到报酬而未采信其证言，判决悬赏人败诉的案件。由于"悬赏通缉"的程序、内容及形式等往往不规范，容易出现纠纷。私力救济过度，则可能触犯法律。②

5. 私人调查、私人侦探

私人调查、私人侦探指利用专门知识和特殊技能为社会提供调查服务。在我国，私人调查、私人侦探经过了以下几个发展阶段：第一阶段（1992～2002 年）：开创阶段。此阶段私人调查机构处境艰难，活动基本处于半地下状态。我国现代意义上第一家私人调查机构是 1992 年在上海创立的上海社会安全咨询调查事务所。③ 此后，私人调查业在全国快速发展，但也产生了一些问题。1993 年 9 月 7 日，公安部发布关于禁止开设私人侦探所性质的

---

① 徐昕：《"悬赏通缉"岂能一禁了之？》，载《人民论坛》2007 年第 3 期。

② 蒋德海：《"民间悬赏"：私力救济不宜提倡》，载《人民论坛》2007 年第 3 期。

③ 何家弘等编译《私人侦探与私人保安》，中国人民大学出版社，1990，第 29 页。

民间机构的通知，严禁任何单位和个人开办民事事务调查所等私人侦探性质的民间机构，使刚刚起步的中国私家侦探业被迫又进入了半公开的地下活动。此阶段的后期，公安部不再要求各地严查。1999 年以后，各地又陆续成立了各类调查公司，中国私人调查业开始了新的发展历程。第二阶段（2002～2003 年）：发展阶段。此阶段私人调查机构的地位一定程度合法化，整体获得大发展。2002 年 8 月，国家工商总局将侦探公司列入商品和服务商标注册区分表，允许注册商标，使许多侦探公司合法化。据不完全统计，当时全国私人调查机构近 2.3 万家，从业人员近 20 万人。① 目前在运营的调查公司执照大多是那段时间取得的。国家对私人侦探的法律政策有所松动。2002 年 4 月 1 日最高法院《关于民事诉讼证据的若干规定》施行，允许不违反第 68 条构成非法证据的私人录音和录像作为证据。2002 年 11 月，四川泸州市龙马潭区法院在一起两年未执行的民事案件中，原告请求法院允许私人侦探介入，十余天就促使执行完成，法院对私人侦探兑现了奖励。第三阶段（2003 年至今）：遭遇瓶颈阶段。发展受到严重挫折。私人调查业快速发展，产生的一些问题引起了有关部门的关注。公安部引用 1993 年的通知，突然要求终止对私人调查类公司的执照发放，并进行取缔，私人调查业遭遇重大挫折。目前，从事私人调查机构的数量，尚缺权威的统计数字，但几乎每个县市都有调查公司，显见其存在的普遍性。

私人调查、私人侦探的产生和发展有一定的法律和社会原因。其中，法律背景包括：一方面，诉讼和举证制度直接推动私人调查业的发展。刑事诉讼法第 170 条（2012 年修订前）规定，被害人有权提起刑事自诉，但同时规定被害人必须提供相关证明。民事诉讼领域有谁主张谁举证的原则。2001年，最高人民法院发布了《关于民事诉讼证据的若干规定》，强化了当事人举证的责任和义务，使许多当事人尝试寻求具有专业技能的人或机构的帮助，这一诉讼举证的制度，直接推动私人调查业的产生和发展。另一方面，公力救济缺失，仅依靠公权力无法充分保护当事人的合法利益，此时私人调查业可起到补充辅助的作用。社会背景是：随着人们的法律观念和维权意识越来越强，遇到难以解决的纠纷，往往通过法律途径来解决，但诉讼最重要的环节之一是证据，使得以调查和搜集证据为主要业务的私人调查业，有了

---

① 曾丽清：《情感侦探，你能走多远》，载《今日文摘》2004 年第 18 期。

更加广阔的空间，从而提供了越来越成熟的适合私人调查业生存发展的条件，成为私人调查业发展非常重要的社会因素。

6. 自救行为

自救行为，是指权利受到违法行为侵害的人，在国家机关尚未依照法律程序采取措施之前，依靠自己的力量救济，维护自己权利的行为。例如，盗窃罪的被害人在犯罪人将毁损盗窃财物或逃往外地等场合，来不及通过法律程序挽回损失时，迅速从罪犯手中夺回财物，就是一种自救行为。2008 年 7 月 1 日，广东顺德一位女士驾车撞倒了劫匪夺回 20 万元，未造成严重后果。7 月 13 日一位被劫女士驾车撞倒了骑摩托车的劫匪，造成劫匪一死一伤。此类行为就属于自救行为（有学者认为，此类行为属于正当防卫）。我国刑法对自救行为尚未有明文规定，对自救行为进行规定的国家寥寥无几，只有韩国、日本、意大利、瑞士等国对自救行为做出了明文规定。在大陆法系国家刑法中，自救行为是超法规的违法阻却事由。① 目前，我国存在着不少自救行为，但是由于未进行明确的刑事立法，因此在司法实践中对自救行为的处理结果也是极不统一。②

在理论界，刑法理论通说认为，在现代法治社会国家，原则上要通过国家机关来救济对法益的侵害，而不允许被害人自己实施恢复权利的行为。但事实上国家救济机关不是万能的，在一些紧急情况下，若否认自救行为，无异于强令被害人先行牺牲自己的利益，再循法律手段请求国家机关加以救济，不仅缓不救急，而且暴露法律不正义的一面，因此，应当允许被害人自己实施恢复权利的行为。若必须等待国家救济的话，被侵害的权利就可能在事实上不可能或者明显难以恢复。这就会使当事人的合法权利得不到保障，而且也难以维持法律秩序，并可能招致社会生活秩序的混乱。同时这也有悖于法律保护人民权利的宗旨，影响法律在社会中的威信。因此，刑法不仅应当规定正当防卫和紧急避险制度，也应对自救行为进行明文规定。有学者呼吁，应当借鉴正当防卫的理论，根据自救行为的紧急程度、法益权衡、行为的相当性等严格要件予以规定。

① 蒲树和、彭丁云：《刑法自救行为制度立法刍议——以现有民事立法自助行为制度为参考》，载《法制与社会》2008 年第 3 期。
② 康建华：《论刑法意义上的自救行为》，载《法制与社会》2009 年第 1 期。

三 私力救济评析

1. 见义勇为

见义勇为就其行为本身而言，无疑对控制和预防犯罪有重要作用。首先，见义勇为是针对违法犯罪行为所实施的，这就意味着见义勇为的行为越多，违法犯罪行为受到干扰和限制的情况就越多，这本身就是对违法犯罪行为的一种控制。其次，通过奖励机制和补偿机制，使潜在的实施见义勇为的行为人增加，从而使犯罪分子在实施违法犯罪行为时面临的潜在抵制力量增加，这就加大了对违法犯罪行为的控制力度。最后，潜在的见义勇为人群的增加，会使有实施违法犯罪行为倾向的人心存忌惮，使其在相对公开的场合难以实施违法犯罪行为，这样实际上就实现了对犯罪行为的预防。[1] 反扒等见义勇为行为，一定程度上弥补了公力救济的不足，切实维护了被害人的受损权益，但是若反扒行为处理不当，容易造成对自己和对他人的伤害。因此，对于"见义勇为"，国家要加以规范和引导，使其在合理的范围内发挥积极有效的作用。鉴于此，一些地方开始对反扒组织进行规范管理，如海口市警于 2007 年 4 月收编民间反扒组织，成立反扒志愿者大队，由市交巡警支队管理指导。对于收编的义务反扒员，由法律专家进行法律培训，反扒能手教反扒技能，协助警方完成反扒任务。[2] 这一做法，既支持了民众参与违法犯罪治理的积极性，弥补了当前警力的不足，震慑了犯罪人，又规范和引导了民间反扒行为，有利于防止私力救济的消极作用。

2. "私了"

"私了"成本低、效率高，具有经济性、效率性、便利性等特点，能够发挥当事人的主体性。但是没有司法机关参与的，单纯刑事案件双方当事人之间的"私了"存在很多问题：从刑事案件的"私了"实践来看，许多案件的"私了"并没有最终解决纠纷，也没有满足当事者的各种需求。特别是在中国这样一个社会结构急剧变迁的环境下，情形更是如此。由于社会流动性的增强和社会（社区）对个人控制能力的减弱，"私了"往

---

[1] 梁明晔：《见义勇为的法律相关性探析》，载《法制与经济》2009 年第 1 期。

[2] 参见杨燕生、陈世清《海口警方在全国率先收编民间反扒组织》，载《法制日报》2007 年 4 月 9 日，第 5 版。

往缺乏足够的力量保障执行，从而导致一些"私了"案件"'了'而不绝"，反而增加了当事者纠纷解决的成本。个人理性选择的结果并不一定符合公共利益的要求。一般来说，犯罪侵犯的并不限于被害人的利益，而是包括了或多或少的社会（社区）安全感在内的公共利益。但是，一种基于个人理性的"私了"，很可能只关照了加害人和受害人之间的利益交换，而忽视了犯罪对社会利益的侵害。"私了"是一种缺乏法律依据的越权处理案件的违法行为，其结果不仅无效，而且还会给社会带来严重的后果和影响。（1）亵渎法律尊严。在"私了"的刑事案件中，应当依法追究犯罪人的刑事责任，但犯罪人因"私了"而逃避了法律的打击，这种行为是对法律的蔑视和公然挑衅，不仅侵害了被害人的合法权益，更是践踏了法律的尊严。（2）放纵犯罪。由于刑事案件"私了"，致使一些犯罪人长期逍遥法外，迟迟不能受到法律应有的打击和制裁，是对犯罪人的犯罪行为的一种姑息、纵容和怂恿，助长了罪恶和犯罪分子的嚣张气焰。（3）干扰政法机关办案。"私了"增加了案件的查处难度，延误了办案的最佳时机，使犯罪人不能尽快被抓获归案，有时还会因为相隔时间久远，致使一些关键的犯罪证据灭失，给案件的最终定性造成很大的困难。（4）"私了"难了。俗话说，纸里包不住火，没有不透风的墙。犯罪分子企图以"私了"方式息事宁人的做法往往都会错打了如意算盘，只能得逞于一时，一旦东窗事发，仍然是要受到法律制裁的。另一方面，被害人与犯罪分子媾和，并不能真正使其弃恶从善，甚至还会变本加厉地对被害人纠缠不休。可见，"私了"是不能真正了结的。（5）"私了"的结果缺乏法律保障。刑事案件"私了"达成的协议，若是犯罪人自愿接受的，犯罪人还有可能积极地兑现自己的承诺，若是犯罪人在不自愿的情况下达成的协议，犯罪人就有可能耍赖，迟迟不能履行到期的承诺，给被害人及家属造成心理上的再次伤害。犯罪人承诺的"空头支票"使被害人的权益没有得到救济，法律也不承认"私了"所产生的结果。通过"私了"方式解决违法犯罪问题，是对犯罪人的放纵。"私了"使犯罪人逃避了法律的惩处和制裁，容易造成民众对法律权威的蔑视。① 这应该是法律所禁止的。

---

① 王丽华：《犯罪被害人权利救济制度研究》，载《理论界》2011 年第 12 期。

3. "私刑"

"私刑"为我国法律所禁止,只能是一种以暴制暴。在现代社会里,当我们选择以暴力的方式来表现胸中的正义感时,其实恰恰走向了正义的反面。以暴制暴,以违法对违法,张扬的不是正义与和谐,而只能是暴力与仇恨。以暴制暴永远是一个恶性循环。"私刑"产生的一个重要原因就是当事人法律意识淡薄。以家属当街施"私刑"暴打男子致死案为例,被害少女的母亲高喊着"死有余辜",率亲戚当街暴打嫌犯,最终导致其丧命。在这位母亲"死有余辜"的高喊中,她向周围人解释了两条理由,这两条理由完全可以借助法律"复仇"。从法律角度看,按照这位母亲的说法,嫌犯涉及了两条重罪:一是迷奸未成年少女,二是"卖白粉"。如果这两条犯罪情节都查有实证,嫌犯很有可能会被判处重刑。假如她对法律有更为充分的了解,就该知道强奸未成年少女和贩卖毒品意味着什么后果。这位母亲就该有一个更好的"报复"行动:积极搜集和保护证据,完全交由警方处理。在法治社会,每个公民都应该了解法律、运用法律,绝不可放纵内心的冲动。以暴制暴是种"可怕的正义感",任何人都无权以公共利益之名,以私权甚至"私刑"危及他人生命安全,这是一个社会得以良治、法治的基本准则。反之,若人人皆可替代公权如此这般地"行侠仗义""替天行道",其后果并不难想象。公民的权利不在于对违法现象动"私刑",而在于通过合法的途径来制止违法行为。因此,应当严厉禁止"私刑"。

4. 悬赏通缉

悬赏通缉作为公民同违法犯罪作斗争的一种方式,对公力救济亦有一定的补充作用和积极意义。悬赏通缉对于及时暴露、抓获和惩罚犯罪分子,弥补公安机关侦查力量的不足具有积极作用。当然,悬赏通缉有诸多弊端。首先,以私力救济的方式为警方提供破案线索,有促进破案的可能,但其负面影响不可低估。有时被害人家属的悬赏对象不仅包括民间,而且包括负有法定义务的警察,其导向与现代法治文明不一致。破案追凶本是警方的义务,但在这种悬赏之下,破案似乎成了警察为某人"打工"的方式,这无疑改变了公力救济维护社会秩序的性质,是一种不严肃的行为。① 而当代表国家追凶惩恶的司法机关沾上悬赏的铜臭味时,其社会公信力和正义感也会大打

---

① 蒋德海:《"民间悬赏":私力救济不宜提倡》,载《人民论坛》2007 年第 3 期。

折扣。其次，悬赏通缉介入破案，会在一定程度上使破案者产生依赖感，从而降低警方破案的主观能动性。在没有民间悬赏的条件下，追凶破案全靠警方的职业道德和主客观能力。为了提高破案率，警方必须也应当通过自身的努力，大大提高自身的侦查业务素质。而如果悬赏通缉普遍化，不仅警方这种自我努力的需求会降低，甚至可能出现某些司法人员利用悬赏谋私的现象，致使相关人无奈掏钱进行悬赏。另外，当悬赏通缉与警方破案的质量和数量有直接关系的时候，刑事案件的侦破率及其质量就与当事人的贫富状况相联系，而这种贫富之分不仅减弱了国家保障公民安全和社会秩序的公平性，也是对社会正义的挑战。再次，悬赏通缉的私力救济也不利于公民道德的培养。在我国社会主义法治条件下，公民道德的提升主要应通过法治的实践，使我们的公民能够真正确立起不仅自己严格守法，而且能够积极干预违法行为的社会主义的公民道德。强调公民道德，就是要求公民积极投身到中国的民主和法治建设中去，用国家主人翁的精神，与一切破坏法律的现象和行为作斗争，维护国家的民主和法治。而悬赏通缉将"利益"和"好处"放在第一位，有"唯利举报"的副作用，容易导致某些人见不到悬赏就不主动配合破案、不积极尽力维护社会治安的弊端。

5. 私人调查、私人侦探

其既有积极作用和正面价值，也具有一定的消极影响。一方面，私人调查的发展有助于私力救济实现。随着高科技信息获取手段的广泛出现和现代交通工具日益便捷，私力救济在更大范围上得到了运用。但不得不指出的是，私力救济毕竟是个体自发进行的救济活动，既然属于自我救济，那么未必每一个个体都能有效运用专业救济手段，从而难免令其效果大打折扣，而私人调查业的发展恰好部分解决了该问题。私人调查活动是由具备专业能力的私人调查员或私家侦探开展的，较之不精于此道的普通公民，他们的基本技能和配套装备要高出许多，为达到获取相应信息情报证据的目的，他们甚至会灵活巧妙地使用各种奇妙招数，譬如在一些制假案件中，因目标工厂戒备森严，为了能获得相关证据，某些私家侦探便设法利用经改装后安有摄像头的遥控飞机进入工厂低空拍摄。国内知名私家侦探孟广刚、识途马等人因调查水准高超、方式独到还屡屡被训练有素的警方邀请参与刑事案件侦破工作。通过发展私人调查业，由雇主转聘私人调查员或私家侦探这类专业人士，更能高效获得所需信息情报及证据，最终保障他们依靠有利凭证顺利解决纠纷，实现私力救济。

另一方面，私人调查业的发展可能会损害公民基本人权。首先，私人调查业的发展难免侵害到公民隐私权。由于私人调查员或私家侦探搜集获取所需的信息情报及证据，会用到各种调查手段，暗地跟踪、偷拍、窃听、监视甚至潜入对方内部获取秘密情报等特殊方式也会酌情采用，这难免会涉及诸多被调查对象不愿公开的隐私，侵犯他们的隐私权。其次，私人调查业的发展可能伤及公民人身安全和财产权。在某些特殊情况下受同行竞争激烈、自身素质良莠不齐等因素影响，私人调查员或私家侦探为能尽快更好地完成雇主委托，很可能会动用过激的非法强制性调查手段，例如威胁恐吓、私下拘禁、私刑逼供、扣押财产等等，而这些手段一般都是法律严禁私人采用的，它们被大肆使用给公民人身安全和财产权所造成的巨大损害难以估量。如重庆邦德调查公司便因严重侵犯公民人身安全等不法行为，被检察机关以非法拘禁罪、绑架罪等罪名起诉。再如，有的私家侦探所变成了专门替人讨债的讨债公司，甚至成为带有黑社会性质的组织；有的利用获取的证据对当事人进行敲诈勒索，甚至非法限制、剥夺公民的人身自由。在成都、武汉、南京等地，更是发生了诈骗、诱奸妇女、暗中拍卖被调查人家庭隐私情报资料等事件。而且，私人调查还涉嫌侵犯侦查权。根据刑事诉讼法等法律的规定，我国行使侦查权的机关只有公安机关、人民检察院、国家安全机关、军队保卫部门和监狱，而私家侦探们要通过各种手段去获取信息，甚至采用一些只有侦查机关才能使用的手段去进行跟踪、盯梢。根据一些学者的理解，这在事实上行使了只有侦查机关才能合法拥有的侦查权，严重侵犯了侦查权的权威性和专属性。私人调查难免会同侦查发生一定程度的重合混淆，一味对私人调查业发展听之任之，势必给人们造成国家侦查权盲目扩大化之错觉，进而严重影响侦查活动的开展和国家公权力的严肃性、统一性，阻碍国家侦查权之有效运作。这样就混淆了公权私权界限，模糊了国家侦查机关为依法追诉犯罪而进行的侦查活动的职务性、强制性和专门性，同时也给侦查权的界定造成困难和障碍。①

此外，由于我国私人侦探调查行为合法性赋予的缺位及相应配套措施和行业职业规则的空白或不完善，私人侦探在发展过程中，暴露出了很多问题：

---

① 毛立新：《侦查法治研究》，中国人民公安大学出版社，2008，第13~14页。

管理混乱,人员良莠不齐,调查员道德观念淡薄,片面追求经济利益,常以商务调查为幌子从事非法经营活动等。虽然私家侦探所业内曾陆续召开过调查行业会议,研讨调查范围、手段、行业协作及技术交流,并成立了中国调查业联盟,但这仅仅是一个联盟,不具有行业自律的性质。因此,应加强对其规范和引导。

6. 自救行为

自救行为属于私力救济的一种,在一些情形下对权利的保障要比公力救济更直接、更便利、更具有实效、成本更低、效率更高,更易释放不满和更贴近人性,可以弥补公力救济解决纠纷的不足:

(1)从法理角度而言,由国家有关机关实施的救助,属于公力救助,但由于具体情况的特殊性,公力救助难以及时、迅速地发挥其作用,难以达到其预期目的。在情况紧急,来不及请求国家机关救助的条件下,允许当事人为保护自身的权利而予以自救,这在情理之中。否则,如不允许私力救助,放任公民的权利受到损害,让被害人眼睁睁地看着不法侵害者侵害自己的权利而无能为力,这显然有失社会的公平与正义,也不利于维护正常的社会秩序和保持社会的稳定。①

(2)从法律价值角度分析,刑法应该是公平性和效益性的统一,而自救行为则有利于及时制止不法行为造成的后果,降低社会成本,减少社会损失,节约国家资源,尽快恢复稳定的社会秩序,实现法律效益的最大化。

(3)就社会效果而言,自救行为的合法化有助于鼓励和倡导广大公民同犯罪行为作斗争,培养良好的社会环境,形成良好的社会风气,体现刑事政策的需要。②

(4)自救行为可以作为正当防卫的补充。譬如对于不作为犯罪,只有在行为造成法律后果时才能确定,但此时不法侵害已经结束,已无必要实施正当防卫。因此,必须依靠自救行为加以救助。

另一方面,自救行为易生流弊,弱者无从实行,强者易仗势欺人,影响社会秩序,存在很大的被滥用的可能。自救行为的消极表现是:

(1)在法制社会里,由于完成了国家统一权力,确立了法秩序,个人权利统合于国家权力保护之下,其前提是禁止私人复仇、救助,而自救行为

---

① 赤沙莫日:《试论自救行为的刑事立法》,载《毕节学院学报》2011年第3期。
② 赤沙莫日:《试论自救行为的刑事立法》,载《毕节学院学报》2011年第3期。

是一种不依法定秩序而损害他人权益的行为，破坏了法的安全性。

（2）自救行为的限度较难把握，容易超过必要限度造成不应有的损害。

因此，对于自救行为，一方面要充分发挥其解决纠纷的功能，另一方面又要通过完善立法遏制其消极影响。

以上介绍和分析的几种私力救济形式，不仅限于刑事犯罪，民事案件、行政案件中也可能发生。

第三节　犯罪被害人社会援助制度

一　概念梳理

据《现代汉语词典》解释，"援助"的含义即为支援、帮助。"社会援助"，顾名思义，即通过社会力量来展开支援和帮助。就社会援助权而言，"援助"一词具有一定的道德色彩。一般来说，犯罪被害人援助是指所有旨在减轻被害人的痛苦和增强被害人康复能力的活动。[①] 犯罪被害人社会援助包括经济援助、紧急医疗服务、心理咨询和治疗等，主要是通过民间设立的被害人援助机构进行。[②] 对被害人进行援助是人道主义的体现，也是社会认识水平普遍提高的标志。

1985年11月29日，联合国大会通过了由联合国预防犯罪和刑事司法委员会起草的《为罪行和滥用权力行为受害者取得公理的基本原则宣言》（以下简称《宣言》）。《宣言》第14条对获得（社会）援助权作了原则性规定：受害者应从政府、自愿机构、社区方面及地方途径获得必要的物质、医疗、心理及社会援助。据此，被害人有权从政府部门、社区组织和社会慈善机构获得社会援助。援助的内容则包括物质支持（如经济补偿）、医疗服务、心理咨询和辅导、情感支持、法律服务、安全保障及其他社会活动或日常生活上的帮助等。第15、16条还规定，成员国当局应使受害者知道可供使用的医疗和社会服务及其他有关的援助，并且能够利用这些服务和援助。同时还应对警察、司法、

---

① 参见麻国安《被害人援助论》，上海财经大学出版社，2002，第1页。

② 当然，一些国家如美国、日本也设立官方的被害人援助机构，但从总的情况来看，以民间援助为多。

医疗保健、社会服务及其他有关人员进行培训，使他们认识到受害者的需要，并使他们对准则有所认识以确保适当和迅速的援助。

二 特征分析

一般而言，犯罪被害人社会援助有以下特征：

1. 援助的自治性和自主性

犯罪被害人社会援助不依靠国家强制权力，不属于国家为社会公众提供的公共资源。被害人社会援助的存在和运行，完全由被害人或第三者（个人或社会）根据需求进行自主选择。在现实中，公共司法资源及其他纠纷解决机制不能满足所有的现实需要，必须通过社会援助解决现实问题。此外，援助者可自由选择援助的内容并自行设定援助的条件。

2. 主体的民间性或非官方性

犯罪被害人社会援助没有明确的义务主体，提供服务的是愿意实施援助的社会组织或个人，当然，那些具有法定义务或职责的社会组织及个人除外。在现实中，许多被害人社会援助都是第三方提供的。第三方往往是不具备任何官方色彩和职业资格的社会民间机构或个人，既有临时帮助解决纠纷的，也有通过常设机构或组织进行的。当然，有些组织机构可能是违法的，也可能处在法律的边缘，有些则可能获得国家的承认和支持，转化为被害人社会援助组织。

3. 犯罪被害人社会援助具有人权保障特征

人权是人依据其自然属性和社会本质属性所享有和应当享有的权利。个人作为"自然"的人所享有的权利，是个人对社会和国家的要求。国家法律和政府应当确认、保护和实现这些权利，而不得妨碍和侵犯。当被害人受到犯罪侵害后，其生命健康、人身自由或财产利益遭受了一定损害，国家对犯罪行为人行使刑罚权，追究其刑事责任，是对被害人基本人权的一种法律保护。而被害人获得社会援助则体现了社会层面对被害人的保护。特别是当被害人无偿地享受援助利益，获得社会的同情、支持、理解和帮助时，不仅可能使被害人所遭受的犯罪所害尽早修复，而且可以保障他们生存及追求幸福等宪法规定的基本人权。[①]

---

① 李波阳、吕继东：《建议确立刑事被害人援助制度》，载《河北法学》2003 年第 3 期。

三 犯罪被害人援助制度的意义

在现实生活中，犯罪行为给被害人造成人身伤害、财产损失、精神痛苦和心灵创伤，需要全社会的理解、尊重和关怀。在犯罪人赔偿不充分、国家补偿缺位的情况下，构建和完善被害人社会援助制度，帮助被害人尽快走出犯罪阴影，恢复正常生活，有利于社会的和谐与稳定。

1. 犯罪被害人社会援助弥补了公力救济的不足，与公力救济交叉互补

囿于人力、物力等司法资源的限制，司法机关全面维护被害人的合法权利并去解决其现实困难是很困难的，所以，司法权力等公力救济只能在法律框架内有限运行。与之相比，被害人社会援助则可以渗透到被害人的方方面面。因此，社会援助所提供的细致服务有助于弥补国家保护被害人过程中的各种疏漏。实践证明，许多身心健康、财产利益以及相关权利遭受犯罪严重侵害的被害人，仅凭自身力量来主张和维护自己的合法权益是很难的，而来自程序运行之外的理解、关怀、尊重和支持是必要的，获得社会援助是帮助被害人减轻犯罪所害、防止二次被害的必要补充。因此，被害人获得社会援助，是充分保护被害人权利的重要制度支撑。

2. 犯罪被害人社会援助有利于预防犯罪和被害

对被害人提供及时、有效的援助，能有效减轻被害人的犯罪损害并防止被害人产生恶逆变或再度被害。当被害人遭受到犯罪伤害后，社会援助中的经济支援可以在一定程度上缓解被害人的物质生活困难；医疗援助可以使被害人恢复身心健康；心理干预和心理辅导可以抚慰被害人心理创伤，使被害人重建生活信心，进而使其犯罪损害减至最低限度。更为重要的是，当被害人体会到社会的援助和温暖后，可以防止心态失衡，理性地对待自己的受害，不至于产生仿效或报复心理，防止被害人将对犯罪行为或犯罪分子的仇恨转嫁于社会，避免其产生被害逆变。另外，社会援助还有助于避免被害人再度受害。特别是对于那些暴力犯罪（如家庭暴力）的被害人，完全由司法机关提供避难场所往往难以满足需要。如果由社会援助机构来为被害人提供过渡的物质条件，其再度受害的机会则会大大减少。

3. 被害人社会援助是社会人道主义精神的体现

对被害人提供社会援助，体现了良好的人际互助关系，是对社会人道主义精神的弘扬。被害人受到犯罪侵害后，心理脆弱且社会安全感显著降低，

关心、爱护和尊重被害人，可以让被害人感受到社会的温暖，感觉到社会中"善"的存在，而不至于走向社会的对立面。当前，我国正致力于诚信友爱、安定有序、和谐社会的构建，如果被害人能获得社会援助，其身心得以抚慰，日常生活得到基本保障，必将有助于人与人之间、人与社会的和谐，进而促进和谐社会的全面建设和发展。

四 国外犯罪被害人援助情况

在法治相对完善且经济较为发达的国家和地区，犯罪被害人社会援助活动活跃且相关制度比较完善。

1. 美国

美国是最早发展犯罪被害人获得社会援助权的国家，被害人援助组织日渐成熟、完善。在1972年，美国只有3个被害人援助组织，截止到现在已有近万个被害人援助组织。在这些社会组织中，除了国家和政府设立的组织外，大部分为私人组织。在1975年，美国成立了最具规模的全国性援助组织——援助被害人全国联盟，该组织为非营利性民间团体。此外，其他有较大影响的援助被害人的全国性组织还有：1988年依据《美国联邦被害人保护法》成立的犯罪被害人办公室、1985年的民间组织犯罪被害人全国中心。这些全国性的被害人援助机构的活动宗旨是，在国家范围内保护犯罪和危机事件中的被害人，对被害人个人甚至其家庭提供无偿援助和支持，帮助被害人解决困难重建生活。在被害人援助的具体内容上，通常是：为社会组织的志愿者进行特别的专业技术培训，对被害人提供物质帮助，提供法律咨询及法律事务联络等服务，干预和辅导心理危机，提供医疗信息和服务，提供日常事务信息及咨询组织、保险理赔、申请赔偿等。另外，还有许多以州或县、市的犯罪被害人为服务对象，规模大小不一的被害人援助组织，其援助方式基本没有超出美国联邦的《被害人和证人保护法》（1982年）和《犯罪被害人保护法》（1984年）的法律框架。如，弗吉尼亚州的被害人援助计划包含了咨询服务、理疗服务、信息推介、小组支持、提供临时或长期的安全避难所、司法参与支持、紧急财政援助、紧急法律代理、个人事务支持、补偿申请援助等等。

美国于1984年成立了犯罪被害人基金，国会每年给予基金的拨款达数千万美元，用于被害人补偿和被害人服务项目。2002年成立的援助被害人全国管理委员会则为各州的被害人援助工作提供培训和技术支持。2003 年，美国国会还通过了增加被害人权利、扩大被害人受援助范围的保护被害人法案，对 1984 年的《犯罪被害人保护法》作了进一步完善。在法律援助内容上，一是一般援助事项，包括告知被害人紧急救护的地点、告知被害人心理咨询和治疗的处所，告知被害人法定援助的种类和方法，提供援助人员、采取紧急援助措施等；二是案件侦查中的援助事项，包括督促法院告知捕获犯罪嫌疑人的日期、开庭及判决日期等；三是案件审理中的援助事项，包括督促法院设立被害人与被告相互隔离的候审室等；四是审判后的援助事项，包括督促法院及监管部门告知被害人关于被告人的状况等；五是其他援助事项，包括协助被害人保全证据、资助支出司法鉴定费用等。① 可见，美国对被害人的援助制度已经十分完备。

美国社会援助组织的规模、财政状况、支援服务的对象和内容千差万别。比如，全国性的组织——全美被害人支援机构，其工作得到了美国联邦政府的首肯，国会通过了《美国联邦被害人和证人保护法》，明确了被害援助工作的三大宗旨：减低被害人心理伤害的程度；节省执法的经济成本和时间流程；鼓励被害人报案，并促进其与司法机关的合作。在实际工作中，援助组织的专业人员凭借人力、财力、物力及专门技术，向被害人提供心理、经济、法律等方面的援助。此外，他们还开展心理咨询及指导，通过和被害人的直接交谈，并向其提供信息咨询，去抚慰被害人的精神创伤。援助组织将生活无着落的被害人安排到社区服务机构中去，或者征得被害人同意，向新闻界提供关于被害人的确切情况，以引起社会各界的关注和关心；或在审判前和审判中，了解国家及地方机关被害人赔偿的相关法律法规，以便向索赔的被害人提供法律援助；等等。

2. 英国

对被害人的社会援助制度在英国建立较早，在 1969 年，英国成立了第一个针对被害人的民间援助团体，1970 年 60 多个被害人援助团体组成了"被害人援助组织全国联盟"。被害人援助机构设在刑事法院或治安法院内，在各地设有分支机构和服务热线，援助工作的具体内容包括聆听被害人的控

---

① 宋英辉：《英美法联邦德国四国刑事被害人保护对策之比较》，载《法律科学》1990 年第 5 期。

诉、抚慰被害人的心理、代为申请国家补偿等。被害人援助团体面对所有类型的犯罪被害人，也有的组织针对的是专门的特殊类型的被害人，如暴力犯罪被害人援助中心、妇女权益保护中心、未成年被害人援助中心等。被害人援助组织的组成人员大多是有正义感、同情心并拥有一定财力的人士，最初都是由私人倡议成立并承担经费的。当这些组织在社会上拥有一定影响之后，政府就承担其主要费用，为此，政府设立了犯罪被害援助基金，促进被害人援助工作的有力开展。另外，英国还有独立的慈善机构——被害人援助机构，专门为被害人、证人及其家庭与朋友提供信息和援助，目的在于提高社会对犯罪及其后果的认识，保护被害人的合法权益。总之，被害人援助组织的工作在保护被害人的权利、医治被害人的心灵创伤等方面起到了不可替代的独特作用，功不可没。

另外，在 1974 年，英国首家民间性质的被害人慈善组织——被害人支持协会（Victim Support，简称 VS）成立，并于 1979 年建立了全国性网络组织。现在，VS 协会已经发展成为一个专门为被害人提供保密服务、促进被害人权利保护的社会慈善组织。VS 协会 95％以上的运营经费来自英国内政部每年约 1200 万英镑的补助金。VS 协会为了提高工作效果，对被害人援助志愿者和网络组织员工进行培训，培训内容包括：恳谈技巧；警务工作流程；法庭程序；申请赔偿和补偿；保险理赔；解答问题方法；与其他组织沟通交流的方式等。VS 援助被害人的主要方式有：通过恳谈缓解被害人心理压力；经济补偿；犯罪预防；医疗服务；提供临时住所；帮助保险理赔；申请社会保险津贴；帮助被害人出庭作证等。VS 协会除了培训一批被害人援助志愿者和其网络组织的员工外，还为被害人和证人提供实际服务和信息支持。VS 协会在英格兰、威尔士、北爱尔兰及苏格兰均设有分支机构，并在英格兰、威尔士设有证人服务社，这些组织在对被害人的援助方面发挥了重要作用。

3. 德国

在立法上，德国在 1986 年通过了第一部改善刑事诉讼中被害人地位的法律——《被害人保护法》，并于 1987 年颁布实施。其中最重要的新规定有：改善了对于被害人及其涉及人员的人格保护问题，比如，规定只有在为查明案件真相所绝对必需的案件中才能就涉及其个人隐私的问题提问；对于被害人参与刑事审判的可能性作出了新的规定与改善；增强了被害人从罪犯处获得赔偿的可能性。①

在社会援助组织方面，德国在 20 世纪 70 年代建立了被害人的社会援助组织——"白环"组织，意思是由清白的、无过错的被害人所组成的团体。如今，"白环"组织在全国设有 500 多个咨询中心，有 9 万多名志愿者，向被害人送去温暖、关爱和支持。"白环"组织的宗旨是协助被害人心理康复和生活重建，服务对象除了其会员和委托者之外，还包括所有的犯罪被害人。在组织性质上，"白环"组织是非营利性的社团法人，无偿向受害人提供援助。在经费来源上，"白环"组织最初的经费源于会员的会费、社会捐款等，后来法院和政府从交通案件的部分罚款及其他费用中拨付资金予以支持。在实际生活中，即便是在小的银行的窗口，也有关于"白环"的募金和征集会员的宣传资料。通常，"白环"还召集市民集会，搜集、征求市民对被害人制度的意见和要求，并向政府和有关部门提出改进建议等。② "白环"在德国被害人社会援助制度建设方面起到了重要作用。

在活动内容上，社会援助组织开展了多项活动，比如，对被害人进行照顾和帮助；在被害人和法院等机关之间进行联络；在法庭出庭时的服务；对经济困难的提供生活援助；提供律师费、医疗费以及有关补偿而必需的费用和援助。

4. 日本

在立法上，日本关于被害人保护方面的规定较多。在 1981 年，日本率先颁布了《犯罪被害人等给付金支付办法》，规定对遭到犯罪行为侵害而死亡的人的遗族或致残的本人，由国家付给被害人等抚恤金。1996 年制定了《被害人对策纲要》，1999 年 4 月开始在全国各地检察院实施被害人通知制度。2000 年通过了《刑事诉讼法和检察审查会法的部分改正的法律》，大大强化了刑事诉讼中对被害人的保护。同年颁布《被害人保护法》，赋予了被害人等旁听庭审程序、阅览和抄录庭审记录的权利，并且在刑事诉讼程序中导入民事和解制度。

社会援助被害人活动比较活跃，在 20 世纪 80 年代，日本国内各种被害

---

① 〔德〕汉斯·约阿希姆·施奈德：《国家范围内的被害人》，中国人民公安大学出版社，1992，第 423 页。

② 〔日〕安部哲夫：《德国犯罪被害者的权利》，载《法律时报》1999 年第 9 期。

人援助机构先后成立。1983 年设立东京强奸救援中心，主要是为强奸被害人提供电话咨询。1990 年，以官泽浩一教授、大谷实教授为核心的学者们成立日本被害人学会。1992 年东京医科齿科大学设立犯罪被害人咨询室，为那些因为暴力犯罪而遭受恐惧和创伤的被害人提供咨询和治疗。1995 年，在水户的常磐大学设立了水户被害人援助中心，该中心为犯罪被害人等提供信息和咨询以求被害人心理和经济的恢复。1996 年，日本警察厅设立犯罪被害人对策室，目的在于被害人对策的企划、调查、协调及负责和民间被害人援助团体的联络。随后，大阪、金泽、札幌等城市也相继开设了犯罪被害人咨询室。1999 年，东京设立全国被害人支援网，并发表了《犯罪被害人权利宣言》。《犯罪被害人权利宣言》明确提出犯罪被害人享有如下权利：接受公正待遇的权利；接受情报提供的权利；被害恢复的权利；陈述意见的权利；接受援助的权利；再被害的被保护权利；安定而安全地生活的权利。此后，与之有关的被害人援助机构不断增加。这些被害人援助机构自成立以来，针对不同被害人的不同情况，实施不同形式的援助活动。通过接受援助，被害人切实感到自己不再是"被遗忘的人"，体会到社会的关怀和国家的关注，这对于他们恢复对生活的信心和对社会的信任发挥了积极的作用。

在日本的社会援助体系中，被害人救济基金制度较具特色。1981 年 5 月 21 日，根据《犯罪被害人等给付金支付法》（1980 年）的附带决议即《实现对作为遗属的儿童、中小学生给予奖学金的决议》，设立了犯罪被害人救济基金。对受到犯罪行为侵害而死亡或严重残疾的犯罪被害人之子女，如因经济原因而使其上学困难的，基金将以给予奖学金和学习用品的形式进行援助，同时也开展与被害人有关的援助活动，比如，提供咨询服务等。

在信息服务方面，日本建立了向受害人披露信息的制度。在处理杀人等重大案件时，侦查负责人在实际工作中均向受害人及遗属通告侦查情况、有无拘捕罪犯等情况。日本向被害人提供信息的做法主要有：（1）警署负责的提供信息（联系受害人）制度。负责案件的侦查员就侦查的情况、嫌疑犯的拘捕情况及身份、起诉等情况与受害人联系。此外，将重大伤害、交通死亡事故、肇事案件的受害人列为联络对象，各都道府县警署可酌情扩大范围。（2）检察机关负责的提供信息（通知受害人）制度。日本的检察厅通知受害人起诉、不起诉的处置结果，公审日期、审判结果等情况。从 1999 年 4 月开始，根据日本刑事局长下达的命令，全国开始运用统一的标准，对案件类型不作限制，规定不仅要通知受害人，还需通知目击者。（3）法院的信息提供制度。日本的公审一般情况下都可以公开，被害人可以旁听，日本法院对被害人给予一定的旁听照顾，但尚未将被害人优先旁听制度化。（4）矫正、保护机关的信息提供制度。日本在假释、特赦之前，观察保护官及保护司将就被害人的现状和受害情感对被害人进行调查。在调查被害人情感之际，可能会不经意将有关服刑犯申请假释和特赦之类的信息透露给受害人。但是一旦被害人要求知道罪犯的情况时，司法机关并不提供有关决定假释、特赦的信息。

除了上述国家外，法国在20世纪80年代以后，在全国各地建立了一些民间的被害人援助组织，并于1986年成立国家被害人援助中心，构成了被害人援助和服务的网络体系，成员不断扩大，被害人援助组织的影响越来越大。被害人援助组织的主要援助内容有：向被害人提供赔偿、提供法律咨询和信息；心理治疗；介绍医疗、保险、福利及司法方面的专家等。在新西兰，援助被害人的全国性组织工作时间为一天24小时，一周工作7天，成员由训练有素、细致耐心的援助工作者组成，提供的服务包括：主张权利、心理危机干预、出庭帮助和陪护、专家机构推荐、紧急财政援助、犯罪再被害防护、被害人影响陈述、恢复性司法程序辅助等。在加拿大，被害人国家办公室、被害人基金会、司法部被害人问题对策中心、犯罪被害人资源中心等全国性被害人援助组织，也以不同的方式援助被害人。

通过对国外几个代表性国家被害人社会援助状况的考察，我们可以看到：

（1）各国对被害人的社会援助多种多样，并随着社会发展不断完善。无论英美法系国家还是大陆法系国家，各国对被害人社会援助的方式灵活多样，对被害人的社会援助不再局限于刑事诉讼中的权利保障，逐步社会化、法制化、人性化。

（2）不同法系国家对被害人社会援助侧重点不同。英美法系国家的被害人在诉讼中的地位较低，但是这些国家注重给被害人提供各种实际的帮助，比如设立保护强奸案被害人和受害儿童的设施和专门人员等。此外它们的赔偿制度相当完善，发达的社会援助机构给被害人提供多方面周到的服务，被害人虽然在诉讼中被冷落，但是并未被社会所遗忘。大陆法系国家一般都赋予被害人较多的诉讼权利，鼓励他们积极参与诉讼，构建了许多以私诉权制约公诉权的制度，从而更有利于实现控制犯罪的目的，满足被害人的惩罚愿望。

（3）不同法系国家对待被害人的状况，与各自的诉讼价值观紧密相连。由于自由主义传统的影响，英美法系国家认为在刑事诉讼中主要的保护对象应该是被告人，刑事诉讼的各种规定应该是赋予被告人一些特权，努力实现控辩双方的平等对抗，国家的主要任务是如何满足被害人的经济赔偿要求。大陆法系国家更侧重追求社会的安全和秩序，认为社会利益高于个人权利，因此在刑事诉讼中以实现控制犯罪、维护社会安定为目的。被害人作为刑事案件的亲历者，参与到刑事诉讼中来必定有利于发现案件事实，有利于被害人权利的保护。

总体而言，美国的被害人影响陈述、英国赔偿令对于我国被害人社会援助有一定启发意义，同时也需要相关配套措施，如我国的被害人陈述需要在诉讼代理人规范指引之下完成等。日本经过多年理论和实践的发展，已建成较为完善的被害人权利保障体系，关于被害人立法和社会援助的建立，无疑加强了被害人的诉讼地位。就我国而言，如何协调好被害人和检察机关在刑事诉讼中的关系也是一个值得深入研究的问题。和德法国家一样，我国的被害人也具有刑事诉讼当事人地位，然而我国被害人的当事人地位却只是徒有虚名而已，因此有必要学习德法国家，赋予我国被害人更多的权利和相对独立的刑事诉讼地位。

五　我国犯罪被害人社会援助组织

1. 社会组织和社会援助组织

由于各国的文化传统和语言习惯不同，不同的国家和地区对社会组织有不同的称谓，如非政府组织、非营利组织、公民社会、第三部门或独立部门、志愿者组织、慈善组织、免税组织等等。2006 年，中国共产党第十六届六中全会通过的《关于构建社会主义和谐社会若干重大问题的决定》提出了社会组织这一概念，2007 年，党的十七大报告中，把社会组织摆到了更加突出的位置。社会组织成为党和政府表征此类事物的官方术语。广义上的"社会组织"泛指存在于一个社会的所有组织，包括政治组织（政府）、经济组织（企业）以及上述两种组织之外的其他组织。狭义上的"社会组织"，专指与政府、企业相对应和区别的其他各类组织，即为了实现特定的目标而有意识地组合起来的社会群体。

按照不同的标准可以将社会组织划分为不同的类型。如：以服务对象为标准，可将社会组织分为公共组织和专门服务组织。其中，公共组织是面向社会提供服务的，如学校、医院等；专门服务组织则有专门的服务对象，如行业协会和商会。以是否获利为标准，可将社会组织分为营利组织与非营利组织。其中，慈善机构是非营利的，而许多事务所则是营利的等等。以职能为标准，社会组织主要分为准行政组织、事业组织、公益组织和中介组织四类。具体来说，准行政组织是在政府改革过程中从政府分离出来而又行使一定的行政职能的组织；事业组织是公共事业的重要组成部分，包括从事科技、教育、文化、卫生、体育、广播、电视、出版等各项事业活动的组织；公益组织特别关注社会公共利益问题，尤其重视服务社会弱势群体，慈善机构、志愿者团体、社会救济组织、义务工作者联合会及某些环保组织等属于此类；社会中介组织的显著特点是以自身的服务收入而独立生存，包括行业协会、商会、学会、研究会等等。

社会组织具有其他组织所不具有的特征：第一，志愿性，组织的成员具有较高觉悟，活动是建立在志愿基础上的；第二，非营利性，它们的活动是为了公益，而不是营利；第三，民间性，它们属非政府和非官方性质的；第四，自治性，它们既不受制于政府，也不受制于其他社会自治组织；第五，非政治性，它们的活动为社会服务和公益服务，不受制于生产、流通企业和事业单位。

社会组织在纠纷解决过程中存在一定的社会影响，其地位弱于公权力机关，但强于私人或个人力量，它可以利用国家允许的其在某一方面具有的特殊权力来为当事人排忧解难。社会组织是在社会和国家之间起中介作用的组织力量，是实现国家权力回归为社会权力的重要形式和途径，是阻止公权力侵害私权利的"一道墙"，也是社会矛盾的减压阀。

社会援助组织是社会组织的类型之一。依靠社会组织，是被害人社会援助的合理、合法的途径及渠道。虽然，依靠社会（私人）组织的力量在实践中已然可行，但在制度层面上要得到国家的允许并非一朝一夕的事情。从国外社会援助的实践情况来看，在国家对犯罪被害人进行公力救济的同时，为了更好地修复被害，社会援助组织对被害人的理解、关怀、尊重和援助活动是不可少的，这是国家公力救济有益的、必要的补充。目前，我国对犯罪被害人的援助刚刚起步，专门对犯罪被害人进行援助的组织还处于初级阶段。

2. 社会援助组织的主要类型

（1）官办民助、财团法人性质的社会援助组织。此种类型的社会援助组织对某一类社会群体给予关心和支持。如，中国儿童少年基金会和希望工程基金会，以支持援助儿童少年的教育成长为主旨，在具体工作中援助陷入经济困境的儿童被害人或者被害人的未成年子女。此外，1993 年 6 月 29 日成立的中华见义勇为基金会，对因见义勇为行为而遭受犯罪行为侵害的公民进行奖励，或者对生活特别困难的见义勇为先进分子及其家属发放困难补助金。中国扶贫基金会，以援助贫困社区的弱势群体（包括妇女、儿童、少数民族等）为其工作范围之一，也支持和援助因受犯罪侵害而陷入贫困的部分被害人。

（2）社会研究咨询机构。此种类型的组织对特定的社会弱势群体给予援助和支持。这类咨询机构一般是在研究社会问题之余，向特定的人群提供信息咨询或心理辅导，其中自然包括受理咨询服务对象成为犯罪被害人时的求助申请。如，1992 年 5 月成立的武汉大学社会弱者权利保护中心，是我国第一家依托高校、为社会提供公益服务的民间法律援助机构。武汉大学社会弱者权利保护中心成立十年，即接待咨询三万余人次，电话咨询三万余次，回复咨询信函二万余件，代理诉讼案件达到一千五百多起，绝大部分胜诉，取得了很好的社会援助效果。[①] 之后，北京大学法学院妇女法律研究与服务中心（1995 年 12 月）、复旦大学妇女研究中心法律援助项目（1998 年 8 月）、北京青少年法律援助与研究中心（1999 年 8 月）等机构相继成立。以北京青少年法律援助与研究中心为例，它是中国第一家专门从事未成年人法律援助与研究的公益性机构。中心开展的工作包括：1）义务法律咨询。通过来信、来访和网络等途径，面向社会，为未成年人、家长、亲属、教师等直接提供义务法律咨询。2）法律援助。对家庭经济困难、合法权益受到侵害的典型未成年人案件提供法律援助。3）普法宣传。通过法律培训、接受媒体采访、中国青少年维权中心网站、《中国律师与未成年人权益保障》内刊等各种形式，积极、有效地向社会宣传未成年人保护的理念与知识。

---

① 李波阳、吕继东：《建议确立刑事被害人援助制度》，载《河北法学》2003 年第 3 期。

4）推动律师参与未成年人权利保护工作。在全国律协支持下，中心推动各省律协成立未成年人保护专业委员会（简称未保委），并发起成立了"中国律师未成年人保护志愿协作网"。很多律师已经在当地未成年人权益保护领域发挥了重要作用。

（3）慈善组织。随着社会经济的快速发展，人们生活水平的不断提高，国家致力于建立完善的社会保障体系，支援帮助社会上需要帮助的弱势群体，以构建一方有难、八方支持的温暖的社会主义大家庭。近些年来人们对弱势群体的关注和帮助，都集中到了农民工、失学儿童、艾滋病、残疾人等群体身上，被害人群体却没有得到来自社会的关爱目光。而且，国内慈善组织数量少，慈善法律法规不健全，慈善组织的公信力低，都已成为制约我国慈善事业发展的障碍，这也间接阻碍了被害人获得社会援助的可能性。

我国的被害人社会援助还存在许多亟待解决的问题：

（1）对被害人社会援助关注不够。当前，我国犯罪被害人社会援助多数是"弱者集团的交叉保护"，不是把犯罪被害人作为一个整体加以保护的，仅是对妇女或残疾人等弱者集团的保护，这也只能是一种"边缘保护"。而那些妇女、儿童、残疾人等社会弱势群体之外的被害人得不到社会援助。可见，社会整体的被害人社会援助意识薄弱。

（2）缺乏对被害人的经济援助。被害人遭受侵害之后，由于突然遭到财产损失或因治疗身体创伤而支付医疗费用，往往在经济上会遇到一些困难，导致身心健康和物质损失无法得到及时恢复。由于目前我国的经济发展水平不高，地区经济差异较大以及公民的生活富裕程度不高，国家和政府以及社会团体无法建立相关的机构和基金，对被害人进行经济方面的及时援助。虽然一些省市开展了被害人国家救助的实践，但全国范围内的救助工作尚未开展，且存在救助范围过小、救助资金无保障等现实困境。

（3）医疗服务不到位。身体受到损伤的被害人，需要医疗；心理受到伤害的，需要抚慰。比如，被害人遭受侵害后，需要的是他人的理解和情感上的支持。多数的被害人都希望向他人倾诉其受害经历从而取得他人的理解和同情。但是，目前我国并没有相关机构对犯罪被害人进行心理安抚和感情支持，相反，一些媒体和个人还喜欢对被害人的被害经过进行长篇累牍的报道和大肆的渲染，这大大加重了被害人的思想负担和精神压力。

（4）缺乏专门的援助机构或组织，制约了犯罪被害人社会援助的发展。

在我国，犯罪被害人问题仅在学界引起重视，还没有为社会大众所了解，被害人援助机构的建立尚处在起步阶段。对被害人的心理咨询与服务的援助组织、暴力犯罪被害人援助中心、未成年被害人援助中心、性犯罪服务中心都还没有成立。① 此外，被害人社会援助组织缺乏相应的管理规定，包括组织管理、财务、税务、收支管理、捐助政策等等。这就直接导致了我国被害人社会援助的先天不足，致使现行的社会援助活动混乱、无序。因此，对被害人的社会援助需要有固定的机构或组织来实施，以便协调、统一。

（5）缺乏规范犯罪被害人社会援助的专门法律。迄今为止，我国还没有颁布专门的法规来规范被害人社会援助。1994 年我国正式建立了法律援助制度，1996 年刑事诉讼法第 34 条对法律援助进行了规定，2001 年 9 月 28日司法部正式宣布我国省级法律援助机构已经全部建成。但这些均不属于社会援助范畴，更多的是维护被告人利益。虽然我国在推动公众参与志愿服务方面，也制定了一些具体的政策法规，如：1989 年 12 月 26 日全国人民代表大会通过的《中华人民共和国城市居民委员会组织法》、1996 年 10 月 10 日通过的《中共中央关于加强社会主义精神文明建设若干重要问题的决议》、1998 年国务院颁布的《民办非企业单位登记管理暂行条例》等等，但这些均未有犯罪被害人社会援助的专门规定。

（6）国家经济发展水平制约着社会援助的发展。国家的经济发展水平不高，必然影响犯罪被害人的被害恢复及被害人社会援助活动的开展。世界上犯罪被害人社会援助活动较活跃、体系较完备的国家，大都也是经济较发达的国家。各国的被害人社会援助组织的活动经费也大都依靠国家的支持以及社会的捐助。对犯罪被害人的社会援助必须能够切实地为被害人排忧解难，必须能够确保其援助活动的实效性，而要做到这一点是离不开经济条件的。② 而我国现阶段人口众多，贫富悬殊较为突出，经济水平有限，这无疑制约了被害人社会援助活动的有效开展。

总之，对于全社会的被害人而言，他们只是在多种"交叉保护"中获得了"边缘性的救助"而已，真正针对被害人进行心理咨询、精神恢复、身体治疗、经济援助等全面的援助远没有制度化、社会化。

---

① 王道春：《论我国刑事被害人社会援助制度的构建》，载《时代法学》2006 年第 6 期。
② 田思源：《论犯罪被害人的社会支援》，载《法制与社会发展》2002 年第 4 期。

第六章　我国犯罪被害救济制度设计

第一节　犯罪被害救济制度的理论依据

一　各国学说概览

一项制度的建立离不开相应的理论支撑，理论依据是具体制度设计的前提和基础。犯罪被害救济制度的价值要被社会承认，需要理论根基。随着被害人学研究的深入和各国的实践发展，关于被害救济制度的理论依据产生了多种学说，其中主要观点包括：

1. 国家责任说

此种观点认为，既然各国宪法均规定要保障人民财产生命不受侵犯，那么国家就应该对其国民负有防止犯罪发生的责任。该学说以卢梭的社会契约论为基础，认为国家的救助是国家对社会契约的遵守。卢梭认为："每个人的力量和自由是他生存的主要手段，但为了使社会由一种自然状态过渡到一种文明状态，人们就必须寻找到一种结合的形式，使它能以全部共同的力量来维护和保障每个结合者的人身和财富，这样就在市民利益和国家安全之间存在一种不成文的契约关系。"① 在这样的契约关系下，每个人放弃一部分自由，出让一部分原属自己的权利给国家行使，市民有向国家缴纳税收的义务，而国家则有向市民提供服务和保障市民安全的责任。在犯罪发生时，如果被害人没有过错，就意味着国家没有维护好社会治安，没能完全遵守契约

---

① 〔法〕卢梭著《社会契约论》，何兆武译，商务印书馆，2002，第29页。

诺言，"国家必须赔偿个人因国家不能预防犯罪给其造成的损失。"① 而且，国家垄断了使用暴力镇压犯罪和惩罚犯罪的权力，且不允许实施私刑，所以当被害人不能从犯罪人那里获得赔偿的时候，由于国家没有尽到防止犯罪发生的责任，就应承担对被害人予以救济的责任。从历史的发展来看，在国家的公力救济取代了公民的私力救济之后，国家就承担起制裁犯罪和保护被害人的责任，如果不对因犯罪受到伤害而陷于困境的刑事被害人给予补偿，就不是一个负责任的国家。②

2. 社会保险说

该学说认为国家对被害人的补偿是一种附加的社会保险，各种社会保险的目的都是使人们能够应付威胁其生活稳定或安全的意外事故。对于受到犯罪侵害也应该视为社会保险帮助被害人解决的意外事故情况。人们依法纳税，在受到犯罪侵害后，由取之于国家税收的保险费用帮助被害人渡过生活难关，即在被害人不能通过其他途径获得足够赔偿的情况下，由国家予以补偿，使被害人不必被迫独自承受这一事故带来的损失。英国刑事古典学派的代表人物边沁是该学说的代表，他认为："这种公费补偿责任建立在一条公理之上，一笔钱款分摊在众人之中，与在一个人或者少数人身上相比，对每个捐赠者而言，实在微不足道。""犯罪所造成的灾难与自然灾难别无两样。如果由于房屋发生火灾而被保险，房屋主人可以安心的话，如另外又能对抢劫损害给予保险的话，他会更为高枕无忧。"③

3. 社会福利说

这种理论认为，国家对被害人的补偿是基于人道主义的一种福利。因犯罪行为而遭受身心和财产方面重大伤害与损失的被害人，在诉讼程序中又往往是司法制度下的弱势群体，基于人道及社会福利的理由，国家应当对被害人给予适当的救济。社会福利是社会成员共同创造的，社会福利取之于民又用之于民。国家对被害人进行救济是对社会弱势群体提供的福利援助。随着社会的进步和发展，人类文明程度的提高，社会福利事业越发达，更应发挥

---

① 〔意〕恩里科·菲利：《犯罪社会学》，郭建安译，中国人民公安大学出版社，2004，第284页。

② 赵国玲：《犯罪被害人补偿：国际最新动态与国内制度构建》，载《人民检察》2006年第17期。

③ 〔英〕边沁著《立法理论》，李贵方译，中国人民公安大学出版社，2004，第368页。

保护、援助弱者的作用，其所覆盖的群体范围应该越广泛。需要指出的是，国家对被害人的帮助是国家和政府的善行，而不是应负的一种法律责任。

4. 命运说

这种理论观点认为，犯罪是任何社会都无法避免的一种社会现象，犯罪被害人是因为某种机会而遭受某种犯罪行为侵害的不幸者，由于犯罪被害不可避免，被害人独自承担和忍受这种不幸是不公平的。也就是说，只要犯罪存在，总会有人成为被害人，而被害人是在正常生活中碰到某种机会和社会条件时才成为被害的不幸者，正是他们的被害才使其他社会成员幸免被害，才换来其他社会成员的安宁，因此，社会上未被害的幸运者应当分担遭受厄运者的一部分损失。

5. 社会防卫说

社会防卫说认为，国家对被害人予以救济是一种预防犯罪、打击犯罪的手段。一方面，当犯罪被害人受到犯罪行为的侵害后，如果得不到被告人应有的民事赔偿，同时也得不到国家、社会的帮助，容易产生怨恨心理，甚至会采取对罪犯及其家属或社会的报复行动，走上犯罪的道路。为了有效地预防犯罪，国家必须采取措施，避免被害人向犯罪人的转化。通过国家给予被害人一定程度的救助，让他们在物质上和精神上都得到一定的安慰，减少怨恨，避免报复，可以有效预防犯罪。另一方面，当国家给予被害人一定程度的救济后，被害人愿意与公安机关积极配合，这将有利于侦破犯罪行为，提高追诉犯罪的效率。在司法实践中，被害人不愿意与公安机关合作的原因在于担心被告人被送进监狱后，他们很难得到民事方面的赔偿。通过建立犯罪被害救济制度，国家给予被害人救助，可以减少被害人的后顾之忧。司法实践也表明，被害人的配合可以有效地追诉犯罪，打击犯罪行为。

二　各学说评析

1. 国家责任说

国家责任说源于社会契约理论，认为应该由国家保护本国的公民，使其免受犯罪行为的侵害。早在启蒙运动时期，启蒙思想家们就已经开始从社会契约的角度探讨国家对公民承担义务的原因和方式的问题。国家的权力来自于民众，是民众根据契约将自己的天赋权利交给了国家，国家在接受这些权利的同时也相应地承担了保护民众权利不受侵犯的义务。国家垄断了使用暴力镇压犯罪和惩罚犯罪的权力，国家又不允许实施私刑，当犯罪被害人不能从犯罪人那里获得赔偿时，国家就应该对犯罪被害人遭受的损失给予相应的补偿。国家责任说增强了国家对于保护公民财产安全和人身安全方面的责任感，使国家意识到保护公民人身和财产安全的重要性，从而采取有力措施，预防犯罪，维护社会安定。这一学说对于建立国家被害救济制度有着积极的意义，一些国家（如新西兰）的被害人国家补偿制度和被害人国家救助制度正是建立在这一学说基础之上的。但我们也看到，这一学说存在一些缺陷，如强调国家对犯罪侵害应负的责任，没有考虑犯罪原因的复杂性和个案分析，对国家在何种情况下承担责任、承担多少责任等具体问题，没有给出解答，没有注意到国家被害救济制度中所包含的社会福利性质和人道主义性质等方面的内容等。

2. 社会保险说

社会保险说认为国家对犯罪被害人的补偿是一种附加的社会保险，从损失风险的社会分担等角度，把社会保险做广义理解，强调国家补偿制度的部分资金来源于税收，有一定的道理和启发意义，但该说不能揭示建立犯罪被害国家救济制度的真正立论依据。如果国家对被害人的救济只是一种附加的社会保险，倒不如设立一个新的险种——刑事被害险，就可以解决这个问题，完全没有必要专门设立犯罪被害人国家救济制度。

3. 社会福利说

社会福利说认为国家或社会对犯罪被害人负有道义责任而非法律责任，为补偿对象的范围及补偿数额的确立提供了理论依据，解决了国家责任说的缺陷，但该说又忽略了国家对犯罪应当承担责任的原因，使救济制度的存在失去了理论根基。因此，如果将犯罪被害人的救济看作一项公共援助的话，也没必要通过设立专门的积极制度来进行，"国家的民政部门会对孤寡病残等丧失劳动能力或生活极其贫困的人提供援助，而没有必要根据导致丧失劳动能力或贫困的原因进行分类，针对每一类人专门设立一项制度。"[①]

4. 命运说

命运说揭示了犯罪是人类社会难以彻底根除的痼疾这一无法回避的客观现实，强调在一个特定社会中总会有部分社会成员成为犯罪行为的牺牲品，

---

① 李玉华：《论刑事被害人国家补偿制度》，载《政法论坛》2000 年第 1 期。

而其他社会成员因此而减少了被害的概率。命运说符合人类社会发展的客观规律，具有积极的现实意义。但某些犯罪是由于被害人自身主观上存在过错，被害人也应承担一定责任。对于被害人的损失仍由其他社会成员分担，显然有悖常理。

5. 社会防卫说

社会防卫说认为，国家对刑事被害人进行救济有两个方面的作用：一是通过安抚刑事被害人，可以防止刑事被害人出于报复心理走上犯罪道路；二是刑事被害人得到救济以后会积极配合公安机关破案，有利于打击犯罪行为。社会防卫说与国家责任说有共同之处，都主张国家对刑事被害人进行救济。但社会防卫说没有回答国家为什么要对刑事被害人进行救济。

总的来看，以上几种学说各有所长，且在实践中均有国家作为对被害人进行权利救济的立法依据，如新西兰取国家责任说颁布《刑事被害补偿法》、荷兰取社会福利说颁布《暴力犯罪补偿基金会临时设置法》、日本取社会保险说颁布《犯罪被害人等给付金支付法》等等。同时，我们也看到，这些学说都各自存在着一定的缺陷。犯罪被害人国家救济理论首先要解释的是国家和社会何以要对被害人承担救济责任，其次就是应当承担何种责任，即承担责任的程度。虽然很多国家都以单一的学说作为这一制度的理论依据，但是，事实上，各种学说之间的界限并不是绝对的，相互之间存在着诸多联系。因此，建议我国博采众长，采用多元理论来指导犯罪被害救济制度，即在分析各种学说、理论的基础上，对各学说中合理之处加以综合吸收，结合我国现阶段的实际情况，设计切实可行的理论，作为我国设计犯罪被害救济制度的理论基础。

三　我国犯罪被害救济制度的理论依据阐释

对犯罪被害人进行救济的理论基础应当从各种学说合理的兼容并包之中加以寻找，建议我国犯罪被害救济制度采用综合的理论依据——以国家责任说为主导，辅以社会福利说。

1. 以国家责任说为主导

以国家责任说为主导作为我国犯罪被害救济制度的理论依据，主要基于以下考虑：

其一，国家责任说强调国家对公民免受犯罪侵害、防止犯罪发生的责任，有利于唤起国家的责任意识。其二，宪法是我国的根本大法，其明确规定国家保护公民的人身和财产安全，构建犯罪被害救济制度是国家履行其宪法义务的要求。我国刑法也明确规定了国家保障公民人身和财产安全的义务。可见，取国家责任说有利于强化国家建立犯罪被害救济制度的必要性。其三，国家垄断了使用暴力惩罚犯罪的权力，应当负责保护公民的人身、财产安全，这是国家对被害人进行权利救济的法律依据。其四，我国已颁布实施《国家赔偿法》，国家责任作为国家赔偿法的立法基础已经被理论界和实务界采纳。根据这一学说由国家对被害人进行权利救济有利于实务部门对救济制度的理解和贯彻实施。当然，需要说明的是，国家责任说没有说明国家应当承担责任的范围，但国家责任并非指国家的完全责任，而是指国家的有限责任，即国家对于不同类型的犯罪以及被害人不同的过错程度所应承担的具体责任是不同的。这有利于在实践中界定受补偿的被害人的先后次序进而确定具体补偿数额的多少，从而使有限的国家财力优先补偿最应当接受补偿的被害人。

2. 社会福利说为辅

社会福利说以道义为核心，采取被害人本位，即不论在犯罪中，被害人、国家责任如何，鉴于被害人生存、生活处境的严峻，国家和社会出于人道主义，应该给予帮助。该学说与国家责任说形成互补，使排除于国家责任说之外的特殊被害人能够获得权利救济。采用这一学说，一方面，可以缓解国家责任说带来的财政压力。我国的犯罪被害人得不到赔偿的问题很严重，被害人数多，所需金额过大，按照我国的经济状况是不可能进行充分补偿的，单一的国家责任说在很大程度上加重了政府的负担。而社会福利说则强调按照社会保障制度的惯例，强调对犯罪受害人的财产状况进行调查，对补偿对象的经济能力和可申请的补偿额度设立严格的标准。[1] 这样可以选择性地补偿，既可以节约国家资源，也可以对真正需要的人进行更好的补偿。另一方面，可以丰富补偿金的来源，即除了国家财政预算外，还可以将社会捐赠等途径作为救济基金的来源。

---

[1]　王亚明、卢希起：《刑事被害人国家补偿制度简论》，载《广东行政学院学报》2010年第1期。

第二节　犯罪被害救济制度的价值

任何制度得以确立和完善的基础在于其有价值。犯罪被害救济制度是国家对遭受犯罪行为侵害的被害人及其家属给予一定物质补偿的制度，其目的是通过国家补偿被害人，以矫正破坏了的正义，平复被害人失衡的心理，帮助被害人摆脱犯罪给其造成的悲惨境况，使其恢复与其他社会成员平等的经济、社会地位，从而保护被害人的合法权益，维护社会的长治久安。犯罪被害救济制度对保护被害人的权益具有重要意义，其价值体现在：

一　正义价值

"正义是衡量法律之善的尺度。"① 作为法律制度所要实现的最高理想和目标，正义是人们用来评价和判断一种法律制度具有正当根据的价值标准，是人们对法律内在精神和基本功能的追求。犯罪行为破坏了犯罪人、被害人和国家之间的正常利益关系，恢复正义就要使基本利害关系人的需要尽可能得到满足，以求达到重新的平衡状态。被害人受到犯罪侵害后，应当由犯罪人为其破坏性行为付出代价，即令其承担相应的刑事责任及给予被害人经济赔偿，以恢复被害人失衡的心理状态和弥补其经济上的损失。当犯罪人无法赔偿或者不能充分赔偿时，建立犯罪被害救济制度，正是基于社会正义的考虑。犯罪被害救济制度以确立被害人的利益为基础和出发点，以保障被害人的生存权和发展权为根本目的，由国家帮助被害人，减轻其痛苦和损失，恢复被破坏了的正义，实现被害人与加害人、被害人与国家之间关系的和谐。② 如果被害人被破坏的正义得不到恢复，在生活上因人身和财产遭受一定的损失而陷入困境，在心理上会因为得不到公力救济而对国家、社会产生不满，容易出现复仇心理甚至发生新的犯罪行为。因此，国家和社会对犯罪被害人给予救济能在一定程度上弥补被害人遭受的损失，同时也预防了被害人向犯罪人转化，恢复了正常的社会秩序，维护了社会的安定和谐，促进社会正义的实现。

---

① 〔美〕E. 博登海默：《法理学：法律哲学与法律方法》，邓正来译，中国政法大学出版社，1999，第270页。

② 参见孙洪坤《刑事被害人国家补偿制度研究》，载《国家检察官学院学报》2004年第6期，第65页。

二　公平价值

公平一直是人们追求的崇高理想和法律制度所要实现的价值目标。在现代刑事诉讼中，非常重视和完善犯罪人（被告人）的各种诉讼权利，却忽视被害人在诉讼程序上应有的地位，漠视被害人的权益，造成司法制度上的不公平现象。而且，由于代表国家公诉，检察官考虑最多的是如何揭露和打击犯罪，不可能完全照顾到被害人的个人利益甚至忽视被害人的身心承受力而只顾淋漓尽致地对付犯罪，忽视了被害人是活生生的、有感觉的、有思想的人。被告人在对被害人犯罪后要受到公正的、人道的、有尊严的对待，而被害人却要品尝痛苦、恐惧、孤立和无助，这显然不公平。在刑事诉讼中，尽管按照法律规定，被害人可以就自己遭受的经济损失，以刑事附带民事诉讼的方式，要求犯罪人赔偿。但由于刑事损害赔偿的主体是具体的犯罪人，而实践中，犯罪人的赔偿能力有限，被害人的民事权利往往很难得到保障，这对被害人来说，极其不公平。被害人在受到犯罪侵害后，需要建立起对被害人保护的法律制度来促进正义的实现，这是实现正义天平平衡之所必需。通过建立犯罪被害救济制度，帮助被犯罪侵害的被害人，给予其一定数额的补偿，减轻其损失和痛苦，保护这一弱势群体，使社会制度更加公平。

三　效率价值

一个良好的社会必须是有秩序的社会，公正的社会，自由的社会，也必须是高效率的社会。[①] 西方有句古老的法谚： "迟来的正义为非正义"（Delay of Justice Is Injustice），讲的是诉讼拖延的消极后果。诉讼的不适当延长会使被告人、被害人的利益得不到适当关注，使他们产生一种被忽视的感觉，进而不愿与司法机关积极配合，甚至产生抵触情绪，容易造成司法资源的浪费。有的被害人在其索赔成空后甚至会铤而走险从事犯罪活动，走向另一个极端，无形中大大增加了诉讼成本。被害人在遭受犯罪侵害后，希望能够及时获得救济和帮助。诉讼周期过长和犯罪人无法、无力赔偿等问题的存在，直接影响了被害人获得赔偿的及时性和有效性。被害人救济制度建立后，由国家对被害人的损害提供及时的救济，能够尽快地帮助其摆脱困境，

---

① 张文显：《法学基本范畴研究》，中国政法大学出版社，1993，第273页。

安抚其失衡心理，有利于被害人密切配合司法机关，使案件及时得以审结，将节省大量的司法资源，这与诉讼经济原则是根本一致的。同时，也能有效防止被害人走向犯罪道路，减少司法资源乃至社会资源的更大浪费，从而发挥法律制度的效益价值。

第三节　我国犯罪被害救济制度的原则

犯罪被害救济的实施遵循哪些原则，关系到救济制度制定和实施的基本走向，也体现犯罪被害权利救济立法所蕴含的基本思想。因此，建立符合我国国情的犯罪被害救济制度和制定犯罪被害救济立法首先应确定科学的救济原则。正如有的学者提出的，在我们这样一个人口众多、经济欠发达的国家制定刑事被害人国家补偿法，既要吸取人类文明的成果，充分体现社会主义的优越性，又要考虑我国的国情、国力和全民法律意识的基础水平，否则的话会出现"好事办不好"的局面。① 因此，结合我国当前开展的被害人救助实践，借鉴国外的立法经验和实践，在综合分析当前学界有关救济原则问题的理论研究成果的基础上，提出我国犯罪被害救济应遵循的具体原则。

一　我国被害人救助实践遵循的原则

我国目前实践中的犯罪被害人救助坚持的原则，主要是在其相关的救助办法或救助资金使用办法中作出规定和说明。《江苏省无锡市刑事被害人特困救助条例》第4条规定刑事被害人特困救助应当遵循：与经济社会发展水平相适应；与社会保障和其他救助相结合；公正、公开、救急、便捷原则。《山东省刑事被害人救助工作实施办法（试行）》规定了救助工作遵循生活紧迫急需、一次性救助、随案管辖三项原则。《江苏省常州市中级人民法院特困刑事被害人救助基金实施办法（试行）》规定特困刑事被害人救助基金遵循及时救助、不重复救助及公开、公平原则。《江苏省镇江市京口区人民检察院特困刑事被害人救助暂行办法》规定，特困刑事被害人救助工作应当遵循救急性原则、补充性原则、及时性原则、有限性原则、多元性原则、一次性原则。

---

① 汤啸天：《刑事损害补偿立法刍论》，载《上海交通大学学报（社会科学版）》1999年第3期。

二　国外被害人救助实践遵循的原则

通过对美国、日本、英国等国的救助立法和实践进行梳理，可以看到，国外关于犯罪被害人国家补偿应遵循的原则主要包括：部分救助原则，即国家补偿的不是被害人的一切损失，而是部分损失，是一种救助；金额大小与被害人本身的过错和受损害的程度有关；不重复救助原则，即通过其他法律途径获得赔偿者，一般不再给予补偿，只在所获得的赔偿和实际损失差距过大时，才给予补偿；有条件补偿原则，规定某些犯罪被害人不列为补偿对象。[①]

三　当前理论研究成果

有的学者认为我国的犯罪被害人国家补偿应该确立弘扬公平正义原则，有条件取得赔偿原则，补偿的力度与损害的程度相适应原则，以赔偿为主、补偿为辅的原则；[②] 有的学者提出应遵循公正原则、对被害人的保护原则、人道主义原则、实事求是原则、货币补偿原则、福利原则；[③] 有的学者倡导刑事被害人救助制度应当遵循弘扬正义原则，救助与损害相适应的原则，有条件获得救助的原则，以赔偿为主、救助为辅的原则，政府为主、多方援助的原则。[④] 在江西省人民检察院检察长孙谦的主持下，由最高人民检察院刑事申诉检察厅、江西省人民检察院、北京大学、中国政法大学等专家共同起草的《刑事被害人国家补偿法（草案）》建议稿提出，在总则第2条规定：国家对被害人补偿应当遵循必要、适当、便捷的原则。

四　我国犯罪被害救济制度的原则

犯罪被害救济制度是国家构建的保护遭受犯罪侵害的被害人的一项基本制度，其原则内容要具有根本性、全局性、时代性、可操作性。一方面，原

[①] 如德国《暴力犯罪被害人补偿法》规定被害人如果因自己有责行为导致遭受犯罪侵害的，则不能获得赔偿；英国《刑事损害赔偿法》规定，如果被害人对于被害的发生有可归责的事由的，则不能获得赔偿。

[②] 参见许永强《刑事法治视野中的被害人》，中国检察出版社，2003，第191页。

[③] 赵可、周纪兰、董新臣：《一个被轻视的社会群体——犯罪被害人》，群众出版社，2002，第365页。

[④] 参见汤啸天《刑事被害人救助制度应当遵循的基本原则》，载《河南公安高等专科学校学报》2007年第3期。

179

则内容不能过于笼统，要突出制度的特色，还要注重实效性，如对被害人的保护原则、人道主义原则、实事求是原则是构建该制度的指导思想，但不宜都列入基本原则的内容。另一方面，原则规定不宜过细，如一次性原则、救急性原则等不必都详细纳入，甚至写入法条，可在实践操作中予以具体把握。因此，建议我国犯罪被害救济制度遵循以下原则：

1. 公平正义的原则

公平正义是法的基本要求，是社会稳定的前提，也是犯罪被害救济制度的首要价值。建立这一制度就是保护在犯罪中遭受侵害的被害人的合法权利，国家无论对被害人心理还是对其物质补偿上都达到一种平衡，是正义的要求和公正的体现。这不仅恢复了被破坏的社会正义，恢复了被害人与其他社会成员平等的社会和经济地位，还维护了国家的整体秩序和利益。只有以实现社会公平正义为内容的法律制度才是现代法治国家所需要的。同时，被救济的被害人会恢复或增加对司法制度的信任，从而有助于化解社会矛盾。没有社会公平正义，就没有社会和谐。我们是社会主义国家，应当在弘扬正义、惩恶扬善方面作出更加明确的规定，应更加突出公平正义原则。我们建设的和谐社会是公平的社会、是正义的社会，各项工作的开展都要符合公平正义的要求，作为救济权益的补偿工作更应遵循和贯彻这一原则。

2. 及时原则

美国法学家波斯纳发展了"迟来的正义为非正义"这一古老谚语，宣称："正义的第二种意义，简单地说来就是效益。"[①] 在被害人受到犯罪侵害之后，财产遭受损失、身心受到伤害，被害人甚至整个家庭都有可能陷入生活困境，迫切需要得到救济。案件的侦破一般是需要一定时间的，若案情复杂或者犯罪人已经逃逸，意味着时间更长些，此时，对于那些急需国家和社会帮助的被害人，如果不能及时而迅速地救济，被害人的处境会很艰难，会加重他们的痛苦。因此，对于犯罪被害人的补偿应该注重效率，及时给予救济。对被害人的救助从申请程序、审查程序到救助的执行都要力求方便、快捷，一旦救济程序启动，不能拖延，不能使被害人因为制度运行的时间成本而使原本的损失扩大或者受到新的伤害。

---

① 〔美〕波斯纳：《法律之经济分析》，美国 Little Brown 公司 1972，第 1 页。

3. 补充性的原则

对被害人的救助只能在刑事损害赔偿不能实现或犯罪人对被害人的赔偿极度不足的情况下被提起，一定意义上，犯罪被害救济制度是刑事附带民事赔偿制度的补充。虽然刑事附带民事诉讼在司法实践中存在一定的缺陷，进而会影响到被害人求偿权的行使，但刑事附带民事诉讼制度有其合理的一面，犯罪被害救济制度的建立，不是对其予以全盘否定。犯罪人赔偿是基于其所实施的犯罪行为触犯了刑事法律，同时又具有民事侵权的性质，被害人通过刑事附带民事诉讼在追究被告人刑事责任的同时，请求附带解决因犯罪行为造成的损失而进行赔偿的问题，体现了诉讼活动公正与效率两大价值目标，从程序上方便被害人诉讼，从实体上及时弥补被害人因不法侵害所受的损失。这就决定了其与国家对于被害人保护在顺序上的差别。在国家财力比较有限的现实基础之下，如果被害人已经获得犯罪人赔偿，则不再启动救济程序。

4. 救济与损害相适应的原则

国家和社会向被害人提供的救助，应当与被害人因犯罪行为遭受的刑事损害事实相适应。在现实生活中，犯罪行为方式多样，侵害的法益不同，给被害人造成的损害也不同。如在人身伤害案件中，致人死亡的后果最为严重；致伤有重伤、轻伤、轻微伤之分；因伤致残也需判明具体的伤残等级；有些伤害的结果必须长期、持续、不间断地投入治疗费用；有些人因伤致残将造成整个家庭生活失去依靠。诸如此类的问题，应当在立法时从救助力度上加以区分。这样既充分体现了尊重人的生命，对危困者予以帮助的人道主义原则，又具有鲜明的公正性和公平性，还可以防止国家财政的过重负担。①

5. 多元性原则

这里指的多元性既包括救济主体的多元，也包括救济形式的多元性。即除了国家、政府对被害人予以救济之外，提倡社会组织、社会团体、民间力量和个人发扬互助友爱精神，给被害人提供帮助。救济的形式应不限，对被害人进行直接的金钱补偿，可以直接弥补被害人的物质损失，缓解被害人的经济生活压力，在实践中也比较容易操作，同时，还应该综合考虑到每个被害人不同的被害情况及他们的现实需要，采取较为灵活的方式帮助其渡过生活难关。

---

① 参见汤啸天《刑事被害人救助制度应当遵循的基本原则》，载《河南公安高等专科学校学报》2007 年第 3 期。

6. 合法性原则

无论是国家、社会还是个人对被害人进行救济和帮助，都要遵循合法性原则，即救济的对象、条件、标准、程序、形式等内容都要符合法律的规定，救济要在法律允许的情况下进行。也就是说，无论公力救济还是私力救济都要以不违法为前提。

第四节 我国犯罪被害救济制度的构建

一 完善刑事附带民事赔偿制度

关于我国刑事附带民事诉讼制度的改革，学术界的主流观点有以下几种：一是"完善说"，该说认为刑事附带民事诉讼制度不但具有鲜明的诉讼特点和优越的诉讼价值，而且更符合我国的现实国情。虽然目前该制度存在一定的缺陷，但该缺陷是可以弥补的，通过弥补有关法律漏洞现行刑事附带民事诉讼的模式还是可取的；二是"选择说"，该说认为虽然刑事附带民事诉讼具有一定的诉讼经济优势，但对保护被害人的权利而言并不是最佳的方式，因此，在某些情况下，应当赋予被害人程序选择权，由被害人选择是提起附带民事诉讼还是单独提起民事诉讼，同时另一观点认为，由被害人行使选择权是不恰当的，而由法院行使选择权是实现程序简易的最佳方式；三是"有限保留说"，该说认为全盘否定刑事附带民事诉讼是不公平的，在现行法律框架内也难以做到，而且我国实行刑事附带民事诉讼过程中毕竟积累了一些成功经验，特别是在处理一些简单的由被害人提起的无争议的民事赔偿案件中，附带民事诉讼的确具有减轻讼累、提高司法效率的功效，因此，应在有限范围内保留刑事诉讼中一并解决小额民事赔偿的诉讼机制；四是"彻底分离说"，该说认为，刑事诉讼和民事诉讼是两种截然不同的诉讼，体现在程序价值目标、诉讼原则、证据规则等方面有很多不一致的地方，强行将两种诉讼结合在一起，不但不能提高诉讼效率，反而影响了司法公正，因此主张将刑事附带民事诉讼彻底取消。

笔者赞成"完善说"，并有条件地同意"选择说"和"有限保留说"的观点。诚然，平行式诉讼模式更好地照顾了民事诉讼的独立性，在全面保护被害人赔偿权方面具有附带式诉讼模式所不可比拟的优点。但平行式诉讼模式的良好运行需以国家完善的司法制度，特别是证据规则制度、审判制度及丰富的司法资源，完善的社会救济制度及人民法律意识的普遍提高为基础。我国现阶段尚不适宜采用平行式诉讼模式，因为我国不仅被害人国家补偿制度缺失，而且证据规则极其匮乏、司法资源稀缺、人们法律意识普遍不高，更没有类似美国的审判制度和抗辩式诉讼模式，特别是近来平行式诉讼模式与附带式诉讼模式已有相互融合之势。针对我国刑事附带民事诉讼制度的弊端，结合国内外的先进立法经验，以刑事附带民事诉讼制度的目的、价值、基本原则为指导，笔者认为，我国刑事附带民事诉讼制度更为有效的改革出路在于：坚持附带式诉讼模式，建立并完善相关法律制度，较好地兼顾附带民事诉讼的独立性，以达到充分保护被害人民事赔偿权的目的。具体而言，有以下几方面的完善建议：

1. 转变国家本位主义的观念

任何制度的建立都是在一定的观念指导下完成的，我国刑事附带民事诉讼制度的完善首先要转变国家本位主义的观念，树立惩罚犯罪与保护被害人权益并重的观念。

（1）立法应明确刑事附带民事诉讼的性质和目的。正是由于没有明确刑事附带民事诉讼的性质和目的，才导致我国立法和司法均对刑事附带民事诉讼的独立性认识不够。刑事附带民事诉讼本质上是民事诉讼，是解决犯罪行为引起的刑事责任和民事责任聚合问题的有效途径，不能因为其程序上的附带性而忽视其私权保护的制度本质。因此，立法应明确规定刑事附带民事诉讼的性质是一种特殊的民事诉讼，保护被害人的民事求偿权是其主要目的，刑事诉讼和附带民事诉讼没有谁必须服从谁的问题，二者应该并重。

（2）附带民事诉讼的制度设计应加强对被害人个人权益的保护。长期以来由于受"重刑轻民"观念的影响，犯罪行为一旦发生，为了保护人民生命财产安全，维护社会秩序，侦查机关便立即介入调查，调查往往围绕犯罪事实展开，而被害人受到的损害常被置之不顾，立法也缺乏相应的机制保证被害人个人权益的实现。如：立法没有规定就被告人的财产状况进行调查，没有完善的财产保全和先予执行制度等等。从某种意义上说，被害人是犯罪行为的最大受害者，若不对其权利保护请求给予足够的重视，会引发被害人对社会的不满，并导致很多严重的社会问题。尤其在我国现阶段，因附带民事诉讼得不到赔偿引起大量上访信访情况的背景下，刑事附带民事诉讼制度的设计更应该重视被害人个人权益的保护和实现。

（3）刑事附带民事诉讼应坚持"公正优先、兼顾效率"的原则。我国现行刑事附带民事诉讼制度的设立初衷是为了避免当事人遭受两种程序的拖累，以期提高诉讼效率。就该制度的运行来看，司法实践中普遍存在着过分注重效率而忽视司法公正的现象。如：因为刑事案件的审限较短，为了尽快结案，法官对附带民事部分的审理特别粗略，当事人无法充分举证、质证，甚至无法充分陈述。此类现象严重影响刑事附带民事诉讼实施的法律效果，因此我国刑事附带民事诉讼的制度设计应坚持"公正优先、兼顾效率"的原则。

2. 当事人程序选择权与法官自由裁量权相结合

刑事附带民事诉讼中的程序选择权是当事人所享有的一项诉权，指被害人既可以选择通过刑事附带民事诉讼程序也可以选择通过单独的民事诉讼程序解决自己的损害赔偿问题。若选择单独的民事诉讼程序解决损害赔偿问题，则既可以在刑事诉讼启动之前提起也可以在刑事诉讼过程中或刑事诉讼结束后进行。从域外立法来看，无论是实行平行式诉讼模式的国家还是实行附带式诉讼模式的国家，都赋予了当事人程序选择权。赋予刑事附带民事诉讼当事人程序选择权，使犯罪行为造成的损害救济途径多元化，从而实现公正与效率的价值目标，是我国刑事附带民事诉讼制度的必然选择。

（1）赋予被害人程序选择权具有现实基础。刑事附带民事诉讼本质上是一种民事诉讼，其与刑事诉讼具有不同的特征，制度设计也相差甚远。比如：民事诉讼中有第三人制度，而刑事诉讼中没有，因犯罪行为而遭受财产以及人身损害的其他人，负有监管责任的机构，为被害人垫付医药费、丧葬费、护理费、营养费、残疾人生活补助费等费用的个人和机构以及保险公司既不能以第三人的身份也不能以刑事附带民事原告人的身份参与刑事附带民事诉讼的审理，对其权益保护是非常不利的；再如：民事诉讼有先予执行制度，而刑事诉讼没有，若被害人经济极度困难，急需得到赔偿时，刑事附带民事诉讼制度对其保护是极为不利的；再如：民事诉讼有缺席判决制度，而刑事诉讼中没有，因为刑事诉讼要保证被告人的辩护权，但当被告人在逃时，被害人的合法权益将无法得到保护。因此，赋予被害人程序选择权具有现实基础。

（2）当事人的程序选择权应受刑事附带民事诉讼受案范围的限制。即针对刑事附带民事诉讼受案类型以外的案件，当事人只能选择通过单独的民事诉讼程序寻求救济。

（3）当事人的程序选择权应与法官自由裁量权相结合。首先，法官应审查当事人对程序选择权的行使是否正当。被害人在选择救济途径时主要关注如何快速得到损害赔偿，其选择有时具有较大的随意性。但附带民事诉讼不能延误刑事案件的审判，而且由于民刑诉讼的差异，对所有的附带民事赔偿案件都通过刑事附带民事诉讼程序解决，可能导致对民事部分的不适当处理，从而影响司法公正。因而，确立法官的审查权是实现刑事附带民事诉讼制度立法目的的保证，但这种选择应从确保当事人利益最大化的角度出发，而不应是对当事人选择权的一种变相剥夺或限制。

其次，赋予法官在特殊情形下将案件移送民事审判庭的权利。参照我国台湾地区的立法模式，笔者认为，在以下几种情形下应赋予法官将案件移送民事审判庭的权利：第一，如果刑事诉讼作出无罪、免诉或不受理的判决时，经原告申请，应将附带民事诉讼移送管辖法院的民事审判庭审理；第二，如果法院认为附带民事诉讼非常繁难，审判花费的时间太长时，可以经合议庭裁定移送法院的民事审判庭审理；第三，自诉案件经裁定驳回时，经原告申请，应将附带民事诉讼移送管辖法院之民事审判庭。法官移送的方式可在一定程度上简化程序，保障当事人的诉权，减轻当事人的讼累。并且移送后的附带民事诉讼为独立的民事诉讼，民事审判庭应独立审理，不受刑事判决之事实认定的拘束。

（4）程序一经选定不可任意变更。当事人一旦选择了自己所适用的程序原则上不能更改，除非不利于查明案件事实或会造成刑事诉讼的拖延。

（5）民事案件审结之前，刑事审判已启动的，民事诉讼应以刑事审判的结果为依据。在刑事审判启动前，民事诉讼已经审结的，不受刑事诉讼中认定的案件事实的影响。若在民事诉讼审结前，刑事审判已经启动，则民事诉讼在程序上应先行中止，待刑事案件审结后，再恢复审理。裁判依据以刑事诉讼中认定的案件事实为基础。法国的立法中也有类似规定。

3. 物质赔偿与精神赔偿并行，统一民刑法律冲突

为了全面保护被害人的合法权益，刑事附带民事诉讼的物质损失赔偿范围不仅应包括直接损失（已遭受的实际损失和必然遭受的损失），还应包括可得利益损失。而且附带民事诉讼的赔偿范围应增加精神损害赔偿。

关于精神损害赔偿应否纳入我国刑事附带民事诉讼的赔偿范围，学术界有不同的观点：传统理论认为，精神损害赔偿制度不能用于刑事附带民事诉讼。其主要理由是精神损害赔偿侵害的是人格权，我国是社会主义国家，在社会主义国家里人格不能当作商品。而以财产方式赔偿精神损失，就等于将被害人的人格作为商品来进行交易。况且，精神损害无法用金钱来衡量。[①]
支持这一观点的学者还指出，刑事法律通过对被告人的定罪量刑，使被告人
受到了严厉的刑事处罚，这本身就是对被害人的精神方面最好的"平复"
和"抚慰"，因此无需用经济赔偿手段制裁被告人、安抚被害人。[②] 另一种
观点认为，刑事附带民事诉讼的赔偿范围应包括精神损害赔偿，主要理由是
与犯罪行为相比，较轻的侵权行为能获得精神损害赔偿，而更为严重的犯罪
行为却不能，有失法律的公平和正义。

（1）我国刑事附带民事诉讼赔偿范围应包括精神损害赔偿的依据。我国
刑事附带民事诉讼的赔偿范围应包括精神损害赔偿在内，这既有法律依据又有
现实依据。首先，精神损害赔偿的确立有充分的法律依据。精神损害赔偿是对
法律主体人格利益的保护。现代法治要求对物质利益和人格利益予以同等保
护。2004 年我国宪法修正案将"人权保障"纳入宪法范畴，意味着精神损害
赔偿请求权是一项基本人权，当被害人因犯罪行为遭受精神损失时，应有权提
出精神损害赔偿请求。我国民法通则第 120 条明确确立了精神损害赔偿制度，
并在之后颁布的侵权责任法及相关司法解释中予以完善。刑事附带民事诉讼解
决的核心问题是犯罪行为引起的民事损害赔偿问题，理应适用这一法律规定。

其次，精神损害赔偿的确立有充分的现实依据。近年来，造成精神损害
的犯罪行为层出不穷，如：毁容案件、强奸案件等，甚至很多犯罪行为仅造
成了精神损害，如：诬告案件、侮辱案件等。司法实践中，被害人要求精神
损害赔偿的呼声日益高涨，要求精神损害赔偿的数额也越来越高，特别是
2003 年最高人民法院关于人身损害赔偿的司法解释颁布实施后。人民法院
也不乏判决精神损害赔偿的先例，如：1999 年 5 月阿彩被强奸案，阿彩在
广东佛山市顺德区一家大排档打工期间被老板陈某强暴，顺德区法院判处陈
某强奸罪有期徒刑 3 年。刑事审判过程中，阿彩要求被告人赔偿经济损失 5
万元，精神损害赔偿 20 万元。一审法院认为原告请求赔偿精神损害 20 万元
的要求过高，最后法院判赔偿 3000 元精神抚慰金。阿彩不服提出上诉。二
审法院认为，阿彩被强奸造成的身体和精神伤害，陈某应依法承担民事责
任，一审判决的精神损害赔偿金过少，而阿彩诉请 20 万元又不符合本案的

---

① 张文志：《"刑附民"精神损害赔偿若干问题研究》，载《法学杂志》2006 年第 4 期。
② 参见甄贞主编《刑事诉讼法学研究综述》，法律出版社，2002，第 195 页。

实际情况，最后改判赔2万元精神抚慰金。① 再如：2001年10月发生的浙江省首例贞操权案。2001年7月，吴正到同事王茜的宿舍玩。吴正在王茜表示反对的情况下，将王茜按在床上，强行与她发生了性关系。王茜向公安机关报案。经有关部门侦查、提起公诉，2001年10月，浙江省丽水市莲都区人民法院认定：吴正犯强奸罪，判处其有期徒刑3年。在对吴正的刑事判决生效后不久，王茜以吴正的犯罪行为致使其身心遭到严重侵害为由，向莲都区人民法院提出民事诉讼，请求赔偿精神损失费12万元。2002年4月12日，莲都区人民法院当庭作出判决：被告吴正赔偿原告王茜精神抚慰金人民币2万元。② 司法实践中这样的案例还有很多，虽然最终法院判赔的精神抚慰金数额不高，但"司法先行"各地法院积极探索，通过"法官造法"的方式确立了精神损害赔偿在我国刑事附带民事诉讼制度中的地位。

另外，将精神损害赔偿纳入我国刑事附带民事诉讼的赔偿范围也是协调民刑立法矛盾，实现国家法制内在统一的要求。

（2）精神损害赔偿纳入我国刑事附带民事诉讼赔偿范围的实施方案

首先，废除刑事立法中限制精神损害赔偿的条款。《最高人民法院关于人民法院是否受理刑事案件被害人提起精神损害赔偿民事诉讼问题的批复》不仅明确剥夺了犯罪被害人就精神损害赔偿提起刑事附带民事诉讼的权利，而且剥夺了犯罪被害人就精神损害赔偿提起单独的民事诉讼的权利，在学术界和司法界饱受诟病。但2012年出台的刑诉法解释不仅没有改变这一规定，反而继受了这一规定，使民事法律冲突继续存在。所以，在我国刑事附带民事诉讼的赔偿范围中确立精神损害赔偿，首要的是废除该条款。

其次，明确刑事附带民事诉讼中精神损害赔偿的范围。即明确被害人可寻求精神损害赔偿的犯罪行为的范围。根据《最高人民法院关于确定民事侵权精神损害赔偿责任若干问题的解释》第1条的规定："自然人因下列人格权利遭受非法侵害，向人民法院起诉请求赔偿精神损害的，人民法院应当依法予以受理：（一）生命权、健康权、身体权；（二）姓名权、肖像权、名誉权、荣誉权；（三）人格尊严权、人身自由权。"并根据权利主体的类

---

① 参见李美蓉《刑事附带精神损害赔偿制度之可行性分析》，载《法学研究》2008年第9期。

② 参见郭秀梅《对浙江首例"贞操权"案件中的"刑事附带民事诉讼"之我见》，载《天津市政法管理干部学院学报》2002年第3期。

型，我国刑事附带民事诉讼中精神损害赔偿的范围可分为两类①：第一，自然人可以提起精神损害赔偿的范围。包括四类：一是侵犯生命健康权的犯罪行为；二是侵犯公民名誉权、荣誉权、隐私权等的犯罪行为；三是侵犯公民贞操权的犯罪行为；四是侵犯公民自由权的犯罪行为。第二，法人及其他权利主体提起精神损害赔偿的范围。包括两类：一是侵犯法人商业信誉、商品信誉的犯罪行为；二是侵犯商业秘密的犯罪行为。

第三，明确精神损害赔偿数额的参考因素。《最高人民法院关于确定民事侵权精神损害赔偿责任若干问题的解释》第 10 条规定："精神损害的赔偿数额根据以下因素确定：（一）侵权人的过错程度，法律另有规定的除外；（二）侵害的手段、场合、行为方式等具体情节；（三）侵权行为所造成的后果；（四）侵权人的获利情况；（五）侵权人承担责任的经济能力；（六）受诉法院所在地平均生活水平。"我国刑事附带民事诉讼中精神损害赔偿数额的参考因素也应根据伤害手段、程度、后果等多项因素而定，并赋予法官自由裁量权。2005 年发生的朱玉琴案就是由法官行使自由裁量权将精神损害赔偿数额从一审的 10 万元提高到二审的 30 万元。②

---

① 参见甄贞主编《刑事诉讼法学研究综述》，法律出版社，2002，第 197 页。

② 2005 年 10 月 4 日下午，家住北京蓝旗营的清华大学晏教授一家趁国庆长假带着女儿进城买书，在新街口豁口站打算乘坐 726 路公交车回家，晏教授 14 岁的女儿与下班后搭乘 726 路公交车准备回家的女售票员朱玉琴发生口角，两人争吵是为从新街口豁口站上车该买一元钱车票还是两元钱车票的问题。晏教授的女儿小菲说了一句"什么东西"，朱玉琴恼羞成怒，便一手揪住小菲的头发一手掐住小菲的脖子，把晏教授的女儿掐得口吐白沫，倒在地上，后经抢救无效身亡。2006 年 5 月 12 日，朱玉琴被海淀法院以故意伤害罪判处死刑，缓期两年执行。法院认为案发时的公交车司机韩某以及售票员吴某作为公交公司工作人员，负有保护乘客人身安全的义务，而二人并没有及时制止小菲与朱玉琴的争吵，韩某和吴某对小菲也实施了侵权行为，与朱玉琴共同导致了小菲的死亡。刑事案件审结后，晏教授夫妇另行提起民事诉讼，索赔 300 万元的精神损害赔偿。法院对原告夫妇提出的精神损害赔偿金 300 万元的赔偿要求表示理解，但是按照目前的法律规定无法全额支持。一审法院判决两被告赔偿死者父母精神损害赔偿金 10 万元。2007 年 5 月，海淀法院一审判决朱玉琴和北京巴士股份有限公司共同赔偿晏思贤夫妇 55 万元，其中精神损害赔偿为 10 万元。宣判后，晏思贤夫妇提出上诉。2007 年 11 月 26 日，北京市第一中级人民法院作出终审判决。判决突破以往的判决模式及赔偿数额，首次人性化地以法院的名义对晏教授一家老年丧女的意外表示同情，撤销原判决赔偿 10 万元精神损害赔偿的一审判决，将精神损害赔偿的数额提高到 30 万元，加上死亡赔偿金、丧葬费、医药费等其余 45 万元赔偿，晏教授夫妇共获赔 75 万元。参见刘岚《公交售票员掐死清华大学教授女儿案终审》，载《人民法院报》2007 年 11 月 27 日第 4 版。

4. 适当扩大受案范围并使之类型化

关于刑事附带民事诉讼的受案范围，学术界有两种观点：一是"扩大说"，认为我国立法及司法对刑事附带民事诉讼的受案范围限制较多，应予以扩大；另一种观点是"限制说"，认为刑事附带民事诉讼的受案范围不宜太大，应将其限定在一个较小的范围内，以便于刑事案件的快速审理。笔者认为，我国刑事附带民事诉讼的受案范围既不能太宽，也不能太窄，而应当宽窄适中。如果范围过宽，无疑将加大刑事案件审判的难度，影响刑事案件的审判效率；如果范围过窄，将有可能使这一制度的设置流于形式。

根据刑诉法第99条的规定，只要是给国家、集体、个人造成物质损失的犯罪行为，刑事附带民事诉讼的原告人都有权提起附带民事诉讼，而不应受犯罪性质、犯罪种类的限制。况且大多数犯罪都会造成物质损失。盗窃、抢劫、诈骗等具有非法占有、处置被害人财产内容的犯罪行为都应该纳入刑事附带民事诉讼的受案范围，这既符合诉讼效益原则又有利于保护被害人的合法权益。但对于刑事附带民事诉讼案件应该按照一定的标准进行繁简分流，使刑事附带民事诉讼案件类型化，根据案件的难易程度，分别适用不同的程序予以解决。如前文所述，法国的刑事附带民事诉讼制度就因为犯罪的严重程度而适用不同的审判程序，对于重罪行为提起的附带民事诉讼在刑事案件审判结束后，由重罪法庭询问检察官和有关当事人意见后另行判决，并由不同的审判人员按照不同的审判程序进行审理，充分体现了"公正优先、兼顾效率"的原则，并且不同的审判人员审理可避免先入为主。

（1）受案范围类型化的区分应与法官的自由裁量权相结合。经过法院审查，如果案情简单，适宜通过附带民事诉讼解决，则可在征得被害人同意后将其纳入刑事附带民事诉讼的范畴，与刑事案件一并审理。如果案情过于复杂，民事部分的审理周期可能过长，则不宜通过刑事附带民事诉讼解决，此时就应当限制被害人的选择权并将此附带民事请求转为民事案件审理。

（2）通过立法明确区分的标准。一般认为，"事实清楚、法律关系简单、主体单一"的案件应属于刑事附带民事诉讼的受案范围，而具备下列因素的案件，立法应规定当事人通过单独的民事诉讼程序解决：[①] 1）承担

[①] 参见肖建华《刑事附带民事诉讼制度的内在冲突与协调》，载《法学研究》2001年第6期。

民事责任的主体是否包含刑事被告人以外的其他人或单位；2）被害人是否提起精神损害赔偿请求；3）是否属于特殊领域的侵权行为、是否属于严格过错责任或无过错责任、是否涉及举证责任的倒置等情形；4）其他可能影响案件审判的复杂因素，如：损害程度一时难以查清的案件。

5. 完善执行机制

2012 年我国刑事诉讼法修改时，通过第 100 条明确确立了"刑事附带民事诉讼中的财产保全制度"，并通过 2012 刑诉法司法解释第 152 条对该制度的具体实施进行了规定，将被害人申请财产保全的时间提前到提起附带民事诉讼前，并明确规定了管辖法院。也就是被害人可以在刑事案件侦查立案后随时提出财产保全申请，这无疑是立法的进步。但造成我国刑事附带民事诉讼"空判"的原因是多方面的，要较好地解决这一问题，完善我国刑事附带民事诉讼制度，应健全刑事附带民事诉讼程序中的各项执行机制。主要包括以下几方面的内容：

首先，进一步健全刑事附带民事诉讼中的财产保全制度。

刑事附带民事诉讼中的财产保全，是指在刑事诉讼过程中，可能因被告人或其他人的行为导致将来生效附带民事诉讼判决难以执行时，或情况紧急，不立即申请保全将会使附带民事诉讼原告人的合法权益受到难以弥补的损害时，司法机关对被告人的财产采取一定的保全措施，从而保证附带民事判决顺利执行的制度。为了防止犯罪嫌疑人及其亲属在刑事侦查、审查起诉阶段转移、隐匿财产，2012 年新修改的刑事诉讼法及刑诉法解释明确将申请财产保全的时间提前到刑事审判前，这无疑是立法的进步，但是刑事附带民事诉讼中财产保全制度还有待于进一步完善，具体而言有以下几个方面：

（1）明确侦查机关、检察机关和人民法院的告知义务。虽然立法明确规定了这一制度，但当事人可能因为不知道而无法行使，所以为了保证该制度的贯彻实施，应明确规定侦查机关、检察机关和人民法院负有告知义务。

（2）完善财产保全措施。刑事附带民事诉讼中的财产保全措施不应仅限于查封、扣押和冻结，还应包括民事诉讼法规定的法律许可的其他方法。

（3）适当扩大被保全财产的范围。财产保全的范围不应仅限于被告人的财产，而还应包括刑事附带民事诉讼中负有赔偿责任的主体的财产。

（4）根据司法实践经验总结，通过立法进一步明确诉中财产保全和诉前财产保全的适用情形。

其次，明确规定先予执行制度。

刑事附带民事诉讼中的先予执行，是指在刑事诉讼过程中，附带民事诉讼判决作出之前，人民法院根据附带民事诉讼原告人的申请，裁定被告人先行履行给付义务并立即执行的措施。近年来，刑事附带民事诉讼审判实践中出现了越来越多的为了抢救被害人而要求被告人先行支付医疗费或生产、经营急需资金的情况。因此我国有确立先予执行制度的现实迫切性。笔者认为，应从以下几个方面着手构建：

（1）明确先予执行的适用阶段限于刑事审判程序启动后、判决作出前。因为先予执行是对刑事附带民事诉讼被告人财产的先行处分，一旦错误将会给其造成不必要的损失，所以其适用应非常慎重，时间限于刑事审判程序启动后较为适宜。

（2）明确人民法院的告知义务。与财产保全制度相同，明确人民法院负有告知义务可以保障此制度更好地实施。

（3）明确先予执行的适用条件。参照民事诉讼中先予执行制度的具体规定，刑事附带民事诉讼制度中先予执行的适用条件包括以下几点：第一，附带民事诉讼当事人之间的权利义务关系明确、争议不大。第二，双方当事人之间不互负给付义务。第三，具有紧迫性，即不先予执行将严重影响其生产或生活。例如，故意伤害案件中，不先予执行医疗费，被害人就无法得到及时救治；故意杀人案中，不先予执行被扶养人生活费，被害人家属无法正常生活等。第四，必须依附带民事诉讼原告人的申请，人民法院不能依职权决定先予执行。第五，附带民事诉讼被告人须有履行能力。

第三，建立诉前财产调查制度。

诉前财产调查是从刑事案件立案开始，由侦查机关对可能对被害人负民事赔偿义务的犯罪嫌疑人的财产状况，包括银行存款、固定资产等进行调查，以保证财产保全有效实施及判决有效执行的制度。刑事附带民事诉讼的制度设计一方面是为了提高诉讼效率，另一方面也是期望借助公权力更好地救济被害人的民事权益。因此刑事附带民事判决的执行也应该充分发挥此优势，借助侦查机关的力量，从立案开始，就由侦查机关对可能被提起附带民事诉讼的犯罪嫌疑人的财产状况进行调查，采取登记措施，开具清单，无合法理由不准许处置，并随卷将调查登记情况移送人民法院，为人民法院了解、查清财产状况和便利执行打下良好基础。① 该制度的设计应注意以下几点：

（1）明确诉前财产调查的适用范围。一方面，诉前财产调查是在刑事案件侦查立案后就着手实施的，一旦实施不当，可能会侵犯犯罪嫌疑人及其亲属的合法财产权益，其适用必须非常慎重；另一方面，实施诉前财产调查行为会增加侦查机关的工作负担，我国尚不具备足够的司法资源。所以，可以参照赔偿标的额、案件类型等因素逐步确定诉前财产调查的适用范围。

（2）调查时应由犯罪嫌疑人或其成年家属等人在场，并由他们在财产调查清单上签名。

（3）明确转移、隐匿登记财产的赔偿责任。对已登记的犯罪嫌疑人财产进行转移、隐匿，或明知是被调查登记的财产而接受转移、隐匿者，应和犯罪人在转移、隐匿财产范围内负连带赔偿责任。

（4）明确司法人员对调查结果负有保密义务。诉前财产调查毕竟是在侦查立案后即着手实施，为了避免错误判断给犯罪嫌疑人带来不必要的损害，立法应规定在刑事附带民事判决执行前，司法人员都要对调查结果保密。

第四，建立赔偿与减刑假释的挂钩制度。

我国现行立法将赔偿作为减轻、从轻处罚的酌定情节之一，赔偿与取得被害人谅解并用达到了良好的效果。但是尚未建立起赔偿与减刑假释挂钩的制度。司法实践中，受"赔了不罚、罚了不赔"观念的影响，当事人在法院判决之前承诺积极赔偿被害人，判决之后，犯罪人及其家属错误地认为，自己已经受了刑事处罚，对被害人就不再负有赔偿义务，因此，对刑事附带民事的损害赔偿判决拒不执行或不予积极配合。这也是造成我国刑事附带民事诉讼"空判"的重要原因之一。减刑假释是我国重要的刑罚变更制度，是贯彻我国宽严相济刑事政策的重要方面。但是我国刑法对减刑假释制度的适用条件规定得不明确，缺乏可操作性，很多学者提出建立赔偿和减刑假释之间的挂钩制度。笔者认为，将赔偿与减刑假释挂钩，构建起罪犯履行赔偿义务的有效激励机制，也是解决我国刑事附带民事诉讼执行问题的重要举

---

① 参见杨建军、潘怀平《刑事附带民事赔偿执行机制的完善构想》，载《广西社会科学》 2010 年第 5 期。

措。

刑事附带民事赔偿是在诉讼阶段，由人民法院判决解决的问题，而减刑、假释是由执行机关和减刑、假释管辖法院在行刑过程中共同解决的问题，因此，该制度的实施有赖于刑事附带民诉讼原审人民法院，执行机关及减刑、假释管辖法院之间的配合，在人民法院与执行机构之间建立执行联动机制，具体如下：

（1）如果附带民事赔偿没有履行或没有完全履行，在罪犯交付执行后，原审人民法院应当及时向执行机关移交或说明相关情况，由执行机关记录在卷。

（2）执行机关在呈报减刑、假释材料时，应将附带民事赔偿的履行情况作为考察的因素之一，并移交给减刑、假释的管辖法院，人民法院要对此进行审理。如果没有履行或者没有完全履行的，应当由罪犯提供没有履行能力的证明材料，如罪犯所在社区、派出所、原所在单位出具的家庭经济情况证明等。

（3）执行机关应当考察罪犯在服刑期间的消费情况，一并呈报人民法院审理。对于有证据证明确无履行能力的，则按照现行法律规定的条件予以减刑假释；没有证据证明的或有证据证明其服刑期间消费较高的，则应当进一步核实并据此作出是否准予减刑假释的裁定。

二　建立犯罪被害人国家救助制度

1. 统一用语

统一理论研究、立法和司法实践中的多种称谓：

（1）将犯罪被害人、刑事被害人两种表述统一为犯罪被害人。被害人是合法权益受到侵害的人。被害人是犯罪学、犯罪被害人学的核心范畴，也是刑法学、刑事诉讼法学、刑事执行法学中要予以关注的。刑事法治视野中的被害人，通常又被称为刑事被害人或犯罪被害人，是指合法权益遭受犯罪行为侵害的人。犯罪被害人与刑事被害人这两个不同的称谓实质上并无区别，只是在应用中略有不同。犯罪被害人多为犯罪学、犯罪被害人学中的用语，较为直接地揭示了犯罪行为与被害人之间的侵害关系；刑事被害人多为刑法学、刑事诉讼法学中的用语，侧重于刑事司法程序。我们这里建议称为犯罪被害人，原因在于：一些犯罪并未进入诉讼领域，可确实发生，被害人已经承受了犯罪侵害。统一为犯罪被害人的称谓，也有利于刑事司法领域关注被害预防、被害救济、二次被害等问题。

（2）统一当前理论界进行的被害人有关研究和各地开展的被害人救助立法、统一实践中使用的各种用语。由于对犯罪被害人权利救济体系的基本概念未给予足够认识，很多研究文献和地方实践将"被害人补偿""被害人救助""被害人司法救助""被害人援助""被害人救济"等概念混淆使用。这里有必要对这些概念予以澄清。被害人救济，旨在反映被害人权利保护途径的多元性，它以法律、政策或道义为基础，以实现被害人的合法权益、减轻被害人合法权益的损失或缓解被害人的经济困难、抚慰因犯罪遭受精神损害的被害人为主要目的，由国家、社会组织或社会成员个体实施的保护被害人合法权益的各种行为。它主要包括被害人赔偿、被害人补偿、被害人救助、被害人援助等方式。被害人补偿，是指在被害人未能获得或者难以获得犯罪人赔偿的情况下，由国家或具有行政主体之地区政府基于法律规定的替偿义务，以给付被害人或其他法定权利人一定数额的补偿费用的形式，弥补其因犯罪所遭受的经济损失。被害人救助，是指为了体恤因未能获得或者难以获得赔偿而处于困难窘境的被害人或其他利益相关主体，或者为了眷顾与犯罪行为斗争而招致犯罪侵害且未能获得或者难以获得赔偿的非执法人员或其他利益相关主体，由国家或具有行政主权之地区政府基于法律或准法律性文件规定的"恩恤义务"，以酌情给付被害人或其他利益相关主体一定数额的补助费用的形式，向其"治下"社会成员提供的一种"关怀性"保护。① 当前，我国各地先后开展了被害人救助实践，即罪犯确无赔偿能力，而犯罪行为给被害人造成重大经济损失，导致其生活困难的，以国家的名义给被害人一定救济，这被称为被害人国家救助制度，属于诉后司法救助制度的一项内容。故有的地方将其称为被害人司法救助制度。② 被害人援助，是指国家机关、社会组织基于法律规定的义务或者法律的倡导，为在诉求赔偿、申请救助过程中遭遇困难的被害人或其他利益相关

---

① 参见陈彬等《刑事被害人救济制度研究》，法律出版社，2009，第8~10页。
② 我国正在探索建立的诉后司法救助制度，除被害人国家救助制度外还包括执行救助基金制度，即被执行人无还款能力，而由法院对生活极度困难或急需医疗救治的申请执行人进行经济救助或救急资助。参见吴兢《刑事被害人国家救助将成制度》，载《人民日报》2007年1月9日，第10版。

主体提供帮助的行为，以及社会组织或社会成员基于道义扶助被害人或其他利益相关主体的行为。①

在这些概念中，最容易混淆使用的是被害人救助和被害人补偿两个用语。理论界使用或研究较多的是被害人国家补偿，即当犯罪被害人不能从犯罪人那里获得实际赔偿时，就需要寻求其他渠道来对被害人加以补偿，国家补偿是渠道之一。司法实务领域似乎更多采用被害人救助这个称呼。如2009年全国人大法工委与最高人民法院、最高人民检察院、公安部、司法部、财政部、民政部等八家单位联合下发了《关于开展刑事被害人救助工作的若干意见》，在全国范围内全面推行刑事被害人救助工作；我国自2004年开始逐步在部分省市地区开展犯罪被害人救助试点工作，这些试点地区针对犯罪被害人救助多以下发文件的形式出现，并且多采用"被害人救助"或"救助制度"的提法；也有少数试点工作开展得相对成熟的地区最终以成型的地方立法对被害人救助予以系统规范，包括《无锡市刑事被害人特困救助条例》《宁夏回族自治区被害人困难救助条例》等也都是以"被害人救助"命名。

鉴于此，学者们从不同的角度对两个词语进行了比较研究。有的学者认为补偿与救助是可供选择的被害人救济模式，我国当前应采取先施行救助再施行补偿的模式，补偿是被害人救济的最终选择。该学者提出，如果以遭受侵害的个人利益为主要考量因素，国家只有与刑事犯罪人承担连带赔偿责任，才足以充分地满足刑事被害人的利益需求。如果以社会利益为主要考量因素，由于社会利益具有整体性、普遍性和多样性，国家也需要以满足公众安全感、公平感为标准，承认刑事被害人群体内的每一个成员甚至潜在的刑事被害人平等获得国家补偿的权利，并明确国家负有替代补偿刑事被害人所受损失的责任。但是，如果以国家利益为主要考量因素，国家只需要在刑事侵权损害已经或者必将危及稳定与安全的情况下，从关怀刑事被害人的角度给予救助。因为国家利益是从政治组织社会生活的角度出发，以政治组织社会名义提出的主张、要求和愿望。国家利益虽然与政府利益密切相关，但它是以国家为主体的利益，因而并非政府利益的代名词。作为国家生存发展的基础，国家的稳定与安全是国家利益的首要内容。在国家看来，只有在作为

---

① 参见陈彬等《刑事被害人救济制度研究》，法律出版社，2009，第10页。

国家生存和发展基础的稳定与安全遭遇现实威胁时才有必要为消除这种威胁耗费国家资财。否则，就是对国家利益的不当侵蚀。以国家利益为主要考量，虽然直接表现为一种文化价值观，但它实际上是经济社会发展水平不高的产物。只有随着国家经济、社会事业的发展，以社会利益或个人利益为主要考量因素的刑事被害人救济制度才具有可实现的基础。由刑事被害人救助的特殊性所决定，刑事被害人救助不宜同刑事被害人补偿、国家赔偿一样被界定为国家法律责任。将其视为国家基于政治责任对"治下"社会成员的一种"恩恤"或"关怀"更容易达成维护国家利益的目的。我国是发展中国家，经济、社会、文化发展水平与发达国家还存在较大差距。我国目前尚处在社会转型时期，面临着较多的社会矛盾。这些因素决定了我国目前尚不具备推行刑事被害人国家补偿制度的主客观条件。但是，实践中刑事被害人救助的试点情况表明，对部分特困刑事被害人给予经济救助，不仅是必要的，而且是可行的。①

有的学者认为，就涵盖范畴而言，被害人救助要广于被害人国家补偿。准确地说，被害人救助既包括国家对被害人进行的经济救助，也包括其他社会力量对被害人进行的包含经济在内的各种援助。而被害人国家补偿专指国家对被害人进行的经济救济。在我国，学术成果和权力机关下发的政策性文件中所指称的被害人救助实质是广义的被害人救助中的国家救助。也就是说，由于我国出于种种原因考虑将被害人救助这一概念限定化和特定化了，其才与被害人国家补偿在事实上具有异曲同工之妙。其次，就责任程度而言，被害人救助要弱于被害人国家补偿。保护国民，既是国家的使命也是国家赖以存在的基础。犯罪的发生意味着国家没有良好地履行预防犯罪的责任从而导致被害人成为犯罪的牺牲品，因此国家应当承担对因犯罪遭受损失却又无法获得必要赔偿和其他社会救助的被害人的补偿责任。另一方面，补偿犯罪被害者所遭受的损失，也是国家为被害人利益同时也为社会防卫的间接但却很大的利益所实施的一种职能。被害人救助虽然也具备这些功效，但其原则上不以国家责任为基础，而是更多地出于道义考虑。对于国家而言，对陷入生活困境的刑事被害人提供救助不是其"所承担的政治责任的延伸"，

---

① 参见陈彬《由救助走向补偿——论刑事被害人救济路径的选择》，载《中国法学》2009年第2期。

因而不具有与补偿相似的应然性与必然性。最后，就规范性而言，被害人救助明显逊色于被害人国家补偿。"赔偿""补偿"是国际通用的法律术语。被害人救助在我国更多体现的是国家对特定群体的人文关怀。就专业性、排他性、权威性与严谨性等法律术语的基本特征而言，显得稍逊一层。①

有的学者认为，在实务领域，被害人救助的内涵和外延正在悄悄发生变化。无论是关于被害人救助的地方性文件还是地方性立法，其救助对象大多局限于生活陷入困难的暴力犯罪被害人，其救助方式多为发放一次性救助金，其救助目的是暂时解决被害人因犯罪行为而陷入的当下困境，如临时解决被害人难以承担的部分医疗费用，或者暂时保障被害人维持当地最低生活水平等，其救助资金一般来源于当地财政的专项拨付。在经验层面上，刑事被害人救助，是指对受到犯罪侵害而陷入生活、医疗困境的刑事被害人或其近亲属，在未能获得加害人的赔偿及其他方面的补偿时，一次性给予适度金钱救助，帮助其解决暂时生活、医疗困难的一项制度。伴随着被害人救助经验层面的概念变迁，反射到被害人救助的理论根据上则是：在以往学者列举的众多理论中，实务界择一而用或者说更为倾向于某一种、某几种理论，实际上这不仅是一种政策走向，更体现了被害人救助制度在经验维度上的价值。②

以上学者从中外比较、理论研究和司法实务比较等多个角度对被害人补偿和被害人救助进行了分析和探讨。综合各位学者的观点，我们倾向使用被害人救助这一词语。原因在于：一是救助一词内涵广泛；二是救助一词反映了国家出于人道主义考虑，帮助陷入困境的被害人渡过难关，是宪法"尊重和保障人权"规定的体现；三是司法实践和地方立法中已经广泛使用救助表述，被害人救助和犯罪人赔偿、被害人援助等一起发挥救济被害人受损权益的作用，共同构架被害人权利救济体系。

2. 我国犯罪被害人国家救助制度的具体内容

立足于我国的具体国情，借鉴国外的被害人国家补偿经验，提出我国犯罪被害人国家救助制度的具体设想：

---

① 参见李海滢《我国刑事被害人救助制度的未来走向——以国家刑事赔偿、国家刑事补偿与刑事被害人救助关系辨析为进路》，载《齐鲁学刊》2012 年第 2 期。

② 参见赵国玲、于小川《社会管理创新视野下的被害人救助问题研究——兼论经验维度和规范维度的良性互动》，载《山东警察学院学报》2012 年第 6 期。

犯罪被害救济制度

（1）救助原则。一是公正、公开原则。公平正义作为一种崇高的价值理念，是人类社会孜孜以求的理想。我们建设的和谐社会是公平的社会、正义的社会，各项工作的开展都要符合公平正义的要求。实行犯罪被害人国家救助制度，是帮助受到犯罪行为侵害的被害人，修复被破坏了的社会正义，更应遵循和贯彻这一原则。在实施救助工作过程中，对决定给予救助的，应当对被救助人、救助资金等等信息向社会公示；同时，对于不符合条件的，应当将不救助的理由公开说明。使救助工作透明化，接受社会监督，能更好地促进社会的公平正义。

二是及时救助原则。英国有一句古老的法谚："迟来的正义为非正义"。被害人因犯罪行为使得身体、财产、精神受到伤害，为了减轻被害人的痛苦，应当在第一时间获得救助。因此，救助程序应当尽量简化、便捷，对于那些符合救助条件的被害人，在案件长期不能破获、犯罪人不能归案的情况下，应对被害人进行临时性的救助。

三是补充性原则。被害人的伤害是犯罪人的行为造成的，犯罪人赔偿是被害人权利救济的主要渠道，只有当被告人无力支付赔偿、赔偿不足，或犯罪人长期不能归案时，才启动被害人国家救助工作。

四是一次性救助原则。对被害人或其家属进行救助，是与我国的经济发展水平和社会承受能力相适应的，并结合被害人的被害事实、家庭经济情况、与犯罪人的关系等因素综合考虑，量力而行。当前的被害人国家救助重在救急，加之救助效率的考虑，应遵循一次性救助原则，也就是说，对于已经获得过救助或者困难救助申请已由其他机关受理尚未办结的，不予受理。

五是以经济救助为主，多种救助方式并存的原则。结合我国的具体国情，救助的方式应以金钱补偿为主，多种救助方式并存。国家对被害人进行直接的金钱救助，既可以直接弥补被害人的物质损失，便于救急救困，缓解被害人的生活压力，在实践中也容易操作。但是，救助机关还应该综合考虑被害人不同的被害情况及他们的实际需要，采取一些更加灵活的救助方式，如安排就业、技能培训等。

（2）救助对象。从理论上讲，被害人国家救助的对象应该是所有受到犯罪侵害的被害人。但现实生活中，由于受到社会因素和经济因素的制约，以及被害人本身的被害状况、需求等的不同，并不是所有的被害人最终都能获得救助。量入为出，是各个国家在确定救助对象时坚持的一个原则。通过前面对境外被害人国家补偿制度的考察，我们发现，境外在构建被害人补偿制度的时候，大多对补偿的对象范围作出了一定的限制，如补偿范围限于因故意的暴力犯罪遭受人身伤害或者死亡后果的被害人。在我国当前的国力下，暂时无法对所有遭受犯罪侵害的被害人予以救助，因此，也将救助对象限定在一定的范围内。在被害人国家救助制度试点中，有的地方对被害人的户籍地进行了限制，限于户籍地在本地的被害人。这种做法不利于保障被害人的合法权益，不利于达成刑事被害人救助制度的目的。我们的救助是为了帮助遭受犯罪侵害的被害人及其近亲属渡过生活难关，无论是遭受暴力犯罪还是财产犯罪、无论是故意犯罪还是过失犯罪，只要因犯罪行为而无法生活下去，都应当得到国家的帮助。因此，救助的对象是因犯罪行为而陷入生活困境的被害人及其近亲属，即被害人及其家庭无力承担被害人医疗费用、因被害人丧失劳动能力或者死亡导致被害人的家庭生活水平低于当地最低生活保障标准、因财产损失而不能达到最低生活标准。

（3）救助的条件。救助条件是国家进行救助的重要依据。国外的被害人补偿立法和我国一些省市开展的救助实践都对被害人的救助条件作了规定，其中包括必备条件和排除条件。学理上对救助条件的探讨，主要集中在被害人的经济状况、被害人的主观过错、被害人是否协助司法机关追究犯罪、被害人的国籍等。这里需要说明的是，对于被害人的国籍，在目前试行的被害人救助实践中没有关注这一问题。国外的被害人补偿制度对国籍条件的要求包括三种情况：被害人具有本国国籍或被害者在本国居住达到一定的期限；采取对等、互惠的原则；没有明确规定。考虑到我国对外交往的不断增强，建议我国的救助工作根据互惠的原则决定是否救助。

被害人国家救助的必备条件包括：被害人对自己被损害的结果无过错或者承担很小的过错；被害人及其近亲属无法从犯罪人那里获得赔偿，也没有从其他社会救济途径获得救济；生活极度困难，陷入困境；积极配合司法机关追究犯罪。

被害人国家救助的排除条件，也即不予救助的情形，包括：1）对于被害结果的发生有重大过错或被害人的不法行为直接导致被害结果的。一方面，这是遵循"任何人都不能从其错误行为中获得利益"这项古老的法律原则考虑；另一方面，也考虑到一般社会公众对社会公平正义的观念和国家救助资金有限。如果被害人过错较为轻微，可以适当减少救助金额。2）救助申请人隐瞒家庭财产、经济收入等有关情况或者提供虚假材料申请救助的。当然，对于已经获得救助的，若发现救助申请人以隐瞒家庭财产、经济收入等有关情况或者提供虚假材料等欺骗手段获得救助金的，由救助金发放机关予以追缴；构成犯罪的，要依法追究刑事责任。3）被害人及其近亲属怠于协助司法机关追究犯罪的。这是考虑到，如果被害人获得了救助，他可能就不会主动报案，不会为追诉犯罪提供必要的协助。

（4）救助的范围。救助的范围包括人身伤亡、物质损失和精神损害。当前理论研究的重点是精神损害赔偿问题是否给予救助的问题。虽然我国的救助实践中，将其排除在赔偿范围之外，但我们建议在今后的立法和司法实践中，将其列入。

（5）经济救助的标准。各国对被害人补偿的标准作了规定，由于补偿的数额要受制于国家的经济状况和财政能力，因而不尽相同。我国理论界对救助标准的建议有：以国家上年度职工平均工资的法定倍数确定金额；设定救助的最高和最低限；不仅设定上下限，还应根据不同的被害情节确定救助数额等。救助体现了国家对被害人的关爱和体恤，且我国是一个发展中国家，国家的救助资金有限，地区发展存在不平衡。鉴于此，可以根据平均工资的法定倍数对救助的最高、最低数额作出规定，在对具体案件被害人进行救助时，应综合考虑被害人的实际情况、被害人的过错、被害情况和当地的经济水平等因素来确定最终的金额。

（6）救助机构与救助程序。其一，救助的机构。境外的被害人补偿机构，有的设在法院，有的设在检察院，有的设在社会福利部门，有的设在司法行政部门，有的设在财政部门，也有的单独设立机构等等。在我国尚未形成全国统一的、规范化的被害人救助制度，在各地尝试的被害人救助实践中，救助的机关不统一，包括：1）法院救助。如青岛中院对刑事被害人进行救助。2）法院与民政局联合救助。如山东淄博和浙江省，法院负责审查、批准，民政局负责救助金发放。3）政法委牵头，多部门参加救助。如在浙江省台州市，制度建构主体是台州市委办公室和市政府办公室，由党委政法委具体负责司法救助工作的领导、组织、协调、统筹规划与实施工作，财政部门负责救助基金的调拨及其使用监管，司法救助主体上，由以往的单个部门实施救助，延伸至人民法院、人民检察院、公安机关、司法行政部门、财政部门等各环节；《山东省刑事被害人救助工作实施办法（试行）》

于 2010 年 1 月 1 日起正式施行，规定各级党委政法委设立被害人救助工作专门机构，负责对办案机关提出的救助意见进行审批，各级人民法院、人民检察院、公安机关设立或明确被害人救助工作专门机构，负责本部门被害人救助的审查、申报、救助金发放等具体工作。此外，还有检察机关救助、公安机关救助等多种方式。

综合理论研究成果和救助实践，这里我们建议，在社会治安综合治理委员会设置犯罪被害人国家救助委员会负责审查处理本行政区内公安、检察、法院所办理刑事案件中被害人提出的救助申请，主要基于以下几点考虑：

一是社会治安综合治理委员会作为协助党委、政府领导社会治安综合治理工作的常设机构，它兼备党政机关的性质，具有紧密联系政法机关各部门又不具体从事政法工作的特殊性质。我国的社会治安综合治理委员会从中央到地方，有着健全的组织体系，掌握着各地区、各部门社会治安治理工作的进展情况，负责各地区、各部门综合治理的各项措施。从一定意义上来说，被害人国家救助本身即是执政党和政府采取的对遭受犯罪侵害的被害一方资源的权威性配置措施，被害人救济本身就是社会治安综合治理工作的重要组成部分。二是从机构和人员编制来看，社会治安综合治理委员会办公室是社会治安综合治理委员会的办事机构，与政法委合署办公。社会治安综合治理委员会的人员组成由公检法司、民政、财政等部门的主要领导兼任。这样的机构设置和组成，无疑具有其他部门无可比拟的权威性，是犯罪被害人国家补偿工作的组织协调、经费到位的强有力保障。三是从近年来各地开展的对被害人救助的实践情况来看，公安、检察、法院等机关都在尝试开展这方面的工作，但基本上都是由当地政法委牵头组织的。四是由于被害人国家救助专业性较强，审查过程和内容涉及较多的法律专业知识，且需要工作人员对相关情况的了解和把握。[①] 同时，由于对被害人的救助是刑事诉讼各环节都存在的问题，案件覆盖诉讼阶段广泛，由公、检、法其中任何一个单一的机构作为救助机关，难以做到统一和规范，且实现对其救助情况的监督难度也很大。此外，为了精简机构，且使救助工作更好地让公众了解和接受公众的监督，在救助委员会的组成人员上，建议既包括专职人员，也包括社会兼职人员。专职人员由社会治安综合管理委员会指派的公职人员组成。兼职人员

---

① 参见王瑞君《刑事被害人国家补偿研究》，山东大学出版社，2011，第 163～164 页。

由聘请的具备法律知识、医学知识等的社会人员组成。

其二，救助的程序。如前所述，救助程序的设立要合理、便捷，具有可操作性。具体来说：

1）救助程序的启动。救助程序应依被害人及其近亲属的申请而发动。救助申请需要提交申请书，明确请求的数额、事实和理由，提交书面申请确有困难的，可口头申请，由救助委员会工作人员记录。

2）受理和审查。救助委员会收到申请后，应当及时进行审查，审查包括两方面的内容：对管辖、程序、材料是否符合要求的形式审查；在形式审查通过后，由具体负责本次申请的工作人员对申请主体、被害事实、损害程度等内容是否符合救助条件进行的实质审查。

3）作出决定。通过对申请事实和理由进行调查后作出是否救助以及救助数额的决定。

4）公示。将救助决定向社会公示。

5）救助金的发放和不服决定的救济。救助机关应该及时支付救助金，对于决定不服的可以向上一级救助委员会申请复议。

需要强调的是，为保证救助工作落到实处，以上几个程序，均应有明确的期限限制。

6）救助金的返还和追偿。上一级救助委员会在对救助工作进行监督管理中，若发现救助决定存在错误，如救助机关错误给予救助或是不应当获得救助的人以不正当方法获得救助等，此时，可要求被害人返还救助金。而且，救助委员会在支付救助金后，保留对犯罪人追偿的权力。

7）救助资金的来源与管理。没有稳定可靠的资金来源，被害人国家救济制度就不可能很好地、持续地推行下去。从我国各地的试点情况来看，救助的资金来源各不相同：有的由财政拨款；有的多种渠道筹集，既有政府拨款，也有社会捐赠、基金孳息和其他资金；有的根本没有稳定的资金来源，靠发动干警捐赠，向社会募捐等。救助被害人，在本质上是国家的责任。但鉴于当前我国的经济发展状况和水平，单纯依靠国家拨款还难以实现，因此，建议被害人国家救助的资金来源应按照中央财政安排、地方各级财政配套为主，社会捐赠、募集为补充的模式筹措。为了保证救助资金的使用，由审计部门每年度对救助资金的拨付、发放情况进行审计。

8）追偿。犯罪人的犯罪行为是被害人遭受损失的直接原因，因此，在被害人获得救助后，办案机关发现犯罪嫌疑人、被告人或者其他赔偿义务人有能力履行民事赔偿义务的，应当依法向其追偿。追偿的资金除用于补充救助资金外，超过被害人已获得救助额的部分，应当支付给被害人。

9）办理人员的法律责任。为了更好地实施对被害人的救助工作，确保该工作落到实处，若救助机关工作人员在救助工作中有违法、违纪活动的，应当依法追究其责任。

3. 我国犯罪被害人救助立法的具体建议

关于我国犯罪被害人国家救助的立法问题，目前主要存在五种观点：一是制定专门的《犯罪被害人国家救助法》，对救助原则、条件、范围、数额、资金来源、补偿方式、裁定机构及程序等问题作出明确、具体的规定。其主要理由是，制定能够集中规定与救助相关的各项内容，便于实际操作；通过直接立法的方式可以向全社会宣示被害人的权利，确立全面保障刑事人权的观念，有利于对公民进行被害人权益保护的法制教育。二是制定《犯罪被害人保护法》，即在立法中不但规定被害人国家救助的内容，也要规定犯罪人赔偿、被害援助等内容。其主要理由是，如果只考虑到被害人国家救助，而对其他与被害人保护相关的制度没有设计或者没有通盘考虑，将难以达到保护和救济被害人的目标。三是将国家救助的程序性问题规定在刑事诉讼法中，将救助的实体性问题以单行法的形式出现，然后由各地根据本地区的实际情况对法规予以解释。在国家救助已经成为一种制度，已经形成一种体系之后，再出台统一的《犯罪被害人国家救助法》，其主要理由是，被害人国家救助的所有事宜均纳入刑事诉讼法会破坏刑事诉讼立法的结构；对被害人的进一步保护已经超出了刑事诉讼法的范围等。四是阶段性专门立法，即先制定犯罪被害人国家救助法，待条件成熟后再制定被害人保护法或被害人援助法。其主要理由是，目前我国被害人权利保障不力，引发种种社会矛盾，此立法模式可以尽快落实中共中央关于构建和谐社会的精神；我国正处于社会转型期，改革也呈现出渐进性特点，直接建立被害人保护法会欲速而不达。五是分阶段建立我国刑事被害人救济制度的模式，即先施行救助政策后施行补偿立法的模式。①

---

① 参见陈彬《由救助走向补偿——论刑事被害人救济路径的选择》，载《中国法学》2009年第2期。

结合上述理论研究成果和我国各地的立法实践，进行全国性的被害人救助立法，我们建议采取第四种观点——阶段性专门立法模式，即先制定犯罪被害人国家救助法，待条件成熟后再制定犯罪被害人保护法。除了以上分析的原因外，还考虑到：到目前，全国已有 20 个省、自治区、直辖市和 130 多个地、市出台了具体实施刑事被害人救助的专门文件，形成了一定的工作机制，宁夏回族自治区、江苏省无锡市还出台了刑事被害人救助地方性法规。① 这为制定全国统一的犯罪被害人国家救助法提供了借鉴；犯罪被害人救济是一项系统工程，包括犯罪人赔偿、被害人国家救助、被害人社会援助等多方面的内容，当前，我国尚未开展全国性的犯罪被害调查，缺乏统一、规范、完善的被害人援助机构，制定全面保护被害人权利的犯罪被害人保护法的时机尚未成熟。

三 建立犯罪被害人社会援助制度

一项权利的真正落实必须要以有效的制度设计为依托，"权利如果没有精心安排的体制和结构，他们就不可能存在。"② 对犯罪被害人的社会援助是一项系统的、复杂的工程，必须制定、完善相关法律法规，以规范被害人社会援助，否则我国的社会援助只能是低水平的、混乱无序的自发行为，甚至有可能引发更为严重的后果。此外，犯罪被害的救济和恢复是多方面的，有些犯罪被害人援助可以由国家来进行，也可以由社会来进行。在对加害人采取强制力或者需要大量费用等情况下，由国家采取措施予以援助应该更方便些；而对于被害后的及时救助、心理治疗、精神抚慰以及物质救济和其他支援和帮助活动，则由民间的志愿者或社会组织来做效果会更好。因此，犯罪被害人的保护与救济是一项社会系统工程，仅仅依靠国家和政府是不够的，它依赖于全社会的共同努力。借鉴国外犯罪被害人社会援助的有益经验，本书提出我国犯罪被害人援助制度的具体构想。

1. 确立犯罪被害人获得社会援助权

犯罪被害人获得社会援助权已纳入国际刑事人权保障的范畴，发达国家

---

① 张大辉：《20 省区市出台被害人救助文件》，载《检察日报》2012 年 9 月 26 日，第 1 版。

② 〔美〕贝思·J. 辛格：《实用主义/权利和民主》，上海译文出版社，1988，第 28 页。

和地区较早地建立了完善的被害人社会援助体系，为被害人获得社会援助权提供了现实保障和法律依据。目前，我国尚未从法律上确立刑事被害人获得社会援助权，也缺乏援助被害人的社会工作体系，只是部分被害人获得了某些"边缘性的援助"或者司法经济救助。因此，立法上明确被害人获得社会援助权，规范社会援助被害人的方式和内容，是被害人获得有效社会援助的制度保障。① 我国《宪法》第45条明确规定："国家发展为公民享受这些权利所需要的社会保险、社会救济和医疗卫生事业。"此为被害人社会援助权的宪法依据。《刑事诉讼法》之修改或者将来《犯罪被害人保护法》的制定，应当明确规定被害人享有获得社会援助的权利，在立法和政策上引导和鼓励社会力量对被害人开展援助活动，营造关注被害人权利保护的社会氛围。

2. 明确犯罪被害人社会援助的对象

通常情况下，获得社会援助的是犯罪被害人本人，若被害人本人因犯罪行为而严重致残或死亡的，其近亲属或受其抚养（赡养）的人也可以成为援助对象。因此，被害人的界定是十分广泛的，旨在使所有受到罪行侵害的人都能得到有效的保障。不论被害人主观上对其受害情况是否有过错，原则上应当既包括受到物质损失的被害人，也包括精神受到伤害的被害人尤其是性犯罪的被害人和产生强烈精神依赖心理的毒品犯罪被害人；② 不仅包括受到犯罪行为直接侵害的被害人，必要时还应对被害人的近亲属因此而遭受的物质或精神上的创伤予以援助。对于外国人在我国因犯罪行为而遭受的损害也应当给予援助，但如果该外国对我国公民在他国的此项援助权利进行限制，我国可以根据对等原则，对该国公民在我国的援助权相应予以限制，以体现国家主权和国民待遇原则。

值得注意的是，由于毒品犯罪的"以贩养吸"特点，大多数毒品犯罪被害人同时又是毒品犯罪行为的实施者。他们具有被害人与犯罪嫌疑人、被告人的双重地位与身份，因此，应当充分发挥各地所设的戒毒中心等专门援助机构的作用，以增强对他们的援助。援助的内容应当是多方面的，对他们进行精神抚慰，帮助他们解决心理难题，通过帮助其家庭和亲人唤起他们的

---

① 参见蔡国芹《刑事被害人获得社会援助权之论纲》，载《法学论坛》2007年第5期。

② 李波阳、吕继东：《建议确立刑事被害人援助制度》，载《河北法学》2003年第3期。

感情良知。在他们回归社会后，应当对其工作安置给予指导、帮助。防止他们再次成为贩毒行为的被害人或实施者，避免他们由"轻度"被害人或加害者变为"重度"被害人或加害者。鉴于毒品犯罪被害人对毒品的高度精神依赖，应当增强援助组织的积极性和主动性，防止被害人范围和被害范围的扩大。

3. 规范犯罪被害人社会援助的条件和程序

为了最大限度达到援助的积极效果，针对犯罪被害人社会援助的不同内容，应当规定不同的适用条件。如，对被害人进行经济援助，考虑的首要条件就是被害人的经济能力，达到了法律法规规定的贫困线，而且有援助的必要。对被害人提供法律援助除了考虑必要性以外，还应考虑案情的复杂程度或案件中存在可能危及被害人合法权益等因素。对被害人的医疗和心理援助条件也应当明确具体地加以规定，以保证所有遭受犯罪行为侵害的被害人都能够及时有效地得到国家和社会有限的援助资源，最大限度地体现社会公平和正义。为了使被害人得到及时有效的救助，应对公安司法机关、医疗保健和社会服务机构的相关人员进行培训，了解被害人的需要，同时，也应当让被害人知道可以获得援助。为此，公安司法机关应当对被害人履行告知义务，不但告知他们可以享有的援助内容，而且要告知他们获得这些援助的有效途径和方法。被害人要获得援助，一般应以被害人提出申请为援助的开始，经被害人援助机构受理审查后开始实施援助工作。如果纠纷裁决过程中缺少对被害人权利的应有关注，存在着影响公正处理的不正当因素或被害人不了解援助的内容或者程序的情况，援助机构应当积极地与被害人联系，给予其物质上的帮助和精神上的安慰，并为其进行诉讼提供协助。因此，对被害人的援助可以分为申请援助和主动援助。所谓申请援助就是因犯罪行为而遭受物质损失或精神损害的被害人以及与此有关联的直系亲属，在他们的权利受到侵犯后。可以向被害人援助机构提出援助申请，获得援助机构的援助和服务。所谓主动援助就是对一些不了解援助制度的被害人或不愿意申请援助的被害人，如毒品犯罪被害人或者案件中存在影响公正处理的不正当因素的，援助机构就应当主动服务，根据被害人不能申请援助的具体原因，有针对性地帮助他们解决援助困难，使他们获得援助机构的有效援助，以对他们的权利缺损状态进行救济。

4. 规范被害人援助的内容

（1）咨询服务、法律服务。应当规定提供咨询服务、法律服务。提供信息咨询等服务，为受害者提供有关诉讼问题的所有信息的咨询，如诉讼程序、被害人的法律权利、保险理赔程序等法律信息；推荐律师、心理医生或专业援助机构等社会服务信息；被害防止与自我保护宣传等。提供法律服务，如代为报案和申诉；出庭帮助和陪同；与司法机关的联系与沟通；被害情况调查；帮助申请国家救助、保险理赔或争取救济；代书各种法律文书等。

（2）心理救助、情感支持。目前，国内外学者都较为一致地将被害人的心理损害划为两类，即：近期心理损害和远期心理损害。近期心理损害表现的症状比较明显，主要表现为恐惧、愤怒、沮丧、绝望等等；长期心理损害是指受害以后的几个月甚至几年内仍然持续存在的心理损害，主要症状包括神经症、生命周期缩短和生命质量下降等。在国际上，对于受到心理伤害的被害人，普遍采取了一种所谓的危机介入法。治疗专家通过使被害人与危机感逐渐拉开距离的方法，抚慰其心理进而使被害人重新安排生活。具体结合我国实际情况，可通过创造宽松社会氛围和缓解被害人心理压力等措施，加强对被害人的感情支持。比如，新闻机构应当遵守职业道德，尊重被害人的隐私和情感，有节制地报道案件，不能为了追求独家效应，纠缠、窥探被害人的隐私。尤其是恶性暴力案件，应当考虑被害人的心理感受，不能过分渲染案件中具体、残忍的情节，也不能为求扩大影响去反复报道，否则会造成被害人心理上的反复受伤。从创造宽松社会氛围这个角度，社会公众和被害人周围的人应当努力创造一个充满爱心、宽容的生存生活环境，为被害人提供情感支持，帮助其重返社会。

以我国台湾为例，台湾地区于1999年成立了犯罪被害人保护协会，该协会是具有半官方色彩的财团法人，为被害人及其家属提供适时且全面性的协助。在2004年，犯罪被害人保护协会的台北分会办理开展心理创伤门诊计划。该计划内容细腻、制度和措施更趋于人性化。因此，可以借鉴我国台湾地区的心理创伤复健门诊服务计划，其包括危机处理、心理咨商与治疗、后续追踪辅导三个阶段。服务工作人员基于各阶段时间不同而提供不同的救助内容。比如，在犯罪案件发生后，被害人及其家属有强烈的情绪反应并面临众多事务需要处理，犯罪被害人服务机构选派人员和专业的心理咨询人员，为被害人及家属提供支持及协助；危机处理后，根据被害人自愿的原则，决定是否由专业人员进行个案的追踪辅导。此外，可以建立有关档案，由义工或心理咨询师随时向已接受或未接受过咨询的被害人提供服务。

（3）医疗服务。被害人在遭受侵害后，往往就成为社会的弱者，急需社会的帮助。被害人在请求帮助治疗的过程中，各级医疗机构和医务人员对待被害人应比普通的病人更为重视，应当摒弃心理上的歧视、冷漠，从人道主义的角度出发，给予被害人身体和情感上的及时帮助，使被害人感觉到自己仍然受到社会的关注和支持，更快地摆脱身体和心理上的创伤。此外，医疗诊治人员的伤情记录往往成为刑事司法机关处理被害案件的重要证据。负责人员在此问题上应实事求是，更不能做虚假的记载。医疗机构对被害人被害一事以及伤情记录应当保密，特别是事关当事人个人隐私的治疗情况和伤情记录。对被害人的心理治疗，既可以由专业的心理治疗机构来承担，也可由其他机构来承担，但是必须保证治疗的及时性。此外，应当给予被害人及时的医疗服务和医疗援助，比如，身体健康检查、身体或心理康复医疗及治疗过程中的护理或持续照顾等。卫生部门应出台有关规章，要求各级医疗机构对被害人开设"绿色通道"，在费用和护理方面予以较好的优惠和待遇，对情况危急又无力支付费用的被害人，可减免医疗费用。

（4）物质援助。犯罪人赔偿应适用于所有犯罪被害人，其首要目的在于确保被害人合法权益的不可侵犯，同时更是道德和正义的要求和体现。当赔偿数额很少或不能实现时，被害人就通过国家救助和借助社会的力量来解决其经济困境。就现实而言，物质援助范围是：提供紧急经济援助；提供安全避难所；提供困难生活补助金；协助重新就业或就业技能培训；协助被害人恢复生产、经营等。

5. 完善犯罪被害人法律援助的法律规定

其一，在《刑法》《刑事诉讼法》《律师法》《中华人民共和国公证法》等重要法律中，将被害人的法律援助权作为重要内容加以规定，使被害人获得的法律援助权与刑事诉讼中被告人获得的法律援助权处于同等地位，切实对原被告双方予以平等的权利保护。对被害人的法律援助应延伸到整个诉讼和非诉讼的过程中。特别是考虑到犯罪被害人有提起民事诉讼或者行政诉讼的可能性，我国《中华人民共和国民事诉讼法》和《中华人民共和国行政诉讼法》等相关法律也应当规定被害人有获得法律援助的权利。完善被害人法律援助内容，在提供法律建议和诉讼援助之间设立一种中间性服务的援助，如提供代写诉状和其他法律文书等法律服务，帮助被害人与对方当事人就赔偿等问题进行协调、谈判。

其二，要提高被害人法律援助权的立法层次。被害人法律援助权的最高法律依据是宪法，具体表现在："国家尊重和保障人权"，"法律面前人人平等"。被害人法律援助制度作为与被害人关系最为紧密的救助制度，其重要性远非其他救助制度所能比拟。因此，可以将法律援助权作为一项宪法性权利在宪法中予以体现。

其三，加强被害人法律援助权的规范化建设。在《法律援助条例》的基础之上，尽快由全国人大制定《法律援助法》，这样有利于对被害人法律援助权进行更好的保护。与被告人所享有的法律援助相比，被害人在诉讼程序中更加需要法律援助。要明确被害人有获得法律援助的权利。被害人作为刑事诉讼中的当事人享有一定的诉讼权利，要亲自参与到诉讼中去。但是，被害人作为犯罪行为的直接承受者，身体和心理上受到了巨大创伤，有的根本就不能出庭（如身体受到严重伤害甚至死亡），有的不愿意出庭（如强奸案中的被害人）；即便有的被害人出庭，但由于法律知识的缺乏，难以有效使用其诉讼权利。基于以上两个原因考虑，相对于被告人而言被害人更需要律师等法律专业人员的帮助。在律师等专业人员的帮助下，被害人的意愿在诉讼中才能得到充分的表达，从而使法院全面维护被害人的合法权益。如果被害人在诉讼中得不到律师的帮助，就有可能受到二次伤害。因此，赋予被害人法律援助权有利于加强对被害人合法权益的保护。另外，法律援助制度是国家以法律化、制度化的形式，为某些经济困难或特殊案件的当事人提供免费或减费的法律帮助，以保障其利益得以实现的一项法律制度，它是世界各国普遍采用的司法救济制度。我国虽然也正式建立了法律援助制度，但仅仅限于犯罪嫌疑人、被告人，对被害人的法律援助几乎是一片空白。因此，为保护被害人的合法权益，减少他们的损失，必须构建我国被害人法律援助的新模式，建立与被告人法律援助制度相对应的援助制度，使那些无助的被害人及其近亲属能够及时获得司法救济，这不仅符合我国刑事诉讼的价值取向，还有利于维护刑事诉讼的公正与效率。即便《法律援助法》尚未出台，司法部也应当制定与《法律援助条例》配套的法律援助办法，规定社会援助机构的设立与管理、援助经费来源与使用、援助人员的培训、援助质量监督、社会力量参与法律援助等内容，以加强被害人法律援助的规范化、法律化建设。

6. 成立和规范犯罪被害人社会援助组织

目前，我国司法资源严重不足，影响了被害人援助。我们建议由行政和司法机关组织，主要利用社会力量和民间资源，建立犯罪被害人援助机构或组织。

（1）在组织性质上，被害人社会援助组织是向被害人提供服务的，不应该以营利为目的，应当有慈善性质和人际共助性质。它必须尽量为每一个被害人提供力所能及的服务。[1] 被害人社会援助组织不是官僚机构，它提供服务是主动的而不是被动的，它不应当有繁杂的手续和过高、过窄的门槛限制。

（2）在服务对象上，既可以设立为一般被害人服务的专门机构，也可以设立针对某一类犯罪特别是性犯罪被害人、毒品犯罪被害人和未成年被害人服务的专门机构。[2]

（3）在组织体系上，既应该有全国统一的被害人社会援助组织，也应当有地方性的被害人社会援助组织，全国性的被害人援助组织在各地应设立分支机构，以便统一管理和为被害人提供及时服务。

（4）在机构的组成人员上，除少量负责日常工作的专职工作人员以外，绝大部分应由法学、社会学、医学、心理学、精神病学等领域的专家以及经过培训的志愿者组成。在组织人员的职业上，应当包括医疗、心理、法律等与被害人身心保护密切相关的职业人员，为被害人提供较为专业、科学的服务。

（5）成立被害人咨询机构。被害人咨询机构的功能主要有两个方面：一是法律咨询。被害人咨询机构可以满足被害人获得法律常识的需要，从而使他们能以诉讼主体的身份参与诉讼活动，拿起法律武器保护自己的合法权益。二是心理咨询。被害人不但身体受到损害和财产受到损失，其精神也会受到不同程度的伤害。应当在被害人受害后及时向他们提供心理咨

---

[1] 莫洪宪主编《刑事被害救济理论与实务》（第1版），武汉大学出版社，2004，第232页。

[2] 李波阳、吕继东：《建议确立刑事被害人援助制度》，载《河北法学》2003年第3期。

询与服务，缓解与消除被害人所遭受的心灵创伤。在这方面，许多国家的被害人援助组织都做了大量的工作。而我国的心理咨询与服务业刚刚兴起，被害人援助组织尚未建立，对被害人的心理咨询服务基本上还处于空白状态。因此，创立被害人咨询服务机构，对于救助被害人具有十分重要的意义。

需要指出的是，社会组织和社会团体对被害人进行援助和服务，需要国家和政府的支持、引导和规范，以指导协调有关政府部门、企事业单位、医疗机构、社会团体以及社区参与。以法律援助为例，鉴于我国法律援助工作的开展必须依靠各级司法行政部门，建议在"官方"的法律援助机构功能健全完善的基础上，逐步转向"民间"，以此建立起真正意义上的"社会援助"组织。我国的被害人法律援助的理想模式应为：民间机构多，官方机构少，民间机构重操作，官方机构重管理。民间机构与官方机构只有相互包含、相互补充，才能使各项援助制度和措施发挥应有的作用。

7. 多渠道的资金来源

没有稳定可靠的资金来源，被害人社会援助制度就不可能推行。借鉴国外的做法，考虑到我国经济发展不平衡的现状，我国犯罪被害人制度资金来源主要包括以下方面：

（1）设立被害人保险赔偿。有研究提出，我国可以建立刑事保险制度，即在公民或单位因犯罪而遭受损失时，被害人可以向保险公司索赔，保险公司在赔偿后，有权向犯罪人追偿。[①] 这种保险制度的建立，是在犯罪人与被害人之间建立一个补偿的回旋余地。保险公司可以在条件成熟时开设刑事保险险种，但由潜在的"被害人"交纳保险费是否合适，值得研究。可以考虑将国家所征收的个人所得税的一部分投保。此外，由政府出钱投保一定限度的人身伤害保险，确保在当地政府辖区范围内产生的刑事伤害案件能够得到一定的保险赔偿。督促保险部门加大保险工作力度，在条件成熟时设立专门的犯罪被害保险，鼓励公民积极参与投保，使保险赔偿成为弥补被害人损失的一个重要途径。

（2）专项基金。国家可扩展资金来源，先设几类特殊及重大暴力犯罪

---

① 参见乔中国、张媛媛、刘宁《建立刑事被害人社会保险制度的思考》，载《长安大学学报》2008年第1期。

被害人的援助基金，之后进一步将范围扩大，如我国公安部门和社会有关团体共同设立的见义勇为基金。继续完善基金管理制度，切实发挥其积极作用。大力促进基金会建设，各地区和部门要借鉴其他地区、部门的先进经验，结合实际情况进行基金会的组织建设，科学化、程序化、透明化地管理和使用基金。加强各地基金会之间的联系，通过各地基金会之间的相互联系和交流，力争实现经验和资源的共享，并逐步解决各自为政带来的问题，避免各地基金会的发展不平衡状况。

（3）捐赠资金。大力开拓捐赠渠道，加强有关被害人社会援助宣传，提高公众对于相关政策的了解度。通过宣传，让社会更多的人来关心和参与对被害人的援助工作。规范捐赠程序，基金管理要科学化、公开化、透明化。同时，出台对捐赠人的激励政策，对于捐赠财物达到一定数额的个人或单位，政府相关部门应该对其进行一些奖励。如对企业进行税收减免，给予其投资优惠等。

中华人民共和国犯罪
被害人救助法
（建议稿）

第一章　总则

第一条【目的和根据】　为了保障犯罪被害人的合法权益，缓解被害人及其近亲属因遭受犯罪行为而面临的生活困难，规范犯罪被害人国家救助活动，维护社会和谐稳定，根据宪法制定本法。

第二条【空间效力】　中华人民共和国领域内发生的中国公民遭受犯罪侵害，符合被害人国家救助条件的，适用本法。

外国犯罪被害人符合条件需要救助的，根据对等、互惠原则，适用本法。

第三条【解释概念】　本法所称被害人，是指因在中华人民共和国领域内发生的犯罪行为遭受侵害的自然人。

本法所称的犯罪被害人国家救助，是指因犯罪行为造成被害人及其近亲属无法正常生活，无能力维持最低生活水平所必需的支出，由国家特定机关给予的救助。

本法所称的近亲属包括以下人员：配偶、父母、子女、祖父母外祖父母、孙子女外孙子女、与其共同生活的或依赖其赡养抚养的人。

第二章　救助原则、救助对象和救助条件

第四条【救助原则】　犯罪被害人国家救助应当遵循下列原则：

（一）公正、公开原则；

（二）及时救助原则；

（三）补充性原则；

（四）一次性救助原则；

（五）以经济救助为主，多种救助方式并存原则。

第五条【救助对象】　本法关于犯罪被害人国家救助的对象包括以下几类：

（一）在严重犯罪侵害中遭遇身体严重伤残的被害人；

（二）遭受犯罪侵害死亡的被害人的近亲属；

（三）因犯罪行为遭受严重财产损失的被害人及其近亲属；

（四）遭受其他犯罪侵害，无法获得犯罪人赔偿或其他形式救济而陷入生活困境、无法正常生活的被害人及其近亲属。

第六条【救助条件】　被害人及其近亲属因遭受犯罪侵害，无法获得犯罪人赔偿或其他形式救济而无法正常生活。

对于特困被害人，其因遭受犯罪侵害急需医疗费、生活费的，应及时予以救助，不受上述穷尽其他救济途径的限制。

第七条【排除救助、减少救助的情形】　具有下列情形之一的，不予救助：

（一）对于被害结果的发生有重大过错的人或被害人的不法行为直接导致被害结果的；

（二）救助申请人隐瞒家庭财产、经济收入等有关情况或者提供虚假材料申请救助的；

（三）被害人及其近亲属怠于协助司法机关追究犯罪的；

（四）其他不应予以救助或应当减少救助的情形。

第三章　救助方式、救助机构和资金管理

第八条【救助方式】　国家对犯罪被害人进行救助以经济救助为主，根据被害人的不同情况，可采取灵活的救助方式。其中，救助金为一次性支付。

第九条【救助机构】　在县、自治县和市辖区社会治安综合治理委员

会设置犯罪被害人国家救助委员会（简称救助委员会），负责审查处理本行政区域内公安、检察、审判机关办理刑事案件中犯罪被害人提出的国家救助申请。

第十条【救助监督、指导机构】　中央社会治安综合治理委员会办公室负责监督、指导各省、自治区、直辖市开展的犯罪被害人国家救助工作。

省、自治区、直辖市社会治安综合治理委员会办公室负责监督、指导本行政区域内的救助委员会开展犯罪被害人国家补偿工作；组织开展救助工作调研和业务知识培训。

第十一条【救助委员会的组成】　县、自治县和市辖区救助委员会由专任委员和兼任委员组成。委员人数为三名以上的单数。

专任委员由县、自治县或者市辖区社会治安综合治理委员会指派；兼任委员可在执业律师、医师及其他社会人士中聘任。

第十二条【回避】　犯罪被害人救助委员会委员与申请人具有利害关系，可能影响救助公平的，应当回避。

第十三条【资金来源与管理】　犯罪被害人国家救助资金由中央财政和地方各级财政按比例共同拨付。

财政部门应当将犯罪被害人救助资金列入本级财政年度预算，专项管理，专款专用。

提倡和鼓励企业、事业单位、社会团体和公民提供捐助和募集。

第四章　救助程度

第十四条【救助申请】　在刑事案件立案后（两年）内，犯罪被害人可以向有管辖权的救助委员会依法申请国家救助。

第十五条【告知与指导义务】　公安、检察、审判机关在办理刑事案件和执行刑事案件的过程中，应当告知符合本法第五条、第六条规定的人员有申请国家救助的权利，并就申请国家救助的程序予以指导。

第十六条【申请形式】　申请犯罪被害人国家救助应当提交申请书。提交书面申请确有困难的，可以口头申请，由救助委员会工作人员记入笔录，笔录由工作人员和申请人签名或盖章。

申请可以委托他人提出。委托他人提出的，应当提交由委托人签名或盖章的授权委托书。

第十七条【申请书内容】 申请书应载明以下内容:

(一)申请人的姓名、性别、年龄、联系电话、工作单位和住所;

(二)被害人的姓名、性别、年龄、联系电话、工作单位和住所;

(三)犯罪人的姓名、性别、年龄、联系电话、工作单位和住所(犯罪人不明确的,此项可略);

(四)被害事实、损害程度、经济困难状况;

(五)申请救助的具体要求和理由等;

(六)申请的年、月、日。

第十八条【证明材料】 提交申请书的同时需提交以下证明材料:

(一)有效身份证明;

(二)被害人医疗救治或者死亡证明材料;

(三)家庭财产和收入情况说明;

(四)家庭生活困难情况证明材料;

(五)其他与申请救助有关的材料。

第十九条【申请地点】 救助申请人根据属地管辖原则向被告住所地、居住地或犯罪结果发生地的救助委员会提出救助申请。

对被害人的救助申请,两个以上地区的救助委员会都有权审核处理时,被害人任意选择其中一个提出申请。两个以上有权负责的救助委员会都收到申请的,由最先收到申请的救助委员会负责。

管辖不明或有争议的,协商解决。协商不成的,由共同上一级救助委员会指定管辖。

第二十条【受理】 对申请资料齐全、符合本法规定的申请,救助委员会应当受理;对不符合规定的申请,应当告知申请人,并说明理由。

第二十一条【审核调查】 救助委员会在收到救助申请后(七个)工作日内,由专任委员和特定委员组成救助组对救助申请材料进行审核,审核中有需要依其他职权查明的其他事实,应当主动调查。

第二十二条【听证调查】 对于事实清楚,证明充分的,可以不组织听证调查。对于需要听证调查的,按照下列顺序进行:

(一)申请人陈述并出示证明材料;

(二)询问相关刑事案件或执行案件承办人、申请人所在地的基层组织负责人。

第二十三条【决定】 对于不需要听证调查的申请事项，救助委员会应当自受理之日起（七个）工作日内，作出是否救助的决定；对于需要听证调查的申请事项，应当在听证调查结束后（三个）工作日内，作出处理决定。

决定应当采用书面形式，载明给予或不给予救助的事实和理由；对于给予经济救助的，明确救助金额。

第二十四条【决定书送达】 救助委员会应当在作出决定后立即向申请人送达救助决定书，并将救助书副本抄送承办相关刑事案件或执行案件的司法机关、申请人所在地民政部门和基层组织。

第二十五条【复议】 申请人对决定不服的，可以在接到决定书后（十个）工作日内向作出决定的救助委员会申请复议。

自收到复议申请书之日起（十五个）工作日内，救助委员会必须作出复议决定。对于逾期没有作出复议决定或对复议决定不服的，可以向上一级犯罪被害人国家救助委员会申请复议一次。

第二十六条【救助金额的确定】 救助金额应当根据被害人实际损害后果、被害人的家庭经济状况、维持最低生活水平所必需的支出等情况确定。

救助金额最低为（一万元），一般不超过（十万元）。极其特殊困难的，最高救助金额不超过（二十万元）。

第二十七条【救助金的发放】 决定给予救助的，救助委员会应当立即书面告知财政部门，财政部门自收到通知之日起（三个）工作日内通知救助申请人领取救助金。

第二十八条【其他形式的救助】 对于其他形式的救助，本着救急的原则，应当在决定作出之日起（六十个）工作日内落实。

第二十九条【公示】 是否救助的决定应向社会公示。对决定给予救助的，应当对被救助人、救助资金等在救助申请人户籍所在地或者现居住地村（居）民委员会予以公示，接受社会监督。

第三十条【追偿】 被害人获得救助后，若犯罪嫌疑人、被告人或者其他赔偿义务人有能力履行民事赔偿义务的，应当依法向其追偿。

追偿的资金除用于补充救助资金外，超过被害人已获得救助额的部分，应当支付给被害人。

第三十一条【返还救助金】 有下列情形之一的，救助委员会应当要求申请人全部或部分返还救助金：

（一）获得救助金的申请人不符合救助条件的；

（二）救助申请人以隐瞒家庭财产、经济收入等有关情况或者提供虚假材料等欺骗手段获得救助金的；构成犯罪的，依法追究刑事责任；

（三）获得的救助金与赔偿金超过有权获得的救助金的；

（四）其他应当返还救助金的情形。

第五章　监督和法律责任

第三十二条【监督】 犯罪被害人救助委员会应当开通并公开救助监督电话或通过网络形式，接受政策咨询、意见反馈及举报投诉。

第三十三条【审计】 犯罪被害人国家救助资金的使用情况，接受同级审计部门的监督。

第三十四条【法律责任】 救助委员会成员、相关刑事案件或执行案件承办人和所在地基层组织负责人等在执行本法过程中，有下列情形之一的，依法给予处分；构成犯罪的，依法追究刑事责任：

（一）为不符合救助条件的人员提供救助的；

（二）故意刁难或者无正当理由推诿拒绝为符合救助条件的人员提供救助的；

（三）截留、挤占、挪用、私分、收取财物、贪污专项救助资金的；

（四）出具虚假证明的；

（五）应当依法追偿而不追偿的；

（六）其他违法违纪行为。

第六章　附则

第三十五条【生效日期】 本法自＊＊年＊＊月＊＊日起实施。

参考文献

中文著作

1. 严景耀:《中国的犯罪问题与社会变迁的关系》,北京大学出版社,1986。

2. 俞雷主编《中国现阶段犯罪问题研究(总卷)》,中国人民公安大学出版社,1993。

3. 康树华:《犯罪学通论》,北京大学出版社,1992。

4. 张智辉:《理性地对待犯罪》,法律出版社,2003。

5. 康树华主编《全面建设小康社会进程中犯罪研究》,北京大学出版社,2005。

6. 康树华、张小虎主编《犯罪学》,北京大学出版社,2004。

7. 周路主编《当代实证犯罪学新编》,人民法院出版社,2004。

8. 郭星华:《当代中国社会转型与犯罪研究》,文物出版社,1999。

9. 曹子丹主编《中国犯罪原因研究综述》,中国政法大学出版社,1993。

10. 李伟:《犯罪学的基本范畴》,北京大学出版社,2004。

11. 杨焕宁:《犯罪发生机理研究》,法律出版社,2001。

12. 秦立强:《社会稳定的安全阀:中国犯罪预警与社会治安评价》,中国人民公安大学出版社,2004。

13. 宫志刚:《社会转型与秩序重建》,中国人民公安大学出版社,2004。

14. 胡联合:《转型与犯罪——中国转型期犯罪问题的实证研究》,中共中央党校出版社,2006。

15. 王煜:《社会稳定与社会和谐》,社会科学文献出版社,2006。

16. 李君如主编《社会主义和谐社会论》,人民出版社,2006。

17. 戴玉忠、刘明祥主编《和谐社会语境下刑法机制的协调》,中国检察出版社，2008。

18. 赵秉志主编《和谐社会的刑事法治》，中国人民公安大学出版社，2006。

19. 郭建安主编《犯罪被害人学》，北京大学出版社，1997。

20. 任克勤主编《被害人心理学》，警官教育出版社，1997。

21. 赵可、周纪兰、董新臣：《一个被轻视的社会群体——犯罪被害人》，群众出版社，2002。

22. 许永强：《刑事法治视野中的被害人》，中国检察出版社，2002。

23. 王大伟：《中小学生被害人研究——带犯罪发展论》，中国人民公安大学出版社，2003。

24. 李伟主编《犯罪被害人学》，中国人民公安大学出版社，2010。

25. 莫洪宪主编《刑事被害救济理论与务实》，武汉大学出版社，2004。

26. 王佳明：《互动之中的犯罪与被害——刑法领域中的被害人责任研究》，北京大学出版社，2007。

27. 房保国：《被害人的刑事程序保护》，法律出版社，2007。

28. 张鸿巍：《刑事被害人保护的理念、议题与趋势——以广西为实证分析》，武汉大学出版社，2007。

29. 张鸿巍主编《刑事被害人保护问题研究》，人民法院出版社，2007。

30. 程燎原、王人博：《权利及其救济》，山东人民出版社，1998。

31. 徐昕：《论私力救济》，中国政法大学出版社，2005。

32. 吴四江：《被害人保护法研究——以犯罪被害人权利为视角》中国检察出版社，2011。

33. 董文蕙：《犯罪被害人国家补偿制度基本问题研究》，中国检察出版社，2012。

34. 田思源：《犯罪被害人的权利与救济》，法律出版社，2008。

35. 曲涛：《刑事被害人国家补偿制度研究》，法律出版社，2008。

36. 王瑞君：《刑事被害人国家补偿研究》，山东大学出版社，2011。

37. 程滔：《刑事被害人的权利及其救济》，中国法制出版社，2011。

38. 卢希起：《刑事被害人国家补偿制度研究》，中国检察出版社，2008。

39. 赵可主编《犯罪被害人及其补偿立法》，群众出版社，2009。

40. 赵国玲主编《中国犯罪被害人研究综述》，中国检察出版社，2009。

41. 柳建华、李炳烁：《权利视野下的基层司法实践：刑事被害人救助制度研究》，江苏大学出版社，2010。

42. 张剑秋：《刑事被害人权利问题研究》，中国人民公安大学出版社，2009。

43. 麻国安：《被害人援助论》，上海财经大学出版社，2002。

44. 麻国安：《青少年被害人援助论》，中国人民公安大学出版社，2005。

45. 白建军：《犯罪学原理》，现代出版社，1992。

46. 陈彬等：《刑事被害人救济制度研究》，法律出版社，2009。

47. 柴发邦主编《体制改革与完善诉讼制度》，中国人民公安大学出版社，1991。

48. 董鑫：《刑事被害人学》，重庆大学出版社。

49. 高铭暄：《刑法学原理》（第一卷），中国人民大学出版社，1993。

50. 郭翔：《犯罪与治理论》，中华书局，2002。

51. 何秉松：《刑法教科书》，中国法制出版社，1993。

52. 何家弘等编译《私人侦探与私人保安》，中国人民大学出版社，1990。

53. 靳新：《多发性侵财犯罪实证对策的理论与实践》，群众出版社，2006。

54. 金岳霖：《形式逻辑》，人民出版社，1979。

55. 康树华：《犯罪学》，群众出版社，1998。

56. 梁慧星：《民法总论》，法律出版社，1996。.

57. 陆建华：《中国社会问题报告》，石油工业出版社，2002。

58. 毛寿龙、李梅：《有限政府的经济分析》，上海三联书店，2000。

59. 毛立新：《侦查法治研究》，中国人民公安大学出版社，2008。

60. 王牧：《犯罪学》，吉林大学出版社，1992。

61. 吴宗宪：《法律心理学大词典》，警官教育出版社，1994。

62. 王泽鉴：《民法学说与判例研究》，中国政法大学出版社，1998。

63. 许章润主编《犯罪学》（第二版），法律出版社，2004。

64. 熊先觉：《中国司法制度新论》，中国法制出版社，1999。

65. 谢望原、卢建平：《中国刑事政策研究》，中国人民大学出版社，2006。

66. 中国大百科全书编辑部：《中国大百科全书》，法学卷，中国大百科全书出版社，1984。

67. 张文显：《法学基本范畴研究》，中国政法大学出版社，1993。

68. 张军、赵秉志主编《宽严相济刑事政策司法解读——最高人民法院〈关于贯彻宽严相济刑事政策的若干意见〉的理解与适用》，中国法制出版社，2011。

69. 陈光中主编《刑事诉讼法》，北京大学出版社、高等教育出版社，2006。

70. 甄贞主编《刑事诉讼法学研究综述》，法律出版社，2002。

71. 宋英辉主编《刑事诉讼法学》，北京师范大学出版社，2010。

72. 邵世星、刘选：《刑事附带民事诉讼疑难问题研究》，中国检察出版社，2002。

译　著

1. 〔德〕汉斯·约阿希姆·施奈德：《国际范围内的被害人》，许章润等译，中国人民公安大学出版社，1992。

2. 〔美〕特里萨·S. 弗利，玛里琳·A. 戴维斯：《救救受害者》，高琛、黎琳译，警官教育出版社，1990。

3. 〔美〕路易丝·谢利：《犯罪与现代化》，何秉松译，群众出版社，1986。

4. 〔意〕贝卡利亚：《论犯罪和刑罚》，黄风译，中国大百科全书出版社，1993。

5. 〔英〕《所有人的正义——英国司法改革报告》，最高人民检察院法律政策研究室组织编译，中国检察出版社，2003。

6. 〔法〕卢梭：《社会契约论》，何兆武译，商务印书馆，2003。

7. 〔美〕约翰·罗尔斯：《正义论》，谢廷光译，上海译文出版社，1991。

8. 〔德〕马克思、恩格斯：《马克思恩格斯选集》，第 3 卷，人民出版社，1995。

9. 〔德〕马克思、恩格斯：《马克思恩格斯选集》，第 4 卷，人民出版社，1995。

10. 〔德〕马克思、恩格斯：《马克思恩格斯全集》，第 2 卷，人民出版社，1995。

11. 〔英〕亚当·斯密：《国民财富的性质和原因的研究》（下卷），郭大力、王亚南译，商务印书馆，1997。

12. 〔日〕西原春夫：《刑法的根基与哲学》，顾肖荣等译，法律出版社，2004。

13. 〔英〕爱德华滋（Chilperic Edwards）：《汉穆拉比法典》，沈大銈译，曾尔恕勘校，中国政法大学出版社，2004。

14. 〔英〕吉米·边沁：《立法理论——刑法典原理》，李贵方等译，中国人民公安大学出版社，2004。

15. 〔意〕加罗法洛：《犯罪学》，耿伟等译，中国大百科全书出版社，1996。

16. 〔意〕恩里科·菲利：《实证派犯罪学》，郭建安译，中国公安大学出版社，2004。

17. 〔日〕大谷实：《刑事政策学》，黎宏译，法律出版社，2000。

后　记

本书为作者 2012 年承担的河北省社会科学基金项目，项目编号：HB12FX039。

王丽华博士近年来一直关注被害人、被害调查、被害人权利保护问题，发表了多篇学术文章。2012 年 1 月，她提出了犯罪被害救济问题研究的总体思路和理论框架，并成立了课题组。课题组成员王丽华、陈玲、孟穗、王晓娟、于向阳对研究提纲进行了多次讨论和反复修改，通过查阅文献、数据统计、资料分析和撰写工作，现在得以完成和出版。

本书各章初稿撰写分工如下：第一章（陈玲）；第二章（王丽华）；第三章（孟穗）；第四章之一、之三（王丽华）；第四章之二（王晓娟）；第五章之一（王丽华）；第五章之二、之三（于向阳）；第六章之一、之二、之三（王丽华）；第六章之四（王晓娟、王丽华、于向阳）。初稿完成后，由王丽华负责统稿、修改工作。

河北师范大学法政学院为本书的出版提供了资金、资料、时间保证等各种帮助条件，河北师范大学承担了本项目的管理工作。本项目的前期研究成果"犯罪被害人私力救济研究""我国犯罪被害人私力救济探析""国外被害人社会援助制度比较与评析"等文章已经公开发表，分别由《河北学刊》（2013 年第 1 期）、《法制与社会》（2013 年第 2 期）、《法制博览》（2013 年第 2 期）等刊物刊发。

感谢社会科学文献出版社的大力支持，感谢刘骁军编辑的辛勤工作。

感谢为本书出版给予帮助的各位师长、朋友！

因研究资料不足和研究水平有限，书中还存在一些问题，真诚地希望各位专家学者和广大读者批评指正。

作　者

2013 年 3 月

图书在版编目（CIP）数据

犯罪被害救济制度/王丽华等著. —北京：社会科学
文献出版社，2013.5
ISBN 978 - 7 - 5097 - 4582 - 3

Ⅰ.①犯… Ⅱ.①王… Ⅲ.①被害人 - 法律援助 -
研究 - 中国 Ⅳ.①D926

中国版本图书馆 CIP 数据核字（2013）第 086468 号

犯罪被害救济制度

著 者／王丽华 等

出 版 人／谢寿光
出 版 者／社会科学文献出版社
地 址／北京市西城区北三环中路甲 29 号院 3 号楼华龙大厦
邮政编码／100029

责任部门／社会政法分社（010）59367156 责任编辑／刘晓军
电子信箱／shekebu@ ssap. cn 责任校对／张利霞
项目统筹／刘晓军 责任印制／岳 阳
经 销／社会科学文献出版社市场营销中心（010）59367081 59367089
读者服务／读者服务中心（010）59367028

印 装／三河市尚艺印装有限公司
开 本／787mm×1092mm 1/16 印 张／14.5
版 次／2013 年 5 月第 1 版 字 数／242 千字
印 次／2013 年 5 月第 1 次印刷
书 号／ISBN 978 - 7 - 5097 - 4582 - 3
定 价／49.00 元